☆ 당신이 진정 열정적인 사랑을 하고자 한다면, 이 책은 그 방법을 알려줄 것이다.
_마크 빅터 한센, 《마음을 열어주는 101가지 이야기》 저자

☆ 서로 사랑하거나, 서로 미워하거나, 서로 존재하기만 하는 남녀들이 필수적으로 읽어야 할 책이다. 당신은 당신 자신에 대해서, 남녀관계를 향상시키는 방법에 대해서, 이성 파트너의 속 깊은 생각에 대해서 환히 알게 될 것이다. 사회생활에 꼭 필요한 책! _데니스 웨틀리 박사, 《승리의 심리학》 저자

☆ 연인에게 선물하고 싶은 책! _MBC 〈느낌표〉

★ 남녀 심리를 가장 잘 표현한 책! _KBS 〈상상플러스〉

☆ 철저한 현장인터뷰를 바탕으로 분석한 내용을 알기 쉽게 풀어썼다. 남녀의 독특한 특성을 이해하고 평등을 이끌어내는 이야기! _매일경제

☆ 이해할 수 없는 이성의 행동에 머리를 쥐어뜯어본 경험이 있거나, 속을 부글부글 끓였던 사람이라면 일독을 권한다. _북데일리

☆ 아무리 되물어도 풀리지 않는 남녀 간의 갈등! 남녀가 왜, 어떻게 다르며 원하는 것이 무엇인지 속 시원히 밝혀내고 진정한 사랑과 존중, 평화를 위해 서로 어떻게 행동해야 하는지 구체적으로 설명한다. _유니온프레스

☆ 결혼 1년차 때 부부가 신나게 웃으며 읽었던 책! 결혼 1-2년차 부부나 연인들에게 강추! _lovely21

★ 남자와 여자의 끝없는 대립의 종지부를 찍는 책! 서로에게 상처주지 않고 이해할 수 있도록 이끄는 치밀한 분석과 디테일한 스토리가 돋보인다! _chlase79

☆ 분명한 것은 차별이 아니라 차이다. 두뇌분석, 호르몬 작용, 행동양식 등으로 남녀 차이를 과학과 실증적 사례로 명쾌하게 이해시키는 탁월한 책! _sonsungug

말을 듣지 않는
남자
지도를 읽지 못하는
여자

WHY MEN DON'T LISTEN
& WOMEN CAN'T READ MAPS
by Allan Pease

Copyright © 2001 by Allan Pease
All rights reserved.

Korean translation copyright © 2011 by Gimm-Young publishers, Inc.
Korean translation rights arranged with Dorie Simmonds Agency
through EYA(Eric Yang Agency)

말을 듣지 않는
남자
지도를 읽지 못하는
여자

앨런 피즈·바바라 피즈
이종인 옮김

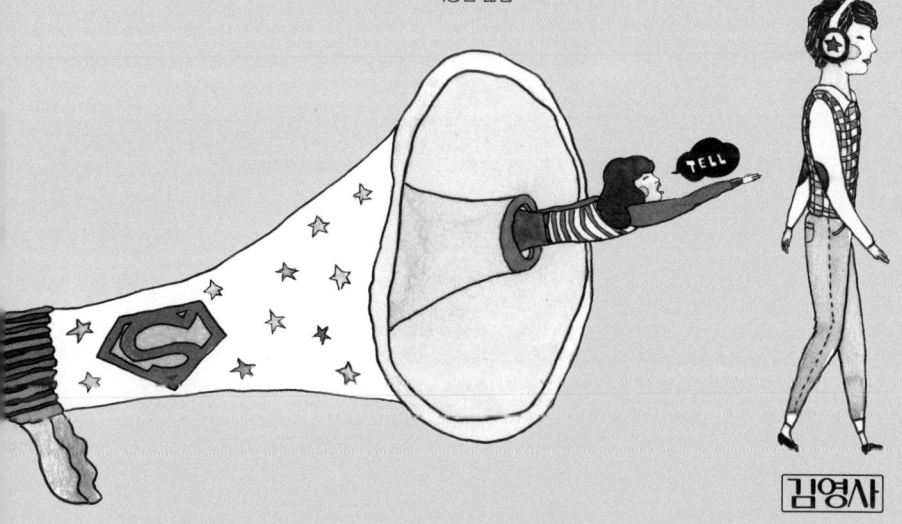

김영사

말을 듣지 않는 남자
지도를 읽지 못하는 여자

저자_ 앨런 피즈·바바라 피즈
옮긴이_ 이종인

개정판 1쇄 발행_ 2011. 03. 30.
개정판 17쇄 발행_ 2023. 01. 02.

발행처_ 김영사
발행인_ 고세규

등록번호_ 제406-2003-036호
등록일자_ 1979. 5. 17.

경기도 파주시 문발로 197(문발동) 우편번호 10881
마케팅부 031)955-3100, 편집부 031)955-3200, 팩스 031)955-3111

이 책의 한국어판 저작권은 EYA(Eric Yang Agency)를 통한 Dorie Simmonds Agency사와의 독점계약으로 김영사에 있습니다.
저작권법에 의해 한국 내에서 보호를 받는 저작물이므로 무단전재와 복제를 금합니다.

값은 뒤표지에 있습니다.
ISBN 978-89-349-4808-7 03810

홈페이지_ www.gimmyoung.com   블로그_ blog.naver.com/gybook
인스타그램_ instagram.com/gimmyoung   이메일_ bestbook@gimmyoung.com

좋은 독자가 좋은 책을 만듭니다.
김영사는 독자 여러분의 의견에 항상 귀 기울이고 있습니다.

들어가는 말

아주 화창한 일요일 오후였다. 밥과 수는 10대인 딸 셋을 차에 태우고 해변까지 느긋한 드라이브 길에 나섰다. 밥이 운전석에 앉았고 수는 조수석에 앉았다. 밥이 볼 때 그들은 모두 동시에 자기 말만하고 있었다. 그리하여 더욱 무성한 소음 잔치가 되었고, 밥은 그 말을 도통 알아들을 수가 없었다. 드디어 밥이 벌컥 화를 냈다.

"그만 조용히 하지 못해!" 그가 소리쳤다.

갑자기 차 안에 정적이 흘렀다.

"왜요?" 이윽고 수가 물었다.

"도대체 운전을 할 수 없잖아!" 그는 화난 목소리로 말했다.

여자들은 무슨 소린지 전혀 모르겠다는 표정으로 서로 쳐다보았다.

"운전을 할 수 없다고요?" 그들은 볼멘소리로 중얼거렸다.

딸들은 자신들이 얘기하는 것하고 아빠가 운전하는 것하고 도대체 무슨 상관이냐는 표정이었다. 아빠는 아빠대로 갑갑했다. 그들은 각자 제 얘기를 따로따로 하고 있었고 서로 얘기를 들어주는 것 같지도 않았다. 그런 식으로 얘기할 바에야 무엇 때문에 얘기를 하나? 이것이 밥의 생각이었다.

왜 저들은 입 다물고 가만히 앉아 있지 못할까? 그렇게 해주면 한결 운전하기가 편안할 텐데. 아내와 딸들의 수다 때문에 그는 고속도로의 마지막 램프(빠져나가는 길)를 이미 놓쳐버린 터였다.

이 상황의 문제점은 이렇게 간단히 요약할 수 있다. 즉 남자와 여자는 다르다는 것이다. 누가 더 우월하다거나 누가 더 열등하다는 얘기는 결코 아니다. 단지 남녀는 다르다는 것이다. 과학자, 인류학자, 사회생물 학자들은 이 사실을 오래전부터 알고 있었다. 그러나 요즘이 어떤 세상인가? 남녀동권을 강력하게 외쳐대고 있고 또 그것에 수긍하는 태도를 보여야 정치적 균형 감각이 있다고 하는 세상이 아닌가. 이런 세상에서 남녀는 다르다는 얘기를 공공연히 했다가는 사회적 기피인물이 된다. 그래서 남녀 유별한 사실을 잘 알고 있으면서도 그들은 입을 다물고 있는 것이다. 오늘날의 사회는 남자와 여자가 동일한 기량, 동일한 능력, 동일한 잠재력을 갖고 있다고 주장한다. 하지만 아이러니컬하게도 과학은 이제 남녀가 아주 다르다는 것을 점점 더 많이 증명하고 있다.

그 결과 우리는 어떻게 되었는가? 사회 전체가 아주 취약한 기반 위에 놓이게 된 것이다. 남녀의 차이는 반드시 이해되어야 한다. 그래야만 우리는 개인적 약점의 폭로라는 국지적 주제를 벗어나 진정한 집단의 힘이라는 대승적 합의를 도출할 수 있다. 이 책에서 우리는 인간의 진화과정에 관련된 과학적 자료를 많이 제시할 것이다. 그리하여 올바른 이해가 바람직한 인간관계(좀 더 구체적으로 남녀관계)에 어떻게 기여하는지 구체적으로 설명할 것이다. 우리의 이런 결론은 논쟁을 일으킬지도 모른다. 또 우리의 결론은 아주 도전적이고 때로는 아주 충격적이어서 독자들이 어떻게 받아들일지 매우 조심스러운 입장이다. 하지만 한 가지 사실은 분명하다. 우리의 결론은 남녀관계에서 발생하는 많은 난해한 일들을 좀 더 분명하게 이해하게 해줄 것이다. 밥과 수가 느긋한 드라이브 길에 나서기 전에 이 책을 읽기만 했던들……

이 책을 쓰는 것이 왜 그토록 어려웠나?

우리는 이 책을 쓰는 데 3년이 걸렸고 또 40만 킬로미터 이상을 여행했다. 책에 들어갈 자료를 조사하는 과정에서 관련 논문들을 연구했고 전문가들을 인터뷰했으며, 호주, 뉴질랜드, 싱가포르, 타이, 홍콩, 말레이시아, 영국, 스코틀랜드, 아일랜드, 이탈리아, 그리스, 독일, 네덜란드, 스페인, 터키, 미국, 남아프리카, 보츠와나, 짐바브웨, 잠비아, 나미비아, 앙골라 등지에서 세미나를 개최했다.

가장 어려운 일 중 하나는 일반 대중과 사기업들을 설득하여 우리가 필요한 자료와 의견을 제출하게 만드는 일이었다. 가령, 모든 민간 항공회사의 조종사들 중 1퍼센트 미만이 여성이다. 우리가 이런 사실을 항공회사 임원들과 토의하려고 하면, 그들은 성차별주의자 혹은 인종차별주의자라고 매도될까봐 감히 의견을 내놓지 못했다. 많은 사람들이 "노 코멘트(할 말 없음)"라고 말했고 일부 회사는 우리 책에 자기 회사 이름이 거명되면 가만두지 않겠다고 협박했다. 여성 임원들은 좀 더 친절했다. 하지만 많은 여성이 우리의 질문을 받는 즉시 수세적인 입장을 취했다. 그들은 우리의 연구를 자세히 알지도 못하면서 혹시 페미니즘을 공격하려는 연구가 아닐까 넘겨짚기도 했다. 일부 권위 있는 의견은 '비보도 off the record'를 전제로 제출되었다. 기업 중역이나 대학 교수들은 불빛 흐릿한 밀실 같은 곳에서 문을 꼭 닫아걸고 무슨 음모를 꾸미듯 나지막한 목소리로 마지못해 의견을 제출했다. 당연히 그들의 이름을 거명하지 않고 소속 기관의 이름을 밝히지 않는다는 철석같은 약속을 해야 했다.

많은 사람들이 두 가지 의견을 갖고 있었다. 하나는 정치적 눈치를 보는 '정치적 의견'이었고 다른 하나는 '이름을 인용하지 않는다'는 조건하에 솔직히 털어놓는 의견이었다.

독자는 이 책이 때로는 도전적인 내용을 진술하고 또 때로는 경이적인 자료를 제시하고 있음을 발견할 것이다. 그렇지만 어느 경우이든 재미있게 읽히기는 마찬가지이다. 이 책의 내용은 모두 객관적인 과학적 증거에 바탕을 둔 것이지만 그래도 읽는 재미를 높이기 위해 은근한 해학과 노골적인 유머를 많이 구사했으며 때로는 일상생활 속의 다양한 대화, 생각, 시나리오 등을 간간이 섞어 넣었다.

어떤 운전교육 회사가 후진 주차 능력과 관련하여 젠더(性差의 사회적 용어 : 옮긴이)의 차이를 측정한 후 여러 나라의 자료들과 비교해 보았다. 그 결과는 아주 놀라운 것이었다. 그 회사가 연구결과를 발표하자, 온 사방에서 성차별, 인종차별이라는 불평불만이 튀어나왔다. 그 보고서는 그 즉시 회수되어 영원히 사장死藏되었다. 사업상 그 보고서를 다시 꺼내드는 것은 조금도 이로울 것이 없었기 때문이다. 우리는 이 보고서의 사본을 한 부 입수하여 그 결과를 자세히 다룰 예정이다. 그러나 법적, 윤리적 이유로 인해 그 보고서의 출처는 밝히지 않기로 했다.

이 책을 이 세상의 모든 남녀에게 바친다. 특히 새벽 두 시에 침대에서 벌떡 일어나 자기 머리를 쥐어뜯으며 "왜 나를 이해하지 못하는 거지?" 하며 애인을 원망하는 남녀들에게 바친다.

남녀관계는 왜 실패하는가?

남녀가 상대방의 행동 방식을 제대로 이해하지 못하기 때문에 그런 것이다. 이 책을 읽으면 이성에 대해서, 나아가 당신 자신에 대해서 더 잘 알게 될 것이다. 그리하여 이 세상의 모든 남녀는 지금보다 더 행복하고, 더 건전하고, 더 조화로운 삶을 살아가게 될 것이다.

/ 차례 /

들어가는 말 • 5

1_ 남자와 여자, 이렇게 다를 수 있을까 • 15

아무리 보아도 명백한 사실 | 남자와 여자는 역할이 다르다 | 남자의 두뇌, 여자의 두뇌 | 모두가 남자의 음모인가? | 어디서부터 시작할 것인가? | 선천적인가 후천적인가? | 남녀의 본성을 밝힌 안내서 | 우리는 어떻게 여기까지 왔나? | 우리는 이렇게 되기를 바라지 않았다 | 부모도 도와줄 수 없다 | 우리가 동물임을 잊지 말라

2_ 아하, 그게 그렇군요 • 37

여자에겐 레이더 탐지기가 있다 | 차이는 눈에 있다 | 여자는 뒤통수에도 눈이 달려 있다 | 왜 여자의 눈은 그렇게 많이 볼까? | 왜 남자는 냉장고 안의 버터를 못 찾을까? | 꼬리 치는 남자 | 남자는 보이는 대로 믿는다 | 야간 운전만은 남자에게 | 왜 여자에겐 육감이 있는 걸까? | 왜 남자는 여자에게 거짓말을 하지 못할까? | 우리의 귀는…… | 여자는 듣는 것도 잘해 | 여자는 행간을 읽는다 | 남자는 '방향'을 들을 수 있다 | 왜 남자아이들은 말을 듣지 않니? | 남자들은 말뜻을 모른다 | 터치의 매력 | 여자는 터치와 느낌이다 | 왜 남자들은 피부가 두꺼울까? | 인생이 미각 | 공중에 뭔가 있는데…… | 여자에겐 뭔가 특별한 것이 있다 | 왜 남자는 '무감각' 하다는 소리를 듣는가?

3_ 모든 것은 머릿속에 있나니 • 73

왜 우리는 다른 영장류보다 똑똑할까? | 두뇌가 영토를 지킨다 | 성공 뒤에는 두뇌가 있다 | 두뇌의 구석구석엔 무엇이 있을까? | 두뇌 연구의 기원 | 두뇌 분석 | 왜 여자는 더 잘 연결되어 있나? | 왜 남자는 '한 번에 하나씩'밖에 못할까? | 칫솔 테스트를 한번 해보라 | 왜 우리는 지금의 우리가 되는가? | 태아를 프로그램한다 | 남녀의 두뇌 회로 테스트 | 테스트의 점수 매기기 | 테스트 결과의 해석 | 중복 그룹 | 결론은?

4_ 말하고 싶은 여자, 듣지 않는 남자 • 109

'파란색 혹은 황금색 구두' 전략 | 왜 남자들은 말주변이 없을까? | 남자아이와 학교 공부 | 왜 여자들은 수다를 좋아할까? | 왜 여자는 할 말을 다해야 직성이 풀릴까? | 수다와 호르몬 | 여자들의 연인은 수다 떨기 | 남자는 혼자 묻고 혼자 답한다 | 자문자답의 위험성 | 여자는 생각나는 대로 말해 버린다 | 생각나는 대로 말해버리는 것의 위험성 | 여자의 잔소리, 괴로운 남자 | 왜 부부는 실패하나? | 남자들은 어떻게 말하나? | 여자의 말은 다중 트랙 | 두뇌 스캐닝이 보여주는 것 | 남자와 대화하는 올바른 전략 | 왜 남자들은 요약된 말을 좋아하나? | 여자는 사랑받기 위해 말을 한다 | 여자는 간접화법을 좋아한다 | 남자는 직접화법을 좋아한다 | 그럼 어떻게 하면 될까? | 남자를 움직이려면 | 여자는 감성에 호소하고 남자는 말에 집중한다 | 여자들이 남의 말을 듣는 방법 | 남자들은 바위처럼 듣기만 한다 | 맞장구를 치는 방법 | 남자의 귀를 확실히 붙잡아두려면 | 여학생 같은 목소리

5_ 공간지능, 지도와 평행 주차 • 157

지도 때문에 이혼할 뻔한 이야기 | 그게 바로 성차별? | 남자는 행동하는 먹이 추적자 | 왜 남자들은 방향감각이 좋을까? | 왜 남자아이들은 게임 방에 자주 갈까? | 남자아이의 두뇌는 다르게 발달한다 | 다이에나와 부엌 가구 | 공간 지능 테스트 | 여자는 어떻게 길을 찾는가? | 북쪽을 알 수 없을 때에는 | 날아다니는 지도 | 거꾸로 된 지도 | 마지막 테스트 | 말다툼을 피하려면 | 운전 중에 벌어지는 부부싸움을 피하려면 | 여자의 돈주머니를 여는 방법 | 평행 주차의 고통 | 여자는 잘못 인도되었다! | 교육 분야의 공간 지능 | 공간 지능이 필요한 직업 | 당구와 핵과학 | 컴퓨터 산업 | 수학과 회계학 | 모든 조건이 동일하다면…… | 남자아이들과 장난감 | 여자들은 어떻게 생각할까? | 공간 지능을 향상시킬 수 있을까? | 몇 가지 유익한 전략 | 결론

6_ 생각, 태도, 정서 그리고 또 다른 재앙의 영역 • 199

서로 다른 남녀의 지각 | 남자아이는 사물을, 여자아이는 사람을 좋아한다 | 남자아이는 경쟁하고, 여자아이는 협조한다 | 남녀는 화제가 다르다 | 현대의 남녀가 원하는 것 | 두뇌의 정서 위치 | 여자는 인간관계, 남자는 일을 중시한다 | 왜 남자는 일을 해야 하나? | 왜 남녀는 헤어지나? | 왜 남자는 틀렸다는 지적을 그토록 싫어할까? | 왜 남자는 감정을 숨기는가? | 왜 남자는 남자들끼리 어울리는 것을 좋아할까? | 왜 남자는 충고를 싫어할까? | 왜 남자는 해결안을 제시할까? | 왜 스트레스 받는 여자는 말을 하려 할까? | 왜 스트레스 받는 남자는 입을 다물까? | 문제를 풀기 위해 공간 지능을 활용하다 | 왜 남자는 텔레비전 채널을 자주 바꿀까? | 아들에게 말을 시키는 요령 | 남녀 모두 스트레스를 받을 때 | 숨고 싶은 남자, 찾고 싶은 여자 | 남자는 어떻게 여자를 소외시키는가? | 왜 남자는 화난 여자를 다루지 못할까? | 남자도 때로는 운다 | 외식 | 쇼핑, 그녀의 즐거움이자 그의 공포 | 여자를 진정으로 칭찬하려면

7_ 알 수 없는 화학 변화 • 241

호르몬의 위력 | '사랑에 빠지는' 메커니즘 | 다양한 호르몬의 작용 | 왜 금발은 출산율이 높을까? | PMT와 성충동 | 여자를 미치게 만드는 호르몬 | 테스토스테론, 축복인가 저주인가? | 그릇이 날아다닐 때에는 | 왜 남자는 공격적일까? | 왜 남자는 그렇게 열심히 일을 할까? | 테스토스테론과 공간 지능 | 왜 여자는 평행 주차를 싫어할까? | 수학과 호르몬의 관계 | 현대 남성도 사냥을 한다 | 왜 남자는 배, 여자는 엉덩이인가?

8_ 남자라고 다 남자는 아니다 • 271

게이, 레즈비언, 양성애자 | 동성애는 역사의 한 부분이다 | 그것은 유전적인가 선택인가? | 왜 아버지들이 비난을 받을까? | 시드니의 게이 축제 | '선택'은 바뀔 수 있을까? | 일란성 게이 쌍둥이 | 문제는 유전자 때문이다 | 게이 유전자 | 게이 지문 | 게이의 가족 | 게이 쥐를 만들려면 | 게이는 어떻게 만들어질까? | 레즈비언은 왜 생겨날까? | 양성애자 | 우리는 생물학의 노예인가? | 왜 게이와 레즈비언은 섹스에 몰두할까? | 왜 일부 게이는 알아보기 어려운가? | 왜 레즈비언은 알아보기가 더 어려운가?

9_ 남자, 여자 그리고 섹스 • 299

섹스는 어떻게 시작되었는가? | 섹스 중추의 위치가 궁금하다? | 왜 남자들은 성 충동을 주체하지 못하나? | 왜 여자는 정절을 지키는가 | 가스레인지 같은 남자, 전자 오븐 같은 여자 | 성 충동 차이, 모든 남녀의 골칫거리 | 성 충동과 스트레스 | 섹스 횟수는? | 지능이 높을수록 섹스를 원하지 않는다? | 섹스와 건강의 함수관계 | 일부일처제와 일부다처제 | 왜 남자들은 성적으로 문란할까? | 수탉 효과 | 섹시한 옷을 좋아하는 남자의 심리는? | 왜 남자는 '3분간의 절정'인가? | 볼 게임 | 고환도 지능을 갖고 있다 | 남자와 그들의 추파 | 남녀가 진짜 원하는 파트너는? | 왜 남자는 '단 한 가지'에 집착할까? | 섹스도 연습이 필요하다 | 남자는 섹스에서 무엇을 원할까? | 여자는 섹스에서 무엇을 원할까? | 왜 남자는 섹스 중에 말을 하지 않을까? | 우리가 잘못 알고 있는 오르가슴 | 남녀를 흥분하게 만드는 것 | 왜 남자의 욕망은 홀대를 받게 되었을까? | 우리 시대 최고의 최음제는? | 남자와 포르노 | 여자 색정광은 과연 있을까? | 불을 켜고 아니면 끄고?

10_ 결혼, 사랑 그리고 로맨스 • 349

왜 여자는 일부일처제를 필요로 할까? | 왜 남자는 결혼 약속을 기피할까? | 사랑은 두뇌의 어디에 위치해 있을까? | 사랑, 왜 남자는 빠져들고 여자는 도망치려 할까? | 왜 남자는 제때 "사랑해"하고 말하지 못할까? | 남자는 어떻게 사랑과 섹스를 구분할 수 있을까? | 여자는 "사랑을 한다", 남자는 "섹스를 한다" | 사랑의 콩깍지는 어떻게 만들어질까? | 남녀는 서로의 어떤 점에 반할까? | 신체적인 양극은 서로 매혹된다 | 히프와 허리의 비율이 중요하다 | 남자와 로맨스 | 로맨스를 확보하는 여섯 가지 비결 | 왜 남자는 결혼 후 변할까? | 왜 남자는 더듬고 여자는 더듬지 않을까? | 봄철에는 사랑이 없다 | 섹시한 느낌을 불러일으키려면 | 사랑의 감정을 잃지 않으려면 | 어울리는 파트너를 발견하는 방법

11_ 새로운 미래를 향하여 • 381

남녀가 진정으로 바라는 것은 무엇일까? | 직업 선택의 자유 | 비즈니스 세계에 부는 여성의 바람 | 정치적 균형의 문제 | 우리의 생물적 구조는 별로 바뀌지 않았다 | 이제 결론을 말하자면

역자 후기 • 393   참고 문헌 • 398

남자와 여자, 이렇게 다를 수 있을까

Why Men don't Listen &
Why Women Can't Read Maps

이 위대한 종의 진화 과정

Why Men don't Listen &
Why Women Can't Read Maps

남자와 여자, 이렇게 다를 수 있을까

　남자와 여자는 다르다. 누가 더 우월하다거나 누가 더 열등하다는 얘기는 아니다. 단지 남녀는 다르다는 것이다. 남녀 사이에 유일하게 공통되는 것이 있다면 동일한 종種에 속한다는 정도이다. 그들은 다른 가치관과 규칙 체계를 가진 다른 세계에 살고 있다. 누구나 다 이 사실을 알고 있지만, 그것을 선선히 시인하려는 사람(주로 남자)은 별로 없다. 그러나 진실은 결코 숨길 수 없다. 우선 구체적 증거를 하나 들어보자. 서구 국가들에서 결혼한 부부의 약 50퍼센트가 이혼을 한다. 그리고 아주 진지한 남녀 간의 데이트도 정기적인 관계로 전환되기 직전에 끝나버리고 만다. 각기 다른 신념과 가치를 가진 모든 문화권에서 남녀는 이성異姓의 의견, 행동, 태도, 신념 등을 놓고 끊임없이 말다툼을 벌인다.

아무리 보아도 명백한 사실

남자가 화장실에 가는 이유는 용변, 그것 한 가지뿐이다. 그러나 여자는 화장실을 사교의 장 혹은 치료의 장으로 사용한다. 서로 모르는 상태에서 화장실에 같이 들어간 두 여자가 아주 친하게 되어 평생 친구가 되는 경우도 있다. 가령 어떤 남자가 사무실에서 이렇게 말했다고 해보자.

"어이, 프랭크, 난 지금 화장실에 가는 길이야. 자네도 나와 함께 가겠나?"

그 순간 모든 사람이 그 남자를 이상한 녀석이라고 생각할 것이다. 남자는 텔레비전 리모컨을 장악하고 자기 마음대로 채널을 획획 바꾼다. 여자는 채널을 잘 바꾸지 않고 광고를 보는 것도 개의치 않는다. 남자는 열을 받으면 술을 마시거나 아니면 남의 나라로 쳐들어간다. 반면 열 받은 여자는 초콜릿을 먹거나 아니면 쇼핑센터로 쳐들어간다.

여자는 남자들이 둔탁하고, 무심하고, 배려할 줄 모르고, 남의 말을 잘 안 듣는다고 비난한다. 또 따뜻하고 동정적인 마음은 눈곱만큼도 없다고 한다. 말도 잘하지 않고, 충분한 애정 표시도 없고, 인간관계에 민감하지도 못하고, 은근하고 아름다운 사랑을 계속하려 하기보다는 그저 동물적인 섹스나 하려 든다고 비난한다. 게다가 화장실에서 나올 때는 변기 뚜껑을 세워놓은 채 나오기가 일쑤이다.

남자는 여자들의 형편없는 운전 실력을 비난한다. 도로 안내판도 제대로 읽지 못하고, 지도를 거꾸로 들고 읽고, 도무지 방향감각이 없다는 것이다. 본론은 온데 간데 없는 수다를 한없이 늘어놓는가 하면, 한 번도 먼저 섹스를 하자고 요청하는 적도 없고 또 화장실에서 나올 때면 늘 변기 뚜껑을 덮어 놓은 채 나온다는 것이다.

남자들은 물건을 제대로 찾아내지 못하면서도 CD는 알파벳 순서로 정리한다. 여자들은 갑자기 사라진 자동차 열쇠 꾸러미는 잘 찾으면서 목적지에 이르는 가장 가까운 길은 제대로 찾아내지 못한다. 남자들은 자신이야 말로 가장 센스 있는 존재라 생각한다. 반면 여자들은 센스 하면 여자지, 어떻게 남자냐고 반문한다.

화장실 두루마리 휴지를 바꾸는 데에는 남자 몇 명이 필요할까? 그건 알 수 없다. 그걸 바꾼 남자가 한 명도 없었으므로.

여자는 사람들이 가득 들어찬 방 안으로 들어와서 그 사람들에 대하여 즉시 논평을 가할 수 있는 능력을 갖고 있다. 남자들은 여자의 이런 능력을 경이롭게 여긴다. 여자들은 남자들이 그토록 눈썰미가 없는 것을 이해하지 못한다. 남자들은 여자가 자동차 계기판의 급유등이 들어와 있는 것은 보지 못하면서, 50미터 떨어진 구석에 있는 더러운 양말은 잘 찾아내는 걸 신기하게 생각한다. 여자들은 남자가 백미러만 보면서 비좁은 공간에 차를 평행 주차(노면과 일렬로 주차하는 것)시키는 능력에 대해 감탄하지만 동시에 지 스폿 G-spot(여성의 성감대)하나 제대로 못 찾는 것에는 실망을 금치 못한다.

만약 운전을 하다가 길이 헷갈리면 여자는 차를 세우고 길을 물을 것이다. 그러나 남자는 결코 물어보지 않는다. 그것은 허약함의 표시이기 때문이다. 그는 몇 시간이고 같은 지역을 뱅뱅 돌면서 이런 말을 중얼거릴 것이다.

"거기 가는 새로운 길을 찾아낼 수 있어."
"이 부근인 게 틀림없는데."
"이봐, 저기 주유소는 지난번에도 보았는데 말이야."

남자와 여자는 역할이 다르다

남자와 여자가 서로 다르게 진화해온 것은 외부 환경 때문이다. 남자는 사냥을 하고, 여자는 수집을 했다. 남자는 보호를 하고, 여자는 양육을 했다. 그 결과 남녀의 신체와 두뇌는 아주 다른 방식으로 진화해 왔다.

남녀의 신체가 각자 임무에 더 잘 적응하기 위해 변화한 것처럼, 그들의 마음도 그런 식으로 바뀌어 왔다. 남자들은 여자보다 키가 크고 힘이 세었으며 또 그들의 두뇌는 남성적 임무에 알맞게 발달되었다. 여자들은 남자들이 밖에 나가 일하는 동안 동굴에 남아 불을 지켰다. 그리하여 여자의 두뇌는 이런 기능에 알맞게 진화되었다.

지난 수백만 년 동안 남녀의 두뇌구조는 서로 다르게 바뀌어 왔다. 이제 우리는 남녀가 서로 다르게 정보를 처리한다는 걸 알고 있다. 그들은 서로 다르게 생각하고 또 서로 다른 것을 믿는다. 남녀는 상이한 지각知覺, 우선 사항, 행동들을 갖고 있는 것이다.

만약 이걸 부정한다면 당신은 평생에 걸쳐 두통, 혼란, 환멸을 예약해 놓은 것이 된다.

남자의 두뇌, 여자의 두뇌

1980년대 후반 이래, 남녀 간의 차이, 남녀 두뇌의 상이한 작동 방식에 대한 연구가 폭발적으로 진행되어 왔다. 사상 처음으로 첨단 컴퓨터 두뇌 스캐닝 장비 덕분에 우리는 두뇌가 작동하는 모습을 '실시간'으로 볼 수 있게 되었다. 인간의 정신이라는 광대무변한 풍경을 들여다볼 수 있게 되자, 남녀 차이에 관한 여러 가지 질문에 해답이 나오게 되었다. 이 책에서 논의된 연구 결과는 의학, 심리학, 사회학 등 과학적 연구에서 얻어진 자료들이다. 그리고 이 자료는 한결같이 한 가지 사실을 지적하고 있다. 즉 남녀는 모든 것이 동일하지 않다. 분명 남자와 여자는 다르다는 것이다.

20세기 내내, 이러한 차이는 사회적 조건반사에 의해 형성되었다고 설명되었다. 그러니까 우리의 존재를 형성하는 것은 우리의 부모와 교사들이며, 그들의 태도는 소속 사회의 태도를 그대로 반영한다는 것이다. 여자아이에게는 분홍 옷을 입히고 인형을 주면서 놀게 하고, 남자아이에게는 푸른 옷을 입히고 장난감 무기와 축구 셔츠를 주어 놀게 한다. 여자아이는 껴안아주고 만져주지만, 남자아이는 등을 두드려주고 또 울지 말라고 가르친다. 최근까지만 해도 아이가 태어나면 그 마음은 하얀 종이와 같다고 믿었다. 그리하여 부모와 선생이 그 위에다 선택사항과 선호사항을 써넣는다고 생각했다.

그러나 이제 정확한 생물학적 증거가 입수되었다. 이 증거는 지금까지의 생각과는 전혀 다른 그림을 제시하고 있다. 우리의 태도, 선호사항, 행동 등을 결정짓는 것은 우리의 호르몬과 두뇌 회로brainwiring라는 것이다. 이 증거대로라면, 조직 사회나 부모의 가르침이 없는 상태, 가령 무인도에서 자란 소녀들은 여전히 껴안고 만지고 인형과 함께 놀게 될 것이고, 반면 소년들은 서로 심신 양면으로 경쟁하고 또 위계질서가 엄격한 집단을 형성한다는 것이다.

> 자궁 속에서 부설되는 두뇌 회로와 그 후의 호르몬 분비가
> 우리의 생각과 행동을 결정한다.

앞으로 살펴보게 되겠지만, 우리가 지상에 태어나기도 전에 두뇌 회로와 호르몬 분비가 결정되어 버린다. 그리고 이 두 가지 요소는 우리의 생각과 행동을 지배한다. 우리의 본능이라는 것은 곧 우리의 유전자인데, 이것(유전자)이 어떤 특정 상황에서 우리의 신체가 반응하는 방식을 결정한다.

모두가 남자의 음모인가?

1960년대 이래, 무수한 압력 단체들이 우리의 생물학적 유산을 무시하라고 주문해왔다. 그들의 주장은 이러했다. 지금껏 정부, 종교 단체, 교육제도 등이 남성에 의한 여성 억압을 지원했고, 그리하여 암암리에 여성들을 비하시켜 왔다는 것이다. 또 여성을 끊임없는 임신 상태로 몰아넣어 여성의 활동을 제한시킨 것도 실은 일종의 여성 통제책이었다는 것이다.

사실 역사적 진행과정을 살펴보면, 그런 현상이 벌어진 것처럼 보인다. 그러나 만약 이게 사실이라면 당연히 다음과 같은 질문이 따라 나와야 한다. 만약 압력 단체들이 말하는 것처럼, 여성과 남성이 동일하다면, 어떻게 남성이 이 세상을 일방적으로 지배하게 되었는가? 뇌기능 연구는 이 질문에 대하여 많은 답을 내놓고 있다.

남녀는 동일하지 않다.

남녀는 자신의 잠재력을 최대한 개발할 수 있는 기회의 권리는 동일하지만, 선천적 능력은 결코 동일하지 않은 것이다. 남녀가 동일하다는 것은 정치적 혹은 도덕적 문제는 될 수 있을지 몰라도 결코 과학적인 문제는 될 수 없다.

> 남녀평등은 정치적 혹은 도덕적 문제이고,
> 남녀의 본질적 차이는 과학적 문제이다.

생물적 바탕이 우리의 행동을 좌우한다는 사상을 거부하는 사람들은, 물론 선의의 의도에서 그렇게 하고 있지만, 성차별주의를 거부하려는 의도에서 남녀 차이를 인정하지 않는 것이다. 하지만 그들은 평등 equal과 동일 identical의 차이를 혼동하고 있다. 사실 이 두 가지는 전혀 다른 문제인 것이다.

이 책에서, 독자 여러분은 남녀가 심신 양면에서 아주 다르다는 과학적 근거를 발견하게 될 것이다. 과학적으로 볼 때 남녀는 결코 동일하지 않다.

우리는 저명한 고생물학자, 민족지학자, 인류학자, 심리학자, 생물학자, 신경과학자 등의 최신 연구자료를 섭렵했다. 남녀의 두뇌구조 차이는 추측, 편견, 합리적 의문 등을 완전히 불식시킬 정도로 다르다.

이 책에서 다루어진 남녀 차이를 숙고해본 어떤 독자는 이렇게 말할지도 모른다.

"아니, 그건 내가 아니야. 난 그런 행동을 하지 않아!"

물론 그 독자는 그렇게 행동하지 않을 수도 있다. 그러나 우리가 여기서 다루고 있는 것은 평균적인 남자와 여자이다. 그러니까 대부분의 남녀가 대부분의 상황에서 보이는 행동을 다루는 것이다. '평균적'이라는 말을 이렇게 이해해주었으면 좋겠다. 자, 당신은 남녀가 가득 들어찬 방에서 남자들이 여자보다 더 크고 덩치가 더 좋다는 것을 발견한다. 좀 더 구체적으로는 남자가 7퍼센트 더 크고, 또 8퍼센트 덩치가 더 좋다. 하지만 그 방 안에서 가장 키가 크거나 가장 몸집이 좋은 사람이 여자일 수도 있다. 그렇지만 전반적으로 볼 때, 남자가 여자보다 더 크고 몸집이 더 좋은 것이다.

《기네스 북》을 보면 가장 키가 크고 가장 덩치가 좋은 사람은 늘 남자였다. 기록상 가장 키가 큰 사람은 로버트 페싱인데 8피트 11인치(2미터 79센티미터)였다. 1998년 당시 가장 키가 큰 사람은 파키스탄인 알란 찬나인데 7피트 4분의 1인치(2미터 31센티미터)였다. 역사책을 보면 늘 '키 큰 존'과 '키 작은 수지' 얘기로 가득 차 있다. 이것은 결코 성차별적 주장이 아니다. 이건 사실일 뿐이다.

어디서부터 시작할 것인가?

이 책을 읽어나가면서, 독자들은 입장에 따라 만족감, 자부심, 울분 등을 느낄 것이다. 독자들이 이런 기분을 느끼는 것은 남녀 동일의 이상주의적 철학에서 피해를 보았기 때문에 그렇다. 그래서 우리는 이 문제에 대한 우리의 입장을 밝히고자 한다. 우리는 당신이 이성異姓과 바람직한 관계를 맺고 또 그런 관계를 개선하도록 도와주기 위해 이 책을 썼다. 우리는 이렇게 믿는다. 남녀는 그들이 선택한 분야에서 평등한 출세의 기회를 가져야 하고, 또 남녀불문하고 자격 있는 사람이 자신의 노력에 대하여 마땅한 보상을 받아야 한다.

여기서 분명하게 말하지만, 차이는 평등의 반대말이 아니다. 평등은 우리가 하고 싶은 것들을 마음대로 선택할 수 있는 상태를 말한다. 반면 차이는 남녀가 서로 다른 일을 하기 원한다는 것을 말한다.

우리의 목적은 남녀관계를 객관적으로 살펴보고, 그 관계의 역사, 의미, 결과 등을 설명함으로써, 더 행복하고 더 보람찬 생활의 기술과 전술을 개발하자는 것이다. 우리는 불필요한 가정이나 정치적 눈치를 보는 상투어로써 논의의 핵심을 피해가지는 않을 것이다. 어떤 사물이 오리처럼 보이고, 오리처럼 소리 지르고, 오리처럼 걷고, 또 그게 오리라는 것을 증명하는 증거가 충분하다면, 우리는 좌우의 눈치를 보지 않고 그걸 그냥 오리라고 부르겠다.

이 책에서 제시한 증거는 남녀가 본질적으로 다른 방식으로 행동하려는 경향이 있다는 것을 보여준다. 따라서 우리는 이러한 경향을 있는 그대로 보여줄 뿐이다. 남성이 혹은 여성이 이렇게 또는 저렇게 행동해야 한다고 주장하려는 것이 결코 아니다.

선천적인가 후천적인가?

멜리사는 쌍둥이 남매를 낳았다. 딸은 재스민이라 이름 짓고 분홍 담요를, 아들은 아담이라 하고 푸른 담요를 덮어주었다. 친척들은 재스민에게 줄 부드러운 털 장난감을 가져왔고, 아담에게는 장난감 축구공과 조그마한 축구 셔츠를 가져왔다. 모두들 재스민에게 부드러운 어조로 말하면서 아이가 참 예쁘게 생겼다고 말했다. 그리고 재스민을 들어올려 껴안아주는 사람은 주로 여자 친척이었다. 남자 친척들은 주로 아담에게 집중했다. 커다란 목소리로 말하면서 아담의 배를 콕 찌르기도 하고 아이를 높이 치켜들어 어르면서 장래에 훌륭한 축구선수가 되겠다는 말도 했다.

　이런 상황은 누구에게나 친숙할 것이다. 하지만 이것은 하나의 의문을 불러일으킨다. 이런 어른들의 행동은 생물학적인 것인가 아니면 세대에서 세대로 이어지는 학습된 행동인가? 그것은 자연인가 아니면 문화인가?

　20세기 내내, 심리학자와 사회학자는 인간의 행동과 선호사항은 대부분 사회적 조건반사 social conditioning 와 환경에 의해 학습된 것이라고 보았다. 우리는 문화(양육)가 학습된 현상이라는 것을 알고 있다. 양모養母는 인간이든 원숭이든 새끼를 양육하는 일은 아주 잘해낸다. 반면에 과학자들은 생물학, 화학, 호르몬 등이 행동과 선호사항에 결정적인 영향을 미친다고 생각한다. 1990년 이래, 인간은 대부분이 두뇌 소프트웨어를 장착한 상태로 태어난다는 견해를 뒷받침하는 과학적 증거들이 아주 많이 나왔다. 과거, 남자는 사냥꾼이고 여자는 양육자였다는 사실이 오늘날까지도 여전히 우리의 행동, 가치, 우선 사항을 결정짓는다는 것이다. 하버드대학의 중요한 연구 결과에 의하면 우리는 여자아이와 남자아이에게 다르게 행동할 뿐만 아니라 말도 다르게 쓴다. 여자아이에게는 "넌 얌전하구나" "넌 정말 귀여운 애로구나" "정말 예쁜 아기네"라고 말하는 반면, 남자아이에게는 큰 목소리로 "어이, 덩치 큰 녀석!" "야, 이놈 봐라, 되게 튼튼하게 생겼네!" 하고 말한다는 것이다.

　여자아이에게 바비 인형을 주고 남자아이에게 장난감 무기를 준다고 해서 그들의 특징적인 행동이 그제야 비로소 생겨나는 것은 아니다. 그건 단지 그들의 행동을 강화할 뿐이다. 마찬가지로 하버드대학의 연구는 어른들의 남녀 유별한 행동은 이미 존재하는 남녀 간의 차이를 강조할 뿐이라는 것이다.

오리를 연못에다 내려놓으면, 오리는 헤엄치기 시작한다. 수면 밑에서 보면 오리가 물갈퀴 발을 갖고 있는 게 보일 것이다. 그리고 오리의 두뇌를 분석해보면, 거기에 이미 '헤엄치는 모듈module'이 설치되어 있음을 발견할 것이다. 연못은 오리가 그 순간 존재하는 장소일 뿐, 오리의 행동을 창출하지는 못한다. 오리는 물의 존재와 상관없이 이미 헤엄치는 능력을 갖고 있는 것이다.

연구 결과는 우리 인간이 사회적 관습의 희생자라기보다는 오히려 생물학의 결정적 소산임을 보여준다. 남녀가 다른 것은 남녀의 두뇌 회로가 다르게 설치되어 있기 때문이다. 이 때문에 남녀는 다르게 세상을 바라보고 다른 가치와 우선 순위를 갖는다.

남녀의 본성을 밝힌 안내서

이 책은 외국 문화 지침서 혹은 외국 안내서 같은 것이다. 이 책에는 현지의 은어와 구어 표현, 몸짓 언어, 외국인들의 행동 동기를 이해하게 해주는 깊은 통찰이 들어 있다.

대부분이 영어권 관광객들은 현지 조사를 별로 하지 않고서 외국여행에 나선다. 그러고는 그 나라 사람들이 영어를 말하지 않는다고 해서 또는 햄버거나 감자칩을 요리해 먹지 않는다고 해서 불평을 터트린다. 그러나 다른 문화를 경험하고 또 그로부터 혜택을 얻으려면 먼저 그 역사와 진화과정을 이해해야 한다. 그런 다음 기본적인 표현을 배우고, 직접 그들의 생활 스타일을 따라 해보아야 비로소 그 문화를 깊이 이해하게 된다. 이런 식으로 하면 당신은 관광객 같은 표정, 언어, 행동을 취하지 않게 된다. 집에 그대로 있으면서 다른 나라를 단지 생각하는 것만으로도 혜택을 볼 수 있는 그런 사람이 된다.

이 책은 이성에 관한 지식을 즐기고 또 혜택을 얻는 방법을 당신에게 가르쳐줄 것이다. 그에 앞서 당신은 그들의 역사와 진화를 이해해야 한다.

> 영국의 윈저 성을 처음 방문한 어떤 미국 관광객이 이렇게 말했다고 한다. "아주 멋진 성이로군요. 하지만 왜 이 성을 공항 가까운 곳에다 지었을까요?"

이 책은 사실과 현실만을 다룬다. 실존하는 사람, 신뢰할 수 있는 연구자료, 실제로 벌어진 사건과 기록된 대화를 바탕으로 하고 있다. 그렇지만 독자는 뇌의 기능을 연구하는 데 필수적으로 나오는 용어인 수상돌기, 뇌량(뇌들보), 뉴펩티드, 자기공명 이미징MRI, 도파민 등을 신경 쓸 필요는 없다. 우리가 독자의 편의를 위해 그것을 대신 설명할 생각이다. 그리하여 모든 것을 되도록 쉽게 풀이하려고 한다. 우리는 사회생물학이라는 최근의 학문을 많이 인용할 생각이다. 이것은 유전자와 진화과정으로 인간의 행동을 설명하는 최신 학문이다.

독자는 이 책에서 과학적으로 입증이 된 일련의 개념, 테크닉, 전략을 발견하게 될 것이다. 이런 것들은 너무나 명백하여 거의 상식처럼 들릴 것이다. 하지만 우리는 과학적 뒷받침이 없는 테크닉, 실천, 의견 등은 모두 제외했다.

우리는 여기서 현대판 벌거벗은 원숭이를 다룬다. 초대형 컴퓨터로 세상을 장악하고 곧 화성에 도착할 테지만, 그 근본은 물고기로까지 소급되는 벌거벗은 원숭이가 우리의 주제이다. 인간을 지금과 같은 종으로 진화시키기 위해 수백만 년이 소요되었다. 그러나 오늘날 우리는 엄연한 생물학적 사실을 무시하거나 거의 감안하지 않는 기술적, 정치적 균형의 세계로 내몰리고 있다.

인간을 달에 보내는 정교한 지식 사회를 구축하기 위해서 거의 1억 년이 걸렸다. 하지만 인간은 예전의 원시 조상들과 마찬가지로 여전히 화장실 가는 일을 면제받지 못했다. 인간은 이런저런 문화권에 따라서 약간씩 다르기는 하지만, 한 꺼풀 밑의 생물적 욕구와 충동은 모두 똑같은 것이다. 우리는 남녀 유별한 행동적 특징이 어떻게 유전되고 또 어떻게 세대에서 세대로 이어져 가는지 보여줄 생각이다. 그리고 곧 독자들이 직접 겪게 되겠지만, 이런 점에 있어서 문화적 차이란 거의 없다고 말할 수 있다.

먼저 우리의 두뇌가 진화되어온 과정을 잠깐 살펴보자.

우리는 어떻게 여기까지 왔나?

옛날옛날, 아주 옛날에 남자와 여자는 행복하게 살면서 조화롭게 일을 했다. 남자들은 매일 위험한 바깥세상으로 나가 목숨을 걸고 사냥을 했다. 아내와 아이들에게 음식을 가져다주기 위해서였다. 또 야만적인 동물이나 적들로부터 가족을 보호해야 했다. 그는 음식을 집에 가져오기 위해서는 장거리 여행의 기술을 개발해야만 했다. 또 움직이는 목표물을 맞히기 위해서는 사격 솜씨도 훌륭해야 했다. 그의 임무는 아주 확실하게 정해져 있었다. 그는 먹이 추적자lunch-chaser였고 아무도 그것을 의심하지 않았다.

남자가 자기 목숨을 걸고 가족을 보호했기 때문에 여자는 자신이 소중한 존재라는 느낌을 가실 수 있었다. 남자의 성공 여부는 사냥감을 죽여서 집에 가져오는 능력에 따라 측정되었고, 또 남자의 가치는 여자가 그의 투쟁과 노력을 얼마나 평가해주느냐에 따라 결정되었다. 가족의 구성원은 남자가 먹이 추적자 혹은 보호자로서의 임무를 충실히 수행해 주기를 기대했다. 남자로서는 '남녀관계'를 이론적으로 분석해야 할 필요가 전혀 없었고, 또 쓰레기를 밖으로 내놓거나 기저귀를 갈아주는 일은 하지 않아도 되었다.

여자의 역할도 아주 분명했다. 아이 양육자로 지명되었다는 사실이 여자의 진화를 이미 결정해버렸다. 또 여자의 기량은 그런 역할에 맞추어 특화되었다. 그녀는 위험의 기미를 재빨리 읽어내기 위해 주변 상황을 잘 장악해야 되었고 또 뛰어난 단거리 기량을 갖추어야 했다. 지형지물을 이용하여 길을 찾아낼 수 있어야 했다. 또 아이들과 어른의 표정과 행동에서 사소한 변화를 감지하는 눈치도 있어야 했다. 따라서 상황은 아주 간단했다. 남자는 먹이 추적자였고 여자는 둥지 수호자nest-defender였다.

그녀는 아이를 돌보고 과일, 채소, 견과를 수집하고 같은 그룹의 다른 여자들과 교제를 했다. 그녀는 음식 조달이나 적과의 싸움 같은 것은 신경 쓸 필요가 없었다. 그녀의 성공은 가족을 잘 보살피는 능력으로 측정되었다. 그녀의 가치는 남자가 그녀의 가정 꾸리기와 양육 기량을 얼마나 평가해주느냐에 달렸다. 임신과 출산 능력은 마법 혹은 신성한 행위로 간주되었다. 왜냐하면 그녀만이 생명의 비밀을 갖고 있었기 때문이다. 여자는 동물을 사냥하고, 적과 싸우고, 전구를 갈아 끼우는 일을 할 필요가 없었다.

생존은 어려운 문제였지만 남녀관계는 수월했다. 그리고 이것이 수십만 년 동안 존속해왔던 남녀 간의 관계였다. 날이 저물 무렵이면 사냥꾼들은 죽인 사냥감을 가지고 집으로 돌아왔다. 사냥감은 공평하게 분배되었고 모든 사람이 동굴 속에서 함께 먹었다. 사냥꾼들은 사냥감 일부를 내어서 여자들이 수집해온 과일과 채소로 바꾸어 먹었다.

식사가 끝난 후에 남자들은 모닥불 주위에 둘러앉아 불을 쳐다보면서 게임을 하거나 얘기를 하거나 아니면 농담을 주고받았다. 그것은 말하자면 리모컨으로 텔레비전 채널을 돌리는 선사시대판 오락 행위였다. 그들은 세상에서 지쳤기 때문에 내일 다시 사냥할 힘을 얻기 위해 휴식을 취했다. 여자들은 아이들을 돌보면서 남자들이 충분히 먹고 또 잘될 수 있도록 배려해주었다. 남녀는 서로의 노력을 인정했다. 남자들은 게으르다고 생각되지 않았고 여자들은 억압받는 시녀라고 여겨지지 않았다.

이런 간단한 의식과 행동은 보르네오 일부 지역, 아프리카와 인도네시아의 일부 지역, 호주 원주민, 뉴질랜드 마오리 족, 캐나다와 그린란드의 이누이트 족 사이에서 그대로 존속되고 있다. 이런 문화권에서 남녀는 각자의 역할을 잘 알고 있다. 남자들은 여자들을 고맙게 생각했고 여자들도 남자들에게 감사하는 마음을 갖고 있었다. 그러나 현대 문명사회에 살고 있는 남녀들은 이런 낡은 규칙을 내던져버렸다. 그리하여 그 자리에 혼돈, 혼란, 불행이 들어서게 되었다.

우리는 이렇게 되기를 바라지 않았다

가족이라는 단위는 더 이상 남자에게만 생존을 의지하지 않고 또 여자들도 집에만 머물면서 양육자 노릇을 착실히 하기를 바라지 않는다. 인류 역사상 처음으로 남녀는 자신의 임무를 혼동하게 되었다. 이 책의 독자인 당신은 먼 조상이나 옛날 어머니들이 일찍이 겪어본 적이 없는 일련의 상황에 봉착한 제1세대이다. 사상 처음으로 우리는 배우자에게서 사랑, 열정, 개인적 성취 등을 기대하게 되었다. 왜냐하면 기본적인 생존은 이제 더 이상 중요한 문제가 아니기 때문이다. 현대 사회구조는 연금, 펀드, 사회복지, 소비자보호법과 각종 정부의 제도 등을 통해 생존의 기본적 수준을 제공하고 있다.

그렇다면 새로운 규칙이란 무엇인가?

그런 규칙을 어디서 배울 것인가?

이 책은 그런 질문에 대한 몇 가지 답변을 해준다.

부모도 도와줄 수 없다

만약 당신이 1960년 이전에 태어난 사람이라면, 부모님이 예전의 남녀 생존 규칙에 따라 행동하는 것을 보면서 자랐을 것이다. 사실 당신의 부모는 그들의 부모로부터 배운 것을 반복했을 뿐이다. 이렇게 부모 앞의 부모를 대대로 따지면서 올라가보면, 결국 역할 분담을 정확하게 설정했던 동굴 속의 원시인에게까지 소급된다.

이제 그 규칙은 완전히 바뀌었고 당신의 부모는 어떻게 도와주어야 좋을지 알지 못한다. 신혼부부의 이혼율은 약 50퍼센트에 달하고, 사실상의 별거 혹은 게이(남자 동성애) 관계 등을 감안하면 실제 부부 결별률은 70퍼센트를 상회할 것으로 보인다. 이제는 현재의 시점에서 정서적인 상처 없이 행복하게 살아나가는 방법을 발견해야 한다. 그렇게 하려면 우리는 먼저 새로운 규칙들을 배워야 한다.

우리가 동물임을 잊지 말라

대부분의 사람들은 자기를 동물이라고 생각하는 것에 익숙하지 않다. 인간의 몸속에 있는 기관 중 96퍼센트가 돼지나 말에게서도 발견된다는 사실을 거부한다. 인간이 다른 동물들과 구분되는 유일한 능력은 사고 능력과 미래지향적 계획 능력뿐이다. 다른 동물들은 두뇌의 유전자 회로와 행동의 반복 패턴에 의해 상황에 반응한다. 동물들은 생각은 하지 못하고 오로지 반응할 뿐이다.

"얘야, 저 개는 저런 식으로 자기 영역을 표시하여 다른 개들의 접근을 막는 거란다. 저건 본능적인 행동이지. 생각을 진혀 히지 않는 하등 동물에게 공통된 현상이란다."

대부분의 사람들은 동물들이 본능에 따라 행동한다는 것을 인정한다. 이런 본능적 행동은 금방 파악할 수 있다. 새들은 노래 부르고, 개구리는 개굴거리고, 수캐는 다리를 들고 오줌을 누고, 고양이는 먹이에게 살금살금 다가간다. 그러나 이런 것들은 지적 행동이 아니다. 그래서 많은 사람들이 이런 행동과 인간의 행동을 서로 결부시키지 못한다. 그들은 자신이 이 세상에 태어났을 때 최초로 한 행동이 동물과 마찬가지로 울기와 빨기였다는 사실조차 잊어버린다.

좋든 나쁘든 우리가 부모에게 물려받은 행동은 다른 동물들의 경우와 마찬가지로, 우리 자식들에게도 그대로 전달된다. 당신이 새로운 기량을 학습하게 되면, 그것이 유전적으로 자녀에게 전달되는 것이다. 이것은 과학자들이 미로에 풀어놓은 쥐들을, 목적지에 도달하는 쥐와 그렇지 못한 쥐를 기준으로, 똑똑한 쥐와 멍청한 쥐로 지목하여 번식시키는 것과 똑같은 방식이다.

우리 인간이 수백만 년의 진화 과정을 거쳐 충동을 다스려온 동물이라는 사실을 받아들인다면, 우리의 욕구와 충동은 한결 이해하기 쉬워진다. 그리하여 우리 자신과 남들을 더 잘 받아들이게 된다. 바로 거기에 진정한 행복으로 가는 길이 놓여 있다.

아하, 그게 그렇군요

Why Men don't Listen &
Why Women Can't Read Maps

남자들은 냉장고와 찬장에 든 음식을 도무지 찾아내지 못한다.

Why Men don't Listen &
Why Women Can't Read Maps

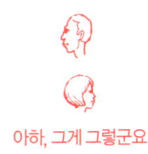

아하, 그게 그렇군요

존과 수 부부가 파티장에 도착했을 때, 파티는 이미 흥청거리고 있었다. 수는 존의 얼굴을 빤히 쳐다보면서 입술을 거의 움직이지 않은 채 말한다.

"저기 창쪽의 커플 좀 보세요."

존이 고개를 돌려 잠깐 쳐다본다.

"이제 쳐다보지 말아요!" 수가 주의를 준다.

"너무 노골적으로 쳐다보면 안 돼요!"

수는 그처럼 노골적으로 고개를 돌려 쳐다보는 남편을 이해하지 못한다. 반면 존은 고개도 돌리지 않고 방 안의 모든 사람을 볼 수 있는 아내를 대단하다고 생각한다.

이 장에서는 남녀 간의 감각적 지각 sensory perception 능력 차이를 살펴보면서 그것이 남녀관계에 어떤 영향을 미치는지 알아보자.

여자에겐 레이더 탐지기가 있다

여자들은 상대방 여자가 당황하고 있는지 아니면 가슴 아파하고 있는지 금방 알아본다. 반면 남자들은 여자의 눈물, 신경질, 여자로부터의 따귀 세례 등 구체적 증거가 있어야만 비로소 여자의 마음을 읽을 수 있다.

이건 왜 그럴까?

대부분의 포유류 암컷처럼, 여자는 남자보다 훨씬 우수한 감각적 기량을 갖추고 있다. 아이 양육자이고 둥지 수호자인 여자는 남들의 미묘한 분위기 변화와 태도 변화를 간취 看取 하는 능력이 필요했다. 이른바 '여자의 직관'이라고 하는 것은 상대방의 모습이나 행동에서 사소한 변화를 파악하는 예민한 능력을 말한다. 역사적으로 볼 때, 이런 능력은 여자들 등 뒤에서 나쁜 짓을 하다가 금방 들켜버리고 마는 남자들을 놀라게 했다.

우리의 세미나에 참석했던 한 남자가 우리에게 해준 말을 간추리면 이렇다.

그가 무엇을 감추려고 하면 아내는 그것을 귀신처럼 찾아낸다. 반면 집의 차고에다 차를 후진하여 주차하려고 할 때에는 도무지 아내의 실력을 믿을 수 없다. 차를 움직이면서 차의 범퍼와 차고 벽 사이의 거리를 가늠하는 것은 공간 지능 spatial skill이 하는 일이다. 우뇌의 앞쪽에 위치한 이 지능은 대부분의 여자들이 타고나지 못했다. 우리는 이것을 제 5장에서 자세히 다룰 것이다.

> "아내는 나의 신사복 상의에 묻은 블론드 머리카락을 50미터 뒤에서도 알아볼 수 있습니다. 하지만 차를 차고에 주차시킬 때는 차고 벽을 들이박기 일쑤지요."

여자는 둥지 수호라는 가족의 안전을 보장하기 위해 자식들의 행동 거지에서 고통, 배고픔, 부상, 공격심, 절망 등 사소한 변화를 읽어낼 수 있어야 했다. 먹이 추적자인 남자는 농굴에 붙어 있는 시간이 별로 없었기 때문에 비언어 신호나 개인 간 텔레파시를 제대로 배우지 못했다. 펜실베이니아대학의 신경심리학 교수인 루벤 씨는 두뇌 스캐닝 테스트를 통하여 남자의 두뇌는 휴식 상태에 있을 때 두뇌의 전기활동 중 70퍼센트가 정지된다는 것을 보여주었다. 반면 여자의 두뇌는 휴식 중에도 90퍼센트가 활동을 계속했다. 이것은 여자들이 주변 환경으로부터 끊임없이 정보를 받아서 분석한다는 얘기가 된다. 여자는 자녀들의 친구, 희망, 꿈, 로맨스, 은밀한 공포, 그들의 생각, 그들의 감정, 그들이 꾸미고 있는 엉뚱한 장난 등을 환히 알고 있다.

이에 비해 남자들은 집 안에 같이 살고 있는 꼬마들의 존재를 희미하게 의식하고 있을 뿐이다.

차이는 눈에 있다

눈은 두개골 바깥에 위치한 두뇌의 확장체이다. 안구 뒤에 위치한 망막은 광수용체 photoreceptor라고 하는 1억 3000만 개의 막대기형 幹狀體 세포를 갖고 있는데, 이것이 흑과 백 明暗을 구분하고 나머지 색깔을 약 700만 개의 세포로 구성된 원추형 세포가 담당한다. 이 세포들은 X염색체가 제공하는 것이다. 여자는 X염색체가 둘이기 때문에 남자들보다 원추형 세포를 훨씬 더 많이 가지고 있으며, 이러한 남녀 차이는 색상을 파악하는 여자의 능력에서 유감없이 발휘된다. 남자는 색깔이라고 하면 적, 청, 녹 등의 기본적인 색상만으로 만족하는 데 비해, 여자는 뼈빛, 물빛, 쇠오리(암록색을 띤 청색), 담자색, 풋사과색 등 아주 세밀한 컬러를 구사한다.

인간의 눈은 다른 영장류에게서는 찾아볼 수 없을 만큼 흰자위가 많다. 이 때문에 서로 마주 보며 대화할 때 눈의 움직임과 시선의 방향 표시가 가능하다. 여성의 눈은 남성의 눈에 비해 흰자위를 많이 노출한다. 양육 의무를 맡은 여성이 좀 더 가까운 거리에서 의사소통을 해야 했기 때문이다. 흰자위를 많이 노출할 수 있다는 것은 다양한 눈신호를 보낼 수 있다는 것을 의미했고, 그 눈이 움직이는 방향만으로도 상대방에게 자신의 뜻을 전달할 수 있었다.

이러한 형태의 눈 의사소통은 다른 종의 동물들에게는 중요하지 않았기 때문에 그들에게는 흰자위가 거의 없는 것이다. 그 대신 동물들은 몸짓 언어를 중요한 의사소통의 수단으로 삼았다.

여자는 뒤통수에도 눈이 달려 있다

물론 그녀의 머리 뒤에는 눈이 없다. 하지만 이렇게 의문을 품는 것도 당연한 일이다. 여자는 망막의 원추형 세포가 많을 뿐만 아니라 남자보다 더 넓은 '주변 시야peripheral vision'를 갖고 있다. 둥지 수호자인 그녀는 자기의 코를 중심으로 상하좌우 45도로 퍼지는 광각 시야를 갖고 있는데, 이것은 두뇌의 소프트웨어에 그렇게 구조화되어 있는 것이다. 많은 여자들의 주변 시야는 거의 180도 수준이다. 남자의 눈알은 여자보다 크다. 그러나 그의 두뇌 소프트웨어는 장거리 '터널 시야tunnel vision'이다. 그래서 남자는 마치 망원경을 들고 앞을 쳐다보는 것처럼 좁은 폭으로 멀리까지 내다볼 수 있다.

사냥꾼이었던 남자는 멀리 떨어진 목표물에 집중하여 그것을 추적하게 해주는 시야를 필요로 했다. 그래서 남자의 시야는 마치 눈에 옆면 가리개를 착용한 사람처럼 진화했고, 목표물로부터 주의가 산만해지는 법이 없다. 이에 비해 여자는 넓은 주변 시야를 필요로 했다. 그래야 둥지를 향해 살금살금 다가오는 침략자를 미리 발견할 수 있었다. 바로 이 때문에 현대의 남성들은 멀리 떨어져 있는 술집은 멀쩡히 잘 찾아가면서도, 냉장고 속에 들어 있는 음식물을 잘 찾지 못한다.

여자는 넓은 주변 시야를 갖고 있고, 남자는 터널 시야를 갖고 있다.

1997년 한 해 동안 영국에서는 길을 건너가다 죽거나 다친 어린이가

3952명이었는데, 이 가운데 남자아이는 2460명이고 여자아이는 1492명이었다. 호주의 경우, 남자 보행객의 치상률이 여자의 두 배였다. 남자아이들이 여자아이보다 길을 건널 때 조심하지 않기 때문인데, 여기에다 주변 시야마저 넓지 않아 더욱 사고율이 높아진 것이다.

왜 여자의 눈은 그렇게 많이 볼까?

컴퓨터 자료로 따지면 100메가바이트가 넘는 수십억의 광양자가 매초 눈의 망막을 때린다. 이것은 뇌가 소화하기에는 너무나 많은 자료이기 때문에 그 정보는 생존에 필요한 수준으로 편집된다. 예를 들면, 일단 인간의 뇌가 하늘의 색깔을 모두 이해하면 그 다음에는 꼭 필요한 색

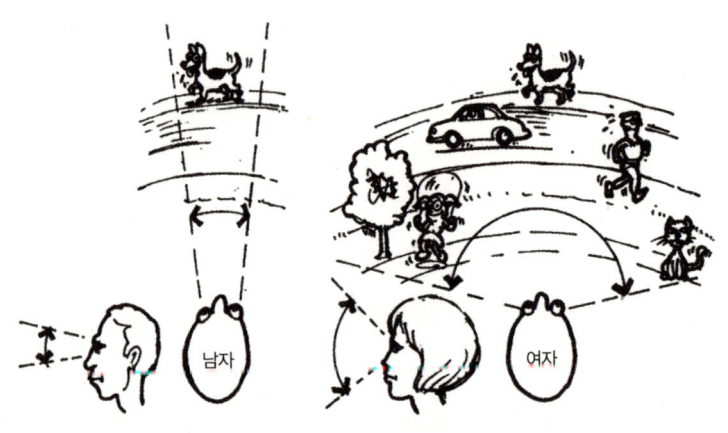

남녀의 시야 범위

깔, 즉 청색만 선택하는 것이다. 우리의 두뇌는 시각의 범위를 좁혀 주어서 구체적인 물건에 집중하도록 해준다. 사냥에 적절하도록 사전에 회로조정이 된 남자의 두뇌는 훨씬 좁은 범위만 볼 수 있다. 반면 과거에 둥지를 수호했던 여자의 두뇌는 좀 더 넓은 주변 시야를 가동하여 정보를 해독한다.

왜 남자는 냉장고 안의 버터를 못 찾을까?

온 세상의 여자들은 열려진 냉장고 앞에서 벌어진 다음의 대화를 경험한 적이 있을 것이다.

데이비드 버터 어디 있지?
잰 냉장고에 있어요.
데이비드 들여다봐도 없던데.
잰 있다구요. 내가 10분 전에 넣어두었어요.
데이비드 아니야, 딴 데 두었겠지. 냉장고 안에는 정말 없단 말이야!

그 말을 듣자 잰은 화를 벌컥 내며 부엌으로 달려와 냉장고 안에 팔을 쑥 밀어 넣더니 기적처럼 버터를 찾아낸다. 경험이 없는 남자들은 그것을 속임수라고 생각한다. 아내가 서랍이나 옷장에 물건을 감추어 두는 경향이 있다고 생각하는 것이다. 양말, 구두, 속옷, 잼, 버터, 자동차 키, 지갑, 이런 물건들이 거기 다 들어 있는데도 남자는 찾아내기 못하는 것이다. 넓은 주변 시야를 가졌기 때문에 여자는 고개를 돌리지 않고서도 냉장고나 옷장의 물건을 척척 찾아낸다. 남자들도 '사라진' 물건을 찾아내기 위해 상하좌우로 고개를 움직이기는 하지만 찾지는 못한다.

이러한 시야의 차이는 남녀의 일생에 중요한 결과를 가져온다. 자동차 보험회사의 통계자료에 따르면, 여성 운전자는 남자에 비해 교차로에서 자동차 옆면을 들이 받히는 일이 적다. 탁월한 주변 시야 덕분에 옆에서 다가오는 차를 더 잘 볼 수 있기 때문이다. 여자는 차를 똑바로

"골디, 우리 이렇게 계속 만날 수는 없어.
언젠가는 샘이 저 옆면 가리개를 떼어낼 거야!"

주차시키려다 차의 앞이나 뒤를 박는 비율이 더 높다. 남자에 비해 덜 발달한 공간 지능을 갖고 있기 때문이다.

이처럼 남자가 가까이 있는 물건을 잘 찾지 못하는 이유를 환히 알게 된다면 여자의 일생은 한결 스트레스가 덜할 것이다. 또 남자도 "그거 옷장 안에 있어요!"라고 말하는 여자의 말을 액면 그대로 받아들여 찾기를 지레 포기하지 않는다면, 드디어 원하는 물건을 꺼낼 수 있을 것이다.

꼬리 치는 남자

넓은 주변 시야 덕분에 여자는 남자에게 '추파'를 던져도 좀처럼 잡히지 않는다.

거의 모든 남자들이 다른 여자에게 추파를 던진다는 비난을 받는다. 그러나 여자는 남자들로부터 그런 불평불만을 당하지 않는다. 성 연구 보고에 의하면 여자 역시 남자 못지않게 다른 남자를 열심히 쳐다본다. 그러나 남자보다 탁월한 주변 시야를 가진 여자는 잘 들키지 않는다.

남자는 보이는 대로 믿는다

대부분의 사람들은 구체적 증거를 보기 전에는 믿지 않는다. 당신도 자신의 눈을 믿을 수 있는가? 수백만 명의 사람들이 UFO의 존재를 믿는다. 그러나 UFO의 92퍼센트가 일요일 밤 열한 시경 - 술집이 문 닫은 직후 - 저 멀리 떨어진 지방에서 목격된다. 국무총리나 대통령 같은 사람은 UFO를 목격한 적이 없다. UFO는 또 대학 캠퍼스, 정부 연구 실험실, 백악관 등에 내린 적도 없다. 그리고 그것은 흐린 날씨에는 지상에 내리지 않는다.

연구조사자 에드워드 보링은 다음 그림을 고안하여 사람들이 같은 그림에서 다른 것을 읽어낸다는 것을 증명했다. 아래의 그림에서, 여자는 모피 외투의 칼라에 턱을 고이고 있는 늙은 여자를 읽어내는 반면, 남자는 뒤를 보고 있는 젊은 여자의 왼쪽 옆면을 연상하기가 쉽다.

당신은 무엇을 보는가?

아래 그림1은 눈에 보이는 것이 곧 실제의 것이 아님을 보여주는 또 다른 사례이다.

그림 1을 볼 경우, 당신의 두뇌는 속임수를 당한다. 테이블의 앞면이 뒷면(화분과 과일이 놓여 있는 쪽)보다 짧다고 생각하는 것이다. 여자들은 이런 현상을 재미있게 생각하는 반면, 남자들은 증거가 필요하다며 자를 가져와 재어보려 한다.

그림1

그림2

그림 2에서 당신의 두뇌는 검은색으로 칠해진 부분만 집중하여 형태가 제멋대로 배열되어 있다고 생각한다. 하지만 이 그림을 보는 방식을 바꾸어서 하얀 부분에만 시선을 집중하면 FLY라는 단어가 보일 것이다. 남자보다 여자가 이 FLY를 읽어낼 가능성이 더 많다. 남자는 대부분 기하학적 도형에만 집중하는 경향이 있기 때문이다.

야간 운전만은 남자에게

여자는 남자보다 어둠 속에서 더 잘 본다. 특히 스펙트럼의 빨간색 쪽을 더 잘 본다. 그러나 남자의 눈은 좁은 시야를 멀리까지 내다볼 수 있다. 그래서 밤에는 여자보다 더 멀리 본다. 여기에다 우뇌에 위치한 공간 지능까지 합쳐져서, 남자는 길의 앞뒤에서 오고가는 차량들의 움직임을 잘 읽을 수 있다. 대부분의 여자는 밤중에는 일종의 야맹증 상태이다. 반대편에서 다가오는 차가 도로의 어느 쪽에 있는지 제대로 판별하지 못한다. 이런 일은 남자의 사냥꾼 시야가 훨씬 잘 감당한다. 그래서 장거리 자동차 여행을 떠난다면 낮에는 여자가 운전을 하고 밤에는 남자가 하는 것이 가장 이상적이다. 여자는 어둠 속에서 남자보다 더 잘 보기는 하지만 단거리의 넓은 범위에만 국한된다.

> 장거리 자동차 여행에서 낮에는 여자가 운전을 하고 밤에는 남자가 하는 것이 가장 이상적이다.

남자는 여자에 비해서 금방 눈의 피로를 느낀다. 남자의 눈은 장거리용이기 때문에 컴퓨터 화면이나 신문을 들여다볼 때는 자주 깜빡거리게 된다. 여자의 눈은 단거리 활동에 강하기 때문에 자잘한 물건을 오래 들여다보며 일을 해도 전혀 피곤하지가 않다. 게다가 여자의 두뇌는 좁은 지역에서 미소한 운동에 잘 적응하도록 회로처리되어 있다. 그래서 통상적으로 여자는 바느질이나 컴퓨터 화면 읽기 같은 일을 잘한다.

왜 여자에겐 육감이 있는 걸까?

여러 세기 동안 여자는 '초자연적인 힘'을 가지고 있다는 이유로 화형대에서 불타 죽었다. 그런 초자연적인 힘에는 인간관계의 결과를 예측하고, 거짓말쟁이를 찾아내고, 동물들에게 말을 걸고, 진리를 파헤치는 능력 등이 포함되었다.

1978년 우리는 한 텔레비전 프로그램을 위해 여자의 능력을 집중 조명하는 실험을 했다. 그것은 여자가 갓난아이의 몸짓 언어 신호를 얼마나 잘 이해하는지 파악하려는 것이었다. 우리는 산부인과 병원을 찾아가서 소리를 죽인 10초짜리 필름을 임산부들에게 보여주었다. 말하자면, 어머니들에게 오로지 시각 정보만 주려는 것이었다.

대부분의 어머니들은 그 필름만 보고서도 배고픔, 고통, 숨참, 피곤함 등 아이의 징시를 단번에 읽어냈다. 아버지들에게 같은 필름을 보여주었더니 그들의 성공률은 너무나 저조했다. 두 가지 이상의 감정을 읽어낼 수 있는 아버지는 전체의 10퍼센트도 되지 않았다. 그것도 막연한 추측이었다. 대부분의 아버지들은 "아이가 엄마를 원하고 있군요"라고 씩씩하게 말할 뿐이었다. 대부분의 남자들은 갓난아이의 울음소리를 해독할 능력이 없었다. 혹시 나이가 이러한 결과에 영향을 주는지 알아보기 위해 할머니 할아버지에게도 같은 실험을 해보았다. 할머니는 어머니 성적의 50~70퍼센트를 기록했으나, 많은 할아버지들은 아이가 자신의 손자인지도 제대로 알아보지 못했다!

동성의 쌍둥이를 대상으로 한 실험에서도 할아버지들은 그 쌍둥이를 구별하지 못했다. 그러나 할머니나 고모, 이모 등은 쌍둥이를 어렵지 않게 구별했다. 돈과 사랑 때문에 남을 속이는 쌍둥이 주인공을 다룬 영화에서 그 주인공은 여성이기 쉽다. 왜냐하면 남자는 잘 속아 넘어가기 때문이다.

50여 커플이 모여 있는 방에 들어갈 경우, 여자는 10분 정도 지나면 각 커플의 관계를 대충 파악한다. 여자는 그런 장소에 들어가면 탁월한 감각 능력을 발휘하여 서로 잘 지내는 커플이 누군지, 서로 싸우는 커플이 누군지, 누가 누구에게 관심 있는지, 어떤 여자가 우호적이고 적대적인지 금세 파악한다.

그러나 같은 장소에 들어간 남자는 전혀 다른 곳에 관심을 둔다. 그는 먼저 출구와 입구를 살핀다. 예전 두뇌 회로가 작동하여 가상의 공격이 발생할 경우 가능한 도피구는 어디인지 미리 보아두는 것이다. 그 다음에 그는 아는 얼굴이나 예상되는 적을 살피고, 이어 방의 전체적

구도를 살펴본다. 그의 논리적 마음은 깨어진 창문이나 불 나간 전구 등 손보거나 수리해야 할 사항을 기록해두는 것이다.

한편, 여자는 방 안에 있는 모든 얼굴을 살펴보고 누가 왔는지, 사람들 사이의 관계는 어떤지, 사람들의 전반적인 기분은 어떤지 등을 파악한다.

왜 남자는 여자에게 거짓말을 하지 못할까?

우리의 몸짓 언어 연구에 의하면, 얼굴을 마주보며 하는 의사소통에서 비언어 신호가 메시지 효과의 60~80퍼센트를 차지하고, 음성은 20~30퍼센트를 차지한다. 그리고 말은 그 나머지 7~10퍼센트의 메시지 효과를 차지할 뿐이다. 여자의 탁월한 감각 능력은 이런 정보를 재빨리 입수하여 분석한다. 또 우뇌와 좌뇌를 재빠르게 왕래하는 그녀의 두뇌능력은 음성, 시각, 기타 신호를 적절하게 통합하여 순식간에 판단을 내린다. 바로 이런 이유 때문에 남자는 여자와 얼굴을 맞댄 상태에서는 거짓말을 잘하지 못한다. 그러나 대부분의 여자가 잘 알고 있듯이, 여자는 대면 상태에서도 남자에게 비교적 쉽게 거짓말을 한다. 남자는 여자의 음성 신호와 비음성 신호 사이의 불일치를 파악하는 능력이 신통치 않기 때문이다.

대부분의 여자는 아주 완벽하게 거짓 오르가슴을 연기할 수 있다. 그러나 대부분의 남자는 여자에게 거짓말을 할 생각이라면 전화를 이용

여자는 걸어다니는 레이더 탐지기

하는 것이 좋다. 아니면 편지를 쓰든가 또는 불을 모두 끄고 머리 위에 담요를 두르고서 말하는 것도 한 방법이 될 것이다.

우리의 귀는……

원시인이었던 저 먼 과거에 인간의 귀는 개, 고양이, 말과 비슷했다. 한때 인간의 귀와 비슷했던 개의 귀는 인간에게는 들리지 않는 초음파를 청취한다. 연구 결과에 의하면, 개의 귀는 초당 5만 사이클까지 청취가 가능하며 어떤 경우에는 초당 10만 사이클도 가능하다. 이에 비해 인간의 귀는 초당 3만 사이클이 한도이며, 나이가 늘수록 퇴화하여 10대 후반이 되면 초당 2만 사이클 수준으로 떨어지고, 60세가 되면 초당 1만 2000 사이클로 낮아진다. 요즈음 시중에 나오는 하이파이 스테레오는 초당 2만 5000사이클로 작동하는데, 할아버지들에게는 이런 스테레오는 쓸모없는 물건이다. 왜냐하면 그 소리의 대부분을 들을 수 없기 때문이다.

개의 귀

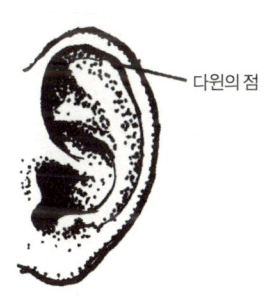

다윈의 점

인간의 귀

인간의 귀에는 아홉 개의 근육이 아직도 남아 있다. 약 20퍼센트의 사람들이 이 근육을 이용하여 아직도 귀를 움직일 수 있다. 인간의 귀는 고정되었다. 왜냐하면 소리 나는 곳을 향해 귀를 돌리는 게 아니라 고개를 돌리기 때문이다. 또 귀의 가장자리가 크게 찌그러지는 것을 막기 위해 안으로 접혀졌기 때문에 귀를 잘 돌리지 못한다.

찰스 다윈은 인간의 귀 윗면 안쪽에 있는 자그마한 덩어리가 원래 인간의 귀가 뾰족하게 나왔던 지점이라고 지적했다. 그리하여 그 부분은 '다윈의 점'이라고 부른다.

여자는 듣는 것도 잘해

여자는 남자보다 잘 듣고 또 높은 피치 pitch의 소리를 잘 구분한다. 여자의 두뇌는 밤중에 터져나오는 아기의 울음소리를 잘 듣게 되어 있는 반면, 남자는 그 소리를 무시하고 계속 잠을 잔다. 만약 먼 곳에서 새끼 고양이가 운다면 여자는 그 소리를 들을 것이다. 그러나 공간 지능과 방향감각이 뛰어난 남자는 그 소리가 어디서 나는지 여자에게 말해줄 수 있을 것이다.

> 수도꼭지에서 똑똑 물방울 떨어지는 소리는 여자를 불안하게 만들지만 남자는 아무렇지 않다는 듯이 잠을 잔다.

태어난 지 일주일 된 여자아이는 어머니의 목소리뿐만 아니라 다른 아이의 울음소리를 방 안에서 나는 다른 소리와 구분한다. 그러나 같은 조건에서 남자아이는 그렇게 하지 못한다. 여자의 두뇌는 소리를 분리·분류하고, 또 각 소리를 판단하는 능력을 갖고 있다. 그래서 여자는 어떤 사람과 마주보며 대화를 하면서도 제3자의 말소리를 알아들을 수 있다.

반대로 남자는 뒤쪽에 텔레비전이 켜져 있거나 싱크대에서 그릇 닦는 소리가 나면 상대방의 말을 잘 알아듣지 못한다. 만약 전화가 걸려 온다면 남자는 사람들에게 입 다물라고 하고, 음악 소리를 낮추거나 텔레비전을 꺼버리라고 한다. 그래야 통화를 할 수 있다고 생각하는 것이다. 그러나 여자는 아무렇지도 않게 전화를 받는다.

여자는 행간을 읽는다

여자는 음성의 크기(성량)나 피치(고저)의 변화를 예민하게 포착한다. 이 때문에 여자는 아이나 어른의 감정 변화를 잘 파악한다. 이것이 음악적 능력에도 영향을 미친다. 그 결과, 박자에 맞추어 노래를 부를 수 있는 여자와 남자의 평균 비율은 8 대 1이다. 이런 능력을 잘 이해한다면 여자들이 남편이나 아들과 논쟁할 때 자주 써먹은 이런 말의 깊은 뜻을 이해할 것이다.

"그런 식으로 내게 말하지 마!"

그러나 대부분의 남자들은 그 깊은 뜻을 잘 모른다.

연구 조사 결과, 커다란 소리에 대한 반응 강도는 여자아이가 남자아이보다 두 배나 높았다. 바로 이 때문에 여자아이는 남자아이에 비해 피치가 높은 말을 들으면 금방 안정되거나 위안을 받는다. 그래서 어머니들은 직감적으로 여자아이에게는 자장가를 불러주고 남자아이에게는 말을 하거나 같이 놀아주는 것이다.

이러한 청각의 우월함은 '여자의 직감'에도 크게 기여하고 또 여자가 말의 행간을 잘 읽는 이유가 된다. 그러나 남자들이여, 실망하지 말라. 남자는 동물의 소리를 잘 구별하고 또 흉내도 잘 낸다. 이것은 아마도 과거 사냥꾼 시절에는 큰 이점이었을 것이다. 하지만 슬프게도 오늘날에는 별로 활용가치가 없다. 개그맨 콘테스트에 나가서 동물 모창을 하기 전에는.

남자는 '방향'을 들을 수 있다

여자는 소리를 잘 구분하는 반면, 남자는 소리의 방향을 정확하게 짚어낸다. 이런 뛰어난 방향 감각과 동물의 소리를 파악하는 능력이 결합해 훌륭한 사냥꾼이 될 수 있었다. 그런데 어떻게 소리가 머릿속에서 지도(방향)로 바뀌는 것일까?

캘리포니아 공과대학의 마사카 주 고니시 교수는 소리의 방향을 인간보다 훨씬 탁월하게 짚어내는 헛간 올빼미를 실험하여 위의 질문에 대한 답변을 일부 얻어냈다. 올빼미에게 소리를 들려주면 그 올빼미는 소리 나는 방향으로 고개를 돌린다. 고니시 교수는 올빼미 두뇌의 청각 담당 세포들이 소리의 정확한 방향을 지도로 그리는 것을 발견했다. 서로 다른 속도(약 2억 분의 1초)로 올빼미의 귀에다 소리를 작성한다. 그러면 올빼미는 고개를 돌려 다가오는 약탈자를 발견하고는 얼른 자리를 피하는 것이다. 남자들이 소리의 방향을 짚어내는 능력도 이와 유사하다고 할 수 있다.

왜 남자아이들은 말을 듣지 않나?

남자아이들은 말을 길 듣지 않는다고 하여 교사나 부모로부터 꾸지람을 듣는다. 그러나 사춘기 무렵의 남자아이들은 귀의 관이 갑자기 커져서 일시적으로 난청이 되는 경우가 있다. 여교사들은 여학생을 야단칠 때에는 남학생과 다르게 한다. 그들은 남녀 간에 청각 차이가 있다는 것을 직감적으로 아는 것이다.

여교사가 여학생을 야단치는데 고개를 들지 않으면 여교사는 계속해서 야단을 칠 것이다. 그러나 남학생이 고개를 들지 않으면 많은 여교사들은 그 학생이 못 알아듣고 있다는 것을 직감적으로 깨닫고 이렇게 말할 것이다.

"내가 말할 때는 고개를 들어."

불행하게도 남자들은 듣기보다 읽기에 더 강하다. 이것을 증명하는 간단한 방법이 있다. 다음 문장에서 F가 몇 개나 들어 있는지 세어보라.

> Finished files are the result of years of scientific research.
> (완성된 서류는 몇 년에 걸친 과학적 연구의 결과이다.)

위의 문장에는 F가 다섯 개 있는데 여자보다 남자가 훨씬 빨리 찾아낼 것이다. 그러나 이 문장을 소리 내어 읽는다면 그때는 여자가 훨씬 빨리 찾아낼 것이다.

남자들은 말뜻을 모른다

린과 크리스 부부는 파티를 마치고 차를 몰아 집으로 돌아오는 중이었다. 남편이 운전대를 잡았고 아내는 조수석에 앉아서 방향을 가르쳐 주고 있었다. 그런데 그들 사이에 언쟁이 벌어졌다. 아내가 우회전을 지시할 생각이었으면서 실은 좌회전하라고 말했던 것이다. 불편한 침묵의 순간이 9분쯤 지나가고 나서 남편은 뭔가 잘못되었다는 것을 눈치 챘다.

"여보, 아무 일 없는 거지?" 남편이 아내에게 물었다.

"그래요. 아무 일 없어요!" 아내가 대답했다.

아내가 '없어요'를 강하게 말한 것은 실은 무슨 일이 있다는 뜻이다. 그는 파티에서 있었던 일을 생각한다.

"여보, 내가 오늘밤에 뭐 잘못한 거라도 있어?"

"그 얘긴 하고 싶지도 않아요!" 아내는 날카로운 목소리로 말했다.

이것은 그녀가 화났다는 뜻이고 내심 그 얘기를 하고 싶다는 뜻이다. 한편 남편은 도대체 자기가 뭘 잘못했기에 아내가 화났는지 감이 잡히질 않았다.

"제발 말해줘. 내가 뭘 잘못했는데? 난 정말 모르겠어!"

이런 대화의 상황이 대개 그러하듯이, 남자는 진실을 말하고 있다. 그는 도대체 뭐가 문제인지 알지 못하는 것이다.

"당신이 바보 같은 행동을 했으니, 내가 한 마디 안 할 수 없군요!"

하지만 그건 행동이 아니다. 그는 자신이 어떤 행동을 했다는 의식이 없다. 따라서 무엇이 문제인지 전혀 알지 못한다. 그녀는 일단 심호흡을 한다.

"그 나쁜 년이 온갖 '추파'를 던지면서 당신 곁에 딱 달라붙었잖아요. 그런데도 당신은 가만히 있었어요! 그 년을 물리치지 않고 말이에요!"

이제 크리스는 완전히 놀라자빠진다.

"웬 나쁜 년? 웬 추파?"

크리스는 전혀 눈치를 채지 못했다. 그는 그 '나쁜 년'(이것은 아내가 쓰는 표현이고 남편은 섹시라는 말을 썼을 것이다.)이 크리스와 얘기를 하면서 취한 동작을 전혀 눈치 채지 못했다. 그녀는 엉덩이를 살짝 크리스 쪽으로 기울였고, 한 발을 앞쪽으로 내밀었고, 머리카락을 가볍게 휘날리고, 허벅지를 살짝 비비고, 귓밥을 만지고, 필요 이상으로 크리스를 오래 쳐다보고, 크리스가 쥐고 있는 와인 잔의 줄기를 쓰다듬었으며 여학생같이 코맹맹이 소리로 발랄하게 말했던 것이다.

　남자는 사냥꾼이다.

　그는 멀리 지평선에 있는 얼룩말을 발견할 수 있고 또 그 말이 얼마나 빨리 움직이는지 알 수 있다. 하지만 그는 어떤 사람의 내면적 관심을 보여주는 시각, 음성, 몸짓 언어를 읽어내는 능력은 별로 없다.(이런 능력은 여성이 뛰어나다.)

　파티에 참석한 모든 여자는 고개를 돌리지 않고서도 그 '나쁜 년'이 무슨 수작을 하고 있는지 훤하게 알고 있다. 그리하여 파티에 참석

남자들은 세부사항을 파악하지 못한다.

한 여자들 사이에서는 '나쁜 년 주의보'가 텔레파시에 의해 널리 퍼져나간다. 하지만 대부분의 남자들은 그것을 전혀 눈치 채지 못한다.

그래서 아내의 비난에 나는 정말 억울하다고 말하는 남자는 진실을 말하고 있는 것이다. 남자의 두뇌는 세부사항을 보고 파악하도록 장치되어 있지 않은 것이다.

터치의 마력

만져주기는 생명을 주는 행위이다. 할로와 지머만이 원숭이를 상대로 한 초기 실험은, 어린 원숭이를 만져주지 않았더니 우울과 질병에 시달리다가 요절했다는 결과를 보여주었다.

버려진 아이들에게서도 이와 유사한 결과가 발견되었다. 생후 10주에서 6개월 사이의 아이들을 조사한 결과, 놀라운 사실이 밝혀졌다. 엄마가 잘 쓰다듬어준 아이는 그렇지 못한 아이에 비해 감기에 잘 걸리지 않았고, 또 잘 토하지도 않고 설사도 하지 않았다.

다른 연구로는 이런 것이 있다. 신경질적이거나 우울증이 있는 성인 여자는 포옹 횟수와 포옹 지속시간에 따라 질병에서 회복되는 속도가 촉진되었다.

인류학자 제임스 프레스콧은 아이 양육과 폭력과의 관계를 최초로 연구한 사람이다. 그는 어린아이를 귀엽다며 쓰다듬어주지 않은 사회가 성인 폭력 비율이 가장 높다고 주장했다. 사랑을 베푸는 보호자 밑에서 자란 어린아이는 더 선량하고, 더 건강하고, 더 행복한 성인으로 성장하게 된다. 대부분의 성 범죄자나 유아 학대자는 거부, 폭력, 포옹 부재, 격리시설에의 수용 등을 특징으로 하는 유년시절을 보냈다. 아이를 부드럽게 포옹해주지 않는 문화권은 개와 고양이를 사랑하게 되는데, 이렇게 애완동물을 쓰다듬어주고 포옹해줌으로써 터치의 경험을 대신하는 것이다.

애완동물을 쓰다듬어주는 치료요법은 우울증과 기타 정신적 문제를 극복하는 좋은 방법으로 판명되었다. 터치와 느낌이라면 질색인 영국인들이 애완동물을 사랑하는 것을 보라. 그래서 저메인 그리어는 이렇게 말했다. "평균적인 영국인은 지하철을 형과 같이 타고 다니면서도 자신이 혼자라고 가장하기를 좋아한다."

여자는 터치와 느낌이다

피부는 면적이 약 2평방미터에 달하는, 인체의 가장 넓은 기관이다. 이 피부에는 280만 개의 통증 수용체, 20만 개의 차가움 수용체, 50만 개의 터치(만지기) 수용체 등이 불균형하게 퍼져 있다. 태어난 이래, 여자들은 터치에 더 민감하고 성인 여자의 피부는 남자에 비해 터치와 압박에 열 배나 민감하게 반응한다. 한 권위 있는 조사 연구에 의하면, 터치에 가장 민감한 소년도 여자들 중에 가장 둔감한 소녀에 비해 촉각 민감도가 떨어진다. 여자의 피부는 남자보다 얇고 또 피하층에는 여분의 지방층이 있다. 여자는 여기서 온기를 공급받아 겨울에 추위를 더 잘 견딘다.

옥시톡신(자궁수축 호르몬)은 터치받고 싶은 욕구를 왕성하게 하고 또 터치 수용체를 자극하는 호르몬이다. 남자보다 이 호르몬이 열 배나 많은 여자가 남자, 아이, 친구를 포옹하기 좋아하는 것은 너무나 당연한 일이다. 우리의 몸짓 언어 연구에 의하면, 서구의 여성들은 사교상의 대화를 하면서 남성들이 상대방 남성을 터치하는 것보다 네 배 내지 여섯 배 더 상대방 여성을 터치하는 경향이 있다.

여자들은 남자들보다 더 많은 터치의 표현을 쓴다. 성공한 사람들을 가리켜 '마법적인 터치'를 가진 사람이라고 하는가 하면, 남들을 가리켜 '가죽이 얇은 사람' 혹은 '가죽이 두꺼운 사람'이라고 표현하기도 한다. 여자들은 '계속 터치의 상태를 유지하는 것 staying in touch'을 좋아하고, '남의 피부 밑으로 기어드는 get under your skin' 사람을 싫어한다. 그들은 '필링'에 대해서 자주 말하고 어떤 사람에게 '개인적인 터치 the personal touch'의 느낌을 주며 아주 '터치 touchy'한 분위기를 보인다. 그리고 '상대방의 피부를 엉뚱한 쪽으로 문질러서 rubbing them up the wrong way' 그를 당황하게 만든다.

> 여자들은 사교상의 대화를 하면서
> 남자들이 상대방 남자를 터치하는 것보다 4~6배 더
> 상대방 여자를 터치하는 경향이 있다.

정신과 환자들을 연구한 한 조사에 의하면, 남자들은 스트레스를 받으면 터치(접촉)를 피하고, 그들만의 세계로 침잠한다. 동일한 조사에서 여자들의 절반 이상이 남자들에게 먼저 접근했다. 그것은 섹스를 위한 것이 아니라 터치의 친밀함을 얻기 위한 것이었다. 여자가 남자에게 감정적으로 불만이 있거나 화가 났을 때, 여자는 이렇게 말하기가 십상이다.

"나 만지지 말아요!"

그러나 이런 표현은 알고 보면 정반대의 의미이다. 그렇게 화나기 이전에 여자들은 무수히 터치의 열망을 간직해왔던 것이다. 그런데 그걸 남자는 무시한 것이다. 여기서 우리는 어떤 교훈을 얻을 수 있는가? 그 대답은 이러하다. 여자들의 환심을 사고 싶으면 터치를 많이 하라. 그러나 더듬지는 말라! 또 아이를 정신적으로 건강한 어린이로 키우고 싶으면 많이 포옹해주라.

왜 남자들은 피부가 두꺼울까?

남자들은 여자보다 피부가 두껍기 때문에 주름살이 잘 지지 않는다. 이 때문에 여자들이 남자보다 주름살이 더 많다. 남자의 등쪽 피부는 위胃 쪽 가죽에 비해 네 배나 두껍다. 이것은 네 발 동물 시절의 유물로서, 후방에서의 공격을 막아내기 위한 것이다.

남자아이는 사춘기에 도달할 무렵이면 터치에 대한 민감성을 상실하고, 힘든 사냥을 하기 위한 몸매가 완성된다. 남자들은 가시덤불을 헤쳐 나가고, 동물들과 싸우고, 적과 용감하게 맞서려면 둔감한 피부가 필요했다. 이 때문에 남자들은 육체적 일이나 스포츠 활동을 할 때 부상에 대해서 별로 신경 쓰지 않는 것이다.

남자아이는 사춘기에 피부 민감성을
완전히 잃어버리는 것은 아니다.
단지 그 민감성이 한 군데로 집중되는 것뿐이다.

남자가 자신의 고유 임무에 집중하지 않을 때, 그의 고통 허용치는 여자에 비해 턱없이 낮아진다. 가령 이렇게 신음하는 남자가 있다고 해 보자.

"내게 닭고기 수프를 좀 만들어줘요. 신선한 오렌지주스를 가져다줘요. 뜨거운 물통을 좀 가져다줘요. 의사를 부르세요. 그리고 내 유언장이 제대로 준비되었는지 확인해줘요!"

이럴 경우, 그 남자는 십중팔구 가벼운 감기에 걸린 것이다. 남자들은 또 아파하거나 불편해하는 여자들에게 아주 둔감하거나 무심하다. 여자가 허리를 깊숙이 구부리면서 고통을 호소하거나, 몸의 열이 40도까지 올라가거나, 담요를 뒤집어쓰고 오한에 벌벌 떨 때에도, 남자는 건성으로 "여보, 괜찮아?" 하고 한 마디 할 뿐이다. 그리고 속으로는 이런 생각을 한다.

"모른 척하고 있으면, 좀 있다가 금방 나아져서 나의 섹스 요구에 응해줄 거야. 아무튼 침대에 이렇게 누워 있으니 곧 태도를 전환할 수 있겠지."

그러나 남자들은 축구 경기나 공격적인 스포츠를 볼 때에는 아주 민감한 반응을 보인다. 가령 남자들이 텔레비전에서 복싱 경기를 본다고 하자. 한 선수가 상대방의 주먹에 맞아 쓰러지면 여자들은 "어머, 굉장히 아프겠네" 하고 가벼운 반응을 보인다. 그러나 남자들은 깊은 신음소리를 내지르고 허리를 깊숙이 숙이면서 마치 자신이 그 주먹을 맞은 것처럼 느낀다.

인생의 미각

여자들은 미각과 후각이 남자에 비해 월등히 우수하다. 우리의 혀에는 약 1만 개의 미각 수용체가 있다. 혀끝에는 단맛과 짠맛, 양옆은 신맛, 혀 뒤는 쌉쌀한 맛을 감지하는 미각 수용체가 분포되어 있다. 일본의 연구자들은 현재 제5의 미각, 즉 기름 맛을 테스트하고 있다. 남자들은 짠맛과 쌉쌀한 맛을 잘 구분한다. 이 때문에 그들은 맥주를 마신다. 여자들은 단맛을 구분하는 데 아주 탁월하다. 그래서 이 세상에는 초콜릿 광인 여자들이 많은 것이다. 여자는 둥지 수호자로서, 또 과일 수집자로서 음식 맛을 보는 능력이 뛰어나야 했다. 그래야 잘 익은 달콤한 음식을 골라 아이들에게 먹일 수 있었다. 이런 점에서 탁월한 설탕 감별 혓바닥을 가진 것은 아주 유리했다. 이 때문에 대부분의 여자가 설탕처럼 달콤한 음식을 좋아하고, 또 이 세상의 음식 맛을 보는 사람은 대부분 여자인 것이다.

공중에 뭔가 있는데……

여자들의 탁월한 후각은 배란 주기가 되면 더욱 강력해진다. 여자의 코는 남자의 몸에서 나는 페로몬pheromone과 사향 같은 냄새를 기가 막히게 알아낸다. 이런 후각은 의식적으로 노력해서 만들어진 것이 아니다. 여자의 두뇌는 남자의 면역체계 상태를 무의식적으로 해독하게 되어 있다. 그리하여 그 면역체계가 상보적이거나 또는 자기 것보다 더 우월하면, 여자는 그 남자를 매력적 혹은 '왠지 모르게 끌리는 사람'으로 생각하게 된다. 만약 여자의 면역체계가 남자보다 더 세다면, 그녀는 그 남자를 별 볼일 없다고 생각할 것이다.

> 강력한 면역체계는 남자를
> '왠지 모르게 끌리는 사람'으로 만들어준다.

두뇌 연구자들은 여자의 두뇌는 남자를 만난 지 3초 이내에 남자의 이러한 면역체계를 분석한다고 보고했다. 상보적 면역체계는 자손에게 유전되어 그들에게 높은 생존의 가능성을 부여한다. 이러한 연구 결과, 남성 전용 기름약과 물약이 다수 시판되었다. 이런 제품을 만들어낸 사람들은 페로몬 효과를 100퍼센트 보장하여 여자들을 완전히 매혹시킬 수 있다고 주장하면서 판촉활동을 벌인다.

여자에겐 뭔가 특별한 것이 있다

우리는 진화의 과정을 거쳐 오면서 생존에 필요한 기량과 감각을 획득하게 되었다. 1980년대 이래, 마술, 초자연적인 힘, 여자의 직관 등이 과학적으로 측정되어 왔다. 그리하여 대부분의 그런 힘이 여자의 뛰어난 지각 능력과 관련된다는 것이 파악되었다. 남자들은 여자의 이런 생물학적 차이를 이해하지 못했기 때문에 무고한 여자들을 마녀라고 지목하여 화형대에서 불태워 죽였다.

여자들은 몸짓 언어, 목소리의 떨림, 목소리의 어조, 기타 감각적 자극을 잘 분간함으로써 작은 뉘앙스를 포착해낸다. 현대의 여성들도 이런 뛰어난 능력 때문에 희생을 당하는 수가 있다. 그들은 그런 능력의 원인을 설명해준다는 점성술사, 심령술사, 타로 카드 점술가, 수비학자, 기타 역술가 등을 찾아가 힘들게 번 돈을 내놓고 한 마디를 청하는 것이다.

이처럼 뛰어난 감각 능력을 갖고 있기 때문에 여자는 일찍 성숙한다. 그리하여 열일곱 살이 되면 대부분의 소녀들은 어른이 되는 반면, 같은 또래의 남자아이들은 수영장에서 서로 똥침을 놓으며 시시덕거리거나 아니면 성냥불로 자신의 방귀에 불을 붙일 수 있는지 확인하는 놀이를 한다.

왜 남자는 '무감각' 하다는 소리를 듣는가?

그렇다고 해서 여자가 아주 뛰어난 감각을 가지고 있다는 얘기는 아니다. 단지 남자들보다 뛰어나다는 것이다. 즉 남자의 감각이 상대적으로 둔한 것이다. 높은 지각 능력을 가진 여자들은 남자가 그녀의 언어, 음성, 몸짓 언어를 읽고서 그에 알맞게 반응해주기를 기다린다. 그러나 위에서 설명한 진화적 이유 때문에, 남자는 그렇게 반응할 수 없다. 여자는 남자가 그녀의 요구사항을 눈치 채주기를 조용히 기다린다. 그러나 남자가 전혀 눈치를 채지 못하면, 여자는 "둔감하다. 도대체 눈치가 없다"라며 남자를 비난한다. 이럴 때 남자들은 대부분 이렇게 반응한다.

"아니, 나보고 심령술사가 되라는 얘기야?"

연구 조사에 의하면 남자들은 심령술사 재목이 결코 아니다. 하지만 희망은 있다. 남자들도 비언어적 메시지와 음성 메시지를 읽어내는 훈련을 받으면 지금보다 한결 나아질 수 있다.

다음 장은 두뇌의 성적 경향sexual orientation을 보여주는 독특한 테스트를 소개하고 당신은 왜 당신일 수밖에 없는지 그 이유를 설명해준다.

이것은 사실인가 혹은 허구인가?

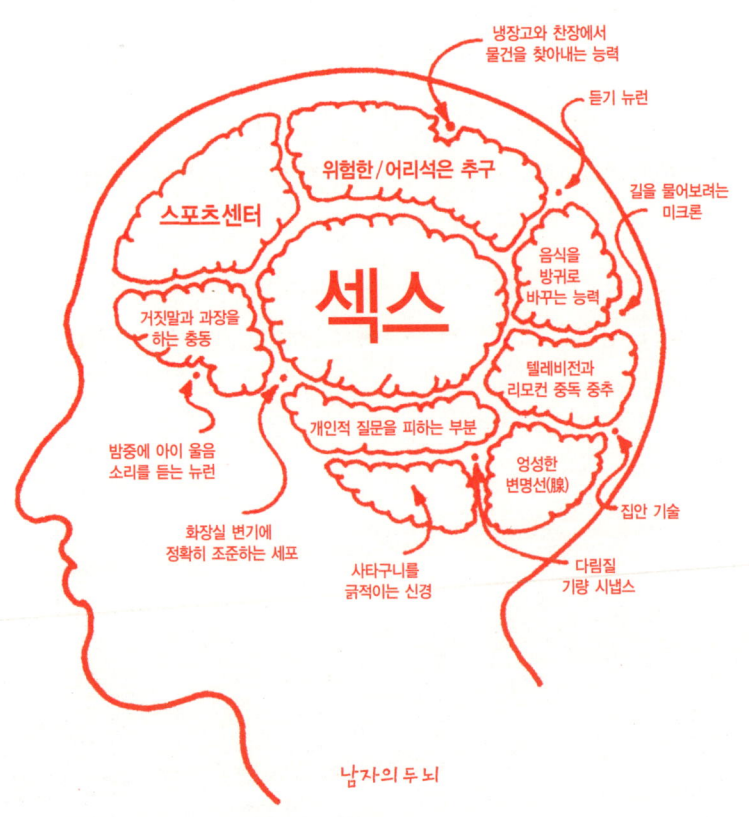

모든 것은 머릿속에 있나니

Why Men don't Listen &
Why Women Can't Read Maps

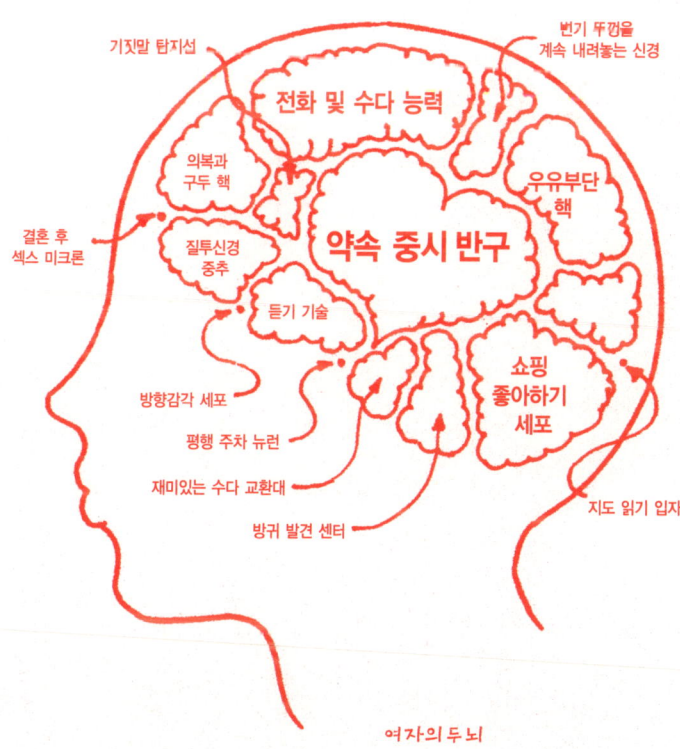

Why Men don't Listen &
Why Women Can't Read Maps

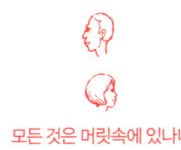
모든 것은 머릿속에 있나니

이렇게 장난스럽게 적어본 남녀 두뇌의 기능이 재미있는 것은 거기에 일리가 있기 때문이다. 이것은 어느 정도까지 진실일까? 여기에는 당신이 생각하는 것보다 훨씬 많은 진실이 숨겨져 있다. 이 장에서 우리는 최근의 두뇌 연구에서 밝혀진 극적인 사항들을 검토한다.

이 장은 정말로 당신의 눈을 번쩍 뜨게 만들어주는 획기적인 장이다. 그리고 이 장의 마지막에는 간단하지만 아주 그럴듯한 테스트가 첨부되어 있다. 이 테스트의 결과는 당신의 두뇌가 왜 그렇게 움직이는지 설명해줄 것이다.

왜 우리는 다른 영장류보다 똑똑할까?

다음의 그림을 자세히 살펴보면, 당신은 고릴라, 네안데르탈인, 현대인 사이에 두 가지 결정적 차이점을 발견하게 된다.

첫째, 현대인의 두뇌는 고릴라보다 세 배나 크고 우리의 원시 조상보다는 3분의 1이 더 크다. 화석에 의하면 우리의 두뇌는 지난 5만 년 동안 크기가 변하지 않았고 또 두뇌 기능에도 별다른 변화가 없었다.

둘째, 우리는 네안데르탈인이나 고릴라에게는 없는, 툭 튀어나온 이마를 갖고 있다. 이 이마는 그 밑에 좌우 전두엽을 갖고 있는데, 이것이 인간에게 읽기, 지도 읽기, 말 등의 독특한 능력을 제공한다. 바로 이 때문에 우리는 다른 동물들보다 우수한 것이다.

남녀의 두뇌는 서로 다른 힘, 재능, 능력을 갖추면서 진화해왔다. 사냥을 책임진 남자는 사냥감을 포착하기 위한 장거리 시야가 필요했고 또 사냥감을 정확하게 타격하는 기능이 필요했다. 남자는 말을 잘하거나 다른 사람의 감정에 민감할 필요가 없었다. 그래서 남자는 대인관계

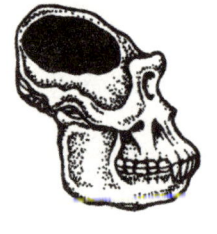  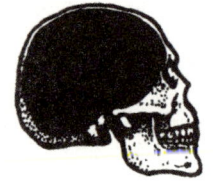

고릴라　　　　　　네안데르탈인　　　　　　현대인

의 지능이 크게 발달하지 못했다.

이와는 대조적으로, 여자들은 단거리 시야가 필요했고 주변의 사물을 환히 내다보는 넓은 주변 시야를 필요로 했다. 여러 가지 일을 동시에 할 수 있는 능력과 효과적인 의사소통 능력도 필요했다. 이러한 필요의 압박에 따라 남녀는 그런 기능을 담당하는 지능을 개발했다.

오늘날의 관점에서 본다면 고대 사회는 아주 성차별적이었다. 우리는 이 문제를 뒤에서 좀 더 자세히 다루게 될 것이다.

두뇌가 영토를 지킨다

"오래된 버릇은 좀처럼 없어지지 않는다."
이렇게 노인들은 말한다.
"유전적 기억은 오늘날에도 생생하게 살아 있다."
이것은 과학자들의 말이다.

유전적 기억은 인간의 본능적 행동의 한 부분이다. 수만 년을 동굴 속에 앉아서 바깥을 내다보며 주변 상황을 감시하고, 영토를 지키고, 생존을 위한 오만 가지 문제들을 해결해왔으니, 그러한 역사가 당연히 인간에게 흔적을 남긴 것이다.

예를 들어 레스토랑에 들어간 남녀를 한번 살펴보자. 대부분의 남자들은 벽을 등 뒤에다 두고 식당의 정문을 바라보며 앉기를 좋아한다. 이렇게 해야 남자들은 편안하고, 안전하고, 또 용이하게 주변을 경계할 수 있다. 그 누구든 느닷없이 출연하는 것을 허용해서는 절대 안 되는 것이다. 물론 오늘날의 식당 안에 매머드나 코뿔소가 출현할 리는 없지만, 그래도 살인적 고가高價의 대금청구서가 날아오는 것만이라도 두 눈 부릅뜨고 지켜보아야 하기 때문이다.

이에 비해 여자들은 벽을 마주 보고 앉는 것도 무방하다고 생각한다. 물론 어린아이를 데리고 왔을 때에는 여자들도 벽 쪽의 좌석을 선호한다.

집에 돌아가면 남자들은 침실 문에서 가장 가까운 침대 측면에 눕는다. 이것은 동굴 입구를 수호하던 저 옛날의 상징적 행위를 무의식적으로 되풀이하는 것이다. 만약 이 부부가 새로운 집으로 이사를 가거나 호텔방에 머물렀는데, 여자가 누운 쪽이 침실 문과 가깝다면, 남자는 까닭 없이 불안해할 것이고 또 쉽사리 잠들지 못할 것이다. 그는 그 이유를 전혀 의식하지 못하지만 대대로 전해져온 경계 의식이 그의 몸 위로 긴 그림자를 드리우는 것이다. 이럴 때 서로 자리를 바꾸면 아주 간단하게 문제가 풀린다.

> 남자들은 마누라로부터 재빨리 도망치기 위해
> 문 가까운 쪽에 눕는다고 농담을 한다.
> 그러나 이것은 영토 수호자의 본능이 발동한 것뿐이다.

남편이 지방 출장을 가면, 여자가 보호자 역할을 떠맡아 침실 문 가까운 쪽에 누워 잔다. 그러다가 남편이 돌아오면 다시 원위치로 돌아온다. 밤이 되면 여자는 아이의 울음 같은 새된 소리에도 금방 잠에서 깬다. 여자가 이처럼 놀라서 깨는데도 남자는 쿨쿨 잘 잔다. 그러나 남자의 두뇌는 움직임과 관련된 소리는 기막히게 포착한다. 그리하여 눈 오는 날 창 밖의 소나무 가지가 눈의 무게를 이기지 못해 우지끈 부러지는 소리에도 깜짝 놀라 잠에서 깨어난다. 혹시 있을지 모르는 공격에 대비하기 위해서이다.

그러나 이 경우, 여자는 계속 평온하게 잠을 잘 것이다. 하지만 남편이 출장을 갔을 때에는 그녀가 남편의 역할을 대신 떠맡게 되고 그리하여 둥지를 위협하는 소리나 움직임에 예민하게 반응한다.

성공 뒤에는 두뇌가 있다

그리스 철학자인 아리스토텔레스는 인간의 사고 중추가 심장에 있고 두뇌는 신체의 열을 내리는 역할을 한다고 믿었다. 바로 이런 이유 때문에 심장은 우리의 정서를 표현해주는 기관이라고 생각하는 것이다. 지금의 관점에서 보면 이런 주장은 우스꽝스럽기 그지없지만, 19세기 말까지만 해도 아리스토텔레스의 견해에 동의하는 사람들이 많았다.

1962년 로저 스페리는 대뇌피질의 두 반구가 별도의 지적 기능을 담당한다는 것을 밝혀냄으로써 노벨상을 받았다. 이제 기술이 더욱 발달되어 두뇌의 작동상황을 직접 볼 수 있게 되었다. 그러나 두뇌 기능에 대한 우리의 이해는 아직도 초보적인 수준이다. 우리는 창조적 반구인 우뇌가 몸의 왼쪽을 장악하고, 좌뇌는 신체의 오른쪽을 장악한다는 것을 알고 있다. 좌뇌는 언어와 어휘를 담당하는 두뇌의 부분이고, 우뇌는 시각적인 정보를 저장하고 통제하는 부분이다.

왼손잡이인 사람은 두뇌의 창조적 반구인 우뇌가 강하다. 바로 이런 이유 때문에 왼손잡이 중에 예술적 천재가 특히 많다. 가령 아인슈타인, 레오나르도 다빈치, 피카소, 루이스 캐롤, 그레타 가르보, 로버트 드니로, 폴 매카트니 등이 그러하다. 왼손잡이는 남자보다 여자가 더 많으며, 전체 인구의 90퍼센트가 오른손잡이이다.

> 연구조사 결과 여자가 남자보다
> 일반 지능에서 3퍼센트 더 우수한 것으로 나타났다.

1960년대까지만 해도, 인간 두뇌에 관한 데이터는 대부분 전장에서 죽은 군인들의 두뇌에서 수집한 것이었다. 1960년대 이전에 두 번에 걸쳐 세계 대전이 있었으니, 데이터의 정보원이 부족하지는 않았다. 그러나 문제는 그들이 대부분 남자라는 것이었다. 그래서 여자의 두뇌도 남자와 비슷하겠지 하는 암묵의 전제하에 두뇌 연구 작업이 수행되었다.

그러나 오늘날의 최신 연구는 여자의 두뇌가 남자와는 아주 다르게 작동한다는 것이 밝혀졌다. 바로 여기에 남녀관계에서 나타나는 제반 문제점의 원천이 도사리고 있다. 여자의 두뇌는 남자보다 약간 작은 것으로 나타났으나, 연구조사에 의하면 그것은 두뇌의 역할에 전혀 영향을 미치지 못한다. 1997년 코펜하겐 시립 병원 신경학과의 베르테 파켄

베르크는 다음과 같은 사실을 밝혀냈다. 남자의 두뇌는 여자보다 40억 개 더 많은 뇌세포를 갖고 있다. 그렇지만 여자는 일반 지능에 있어서 남자보다 3퍼센트 더 우수하다.

두뇌의 구석구석엔 무엇이 있을까?

학자들의 통설은 두뇌 각 부분의 기능을 다음과 같이 설명한다.

인간의 두뇌에 대한 연구와 이해는 날로 증가하고 있지만, 연구 결과에 대해서는 다양한 해석이 있다. 그러나 과학자들과 연구자들이 동의하는 여러 가시 사항들도 있다. 이제 두뇌의 전기 활동을 측정하는 MRI Magnetic Resonance Imaging(자기공명 이미징)를 사용하면, 두뇌 기능이 작

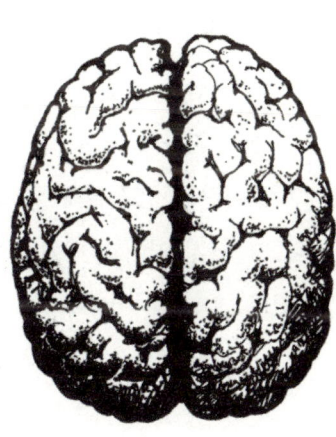

좌뇌
신체의 오른쪽
수학
말
논리
사실
연역
분석
실용적
질서
노래말
직선적
세부사항의 관찰

우뇌
신체의 왼쪽
창조성
예술
시각
직관
아이디어
상상력
전체적
'큰 그림'을 봄
노래의 곡조
공간적
다중처리

동되는 장소를 구체적으로 지목하고 또 측정할 수 있다. 이처럼 두뇌를 스캐닝하는 장비를 동원하여, 두뇌의 어떤 부분이 어떤 기능을 담당하는지 살펴볼 수 있는 것이다. 두뇌 스캐닝의 결과, 어떤 두뇌의 특정 기술 혹은 기능의 구체적 위치를 찾아내게 되면 그것은 그 두뇌의 소유자가 그런 기술을 잘 구사한다는 뜻이다. 그리하여 그 사람은 그 기술을 사용하는 것을 즐기고 또 그것을 필요로 하는 직업이나 활동에 이끌리게 된다.

예를 들면, 대부분의 남자에게는 두뇌에 방향을 지각하는 특정 부분이 있다. 그렇기 때문에 남자들은 두뇌의 그 부분을 쉽게 활용한다. 남자들은 방향을 미리 계획하기를 즐기고 또 방향을 잡고 헤쳐나가는 활동을 필요로 하는 추적행위나 오락에 매혹된다. 반면 여자들은 두뇌에 언어를 잘 구사하게 해주는 특정 부분이 있기에 말을 잘하고, 또 그런 말을 구사할 수 있는 일에 흥미를 느낀다. 바로 이런 이유로 여자들은 치료, 상담, 교직 같은 일에서 두각을 나타내는 것이다.

그러나 어떤 특정 기능에 대하여 두뇌의 위치가 명확하게 파악되지 않는 경우도 있다. 이 경우 그 사람은 그런 기능을 잘 활용하지 못하거나 그것을 별로 즐기지 않는다. 따라서 그런 기능이 동원되어야 하는 일에 매혹되지 않는다. 바로 이런 이유로 여성 항해사가 드물고 또 남성 상담원이 드문 것이다. 또 남자 영어 선생에게는 '적절한' 영어를 배우기가 어려운 경우도 있다.

두뇌 연구의 기원

남녀의 차이에 대한 최초의 과학적 테스트는 1882년 런던 박물관에서 프랜시스 골턴에 의해 실시되었다. 그는 남자가 여자에 비해 '밝은' 소리(높고 새된 소음)에 더 잘 반응하고, 손아귀 힘이 세고, 또 고통을 더 잘 참는다는 것을 발견했다. 거의 같은 시기에, 미국에서도 유사한 연구가 수행되었다. 남자는 파란색보다 빨간색을 선호하고, 정확한 단어를 골라 쓰고, 집안일보다는 기술적인 문제의 해결을 더 좋아한다는 것이다. 반면 여자는 날카로운 소리를 잘 듣고, 남자보다 더 많은 단어를 구사하고, 개별적인 일과 문제에 매달리는 것을 더 좋아하는 것으로 나타났다.

특정 위치의 두뇌 기능에 대한 초기 연구는 뇌를 다친 환자를 위주로 한 것이었다. 좌뇌에 부상을 입은 남자 환자는 언어 기능을 상실했다. 반면 남자 환자와 비슷한 좌뇌 손상을 당한 여자 환자는 그처럼 심한 언어 상실 증세를 보이지 않았다. 이것은 여자의 두뇌가 한 개 이상의 언어중추를 갖고 있음을 보여주는 것이다.

남자들은 여자에 비해 언어 상실이나 언어 장애를 당할 확률이 서너 배 높았다. 또 여자에 비해 그 능력을 회복할 가능성도 떨어졌다. 만약 남자가 좌뇌에 부상을 당한다면 벙어리가 될 가능성이 높다. 그러나 여자의 경우, 계속 말을 할 확률이 높은 것이다.

우뇌에 큰 부상을 입은 남자는 공간 지능을 대부분 상실했다. 공간 지능은 3차원적 사고 능력으로, 어떤 사물을 마음속에서 이리저리 돌리면서 여러 각도에서 볼 수 있는 능력을 말한다. 가령, 집의 건축 도면을 보면 여자들은 2차원적으로 보는 데 비해, 남자의 두뇌는 3차원적으로, 즉 사물의 깊이를 볼 수 있는 것이다. 그래서 대부분의 남자들은 빌딩의 도면을 보면 그것이 완성되었을 때 어떤 모습일지 상상할 수 있는 것이다. 각설하고, 다시 우뇌의 부상 문제로 되돌아가면, 남자 환자와 똑같이 우뇌에 부상을 당한 여자 환자는 공간 지능에 아무런 변화가 없었다.

온타리오 대학의 심리학 교수인 도린 기무라는 다음과 같은 사실을 발견했다.

남자의 경우 좌뇌에 부상을 당할 경우 언어 장애가 오는 데 비해, 여자는 양쪽 전두엽에 부상을 당했을 때 언어 장애가 발생했다. 말더듬이는 거의 남자에게서만 발생하는 언어 장애이다. 읽기 교정반에는 남자가 여자에 비해 거의 서너 배 더 많다.

아주 간단하게 말한다면, 언어와 대화에 관한 한, 남자들은 제한된 능력을 갖고 있다는 것이다. 이러한 연구 결과는 대부분의 여자들에게 전혀 놀랍지 않다. 역사책을 한번 읽어보라. 지난 수천 년 동안 말과 대화의 능력이 부족한 남자들 때문에 여자들은 그 얼마나 괴로워하며 자신의 머리카락을 쥐어뜯었던가!

두뇌 분석

1990년대 초 이래, 두뇌 스캐닝 장비가 매우 발달해 두뇌가 작동하는 모습을 '라이브'로 볼 수 있게 되었다. PET Positron Emission Tomograpghy (양전

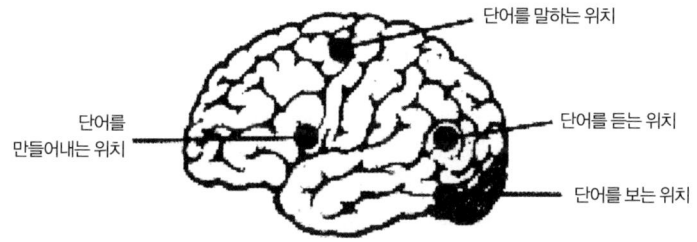

MRI를 통해 살펴본 두뇌의 특정 기능 담당 위치

자 방출 단층 X선 촬영법) 스캐닝과 MRI를 이용하면 텔레비전 스크린에 두뇌의 작동 상황이 리얼타임으로 떠오르는 것이다. 워싱턴대학 의과대학의 마커스 레이클은 두뇌의 신진대사가 증가되는 특정 영역을 측정함으로써 특정 기능에 동원되는 특정 부위를 아주 구체적으로 짚어내는 데 성공했다. 다음은 몇 가지 영역이다.

  1995년 베넷 세이위츠와 샐리 세이위츠 박사가 이끄는 예일대학의 연구팀은 남녀가 단어의 운을 맞출 때 뇌의 어떤 부분을 사용하는지 살피는 실험을 했다. 그들은 MRI를 사용하여 뇌의 서로 다른 부분들에 흘러드는 피의 흐름이 경우에 따라 약간씩 바뀌는 것을 발견했다. 그리고 남자는 말을 할 때 주로 좌뇌를 사용하지만, 여자는 좌뇌와 우뇌를 모두 사용한다는 것을 알아냈다. 1990년대에 수행된 이러한 실험과 그 후의 유사한 실험들은 동일한 결론에 도달했다. 즉 남녀의 두뇌는 다르게 작동한다는 것이다.

> 남녀에게 그들의 두뇌가 서로 다르게 작용한다고 생각하는지 물어보라.
> 남자는 아마도 그럴 거라고 대답할 것이다.
> 또 인터넷에 떠오른 자료를 읽은 적도 있다고 말할 것이다.
> 하지만 여자는 단박에 이렇게 대답할 것이다.
> 그걸 물어볼 필요가 있을까요? 차라리 다른 걸 질문하시지요.

 연구조사는 또한 소녀의 좌뇌가 소년보다 훨씬 빨리 발달한다는 것을 보여주었다. 따라서 소녀는 소년보다 빨리 말을 할 줄 알고, 글을 읽을 줄 알고, 또 더 빨리 외국어를 배운다. 바로 이 때문에 언어 장애 심리 치료사를 찾아오는 환자는 대부분 남자인 것이다.

 그러나 소년은 소녀보다 우뇌가 더 빨리 발달한다. 그리하여 공간, 논리, 지각지능이 더 빨리 피어난다. 그래서 소년은 수학, 건축물, 퍼즐, 문제해결 등에 능숙하고 또 이런 분야를 소녀보다 더 빨리 깨우친다.

 오늘날 남녀의 차이는 거의 없어서 무시해도 좋을 수준이라고 생각하는 것이 하나의 지적 유행처럼 번지고 있다. 그러나 객관적 사실은 이런 유행을 뒷받침하지 않는다. 불행하게도 우리는 남녀가 동일하다고 주장하는 사회적 환경 속에서 살고 있다. 남녀의 두뇌 회로가 서로 다르고 그에 따라 다양한 내적 능력과 경향을 키우며 성장한다는 증거가 산처럼 쌓여 있는데도, 우리 사회는 남녀동일 타령만 하고 있는 것이다.

왜 여자는 더 잘 연결되어 있나?

우뇌와 좌뇌는 뇌량(뇌들보)이라는 신경섬유 다발에 의해서 연결되어 있다. 이 케이블 덕분에 우뇌와 좌뇌는 서로 의사소통을 하고 또 정보를 교환하는 것이다.

가령 당신이 어깨 위에 두 대의 컴퓨터를 올려놓고 케이블로 그 두 대를 서로 연결했다고 생각해보라. 바로 이 케이블이 뇌량인 것이다.

로스앤젤레스 소재 캘리포니아대학의 신경학자 로저 고르스키는 여자의 뇌량이 남자보다 훨씬 두텁고 또 우뇌와 좌뇌의 연결 상태가 남자보다 30퍼센트나 더 우수하다고 말했다. 그는 또 남녀가 동일한 일을 할 때에도 사용하는 뇌의 부분이 다르다는 것을 증명했다. 이 발견은 그 후 여러 과학지들에 의해 확인되었다.

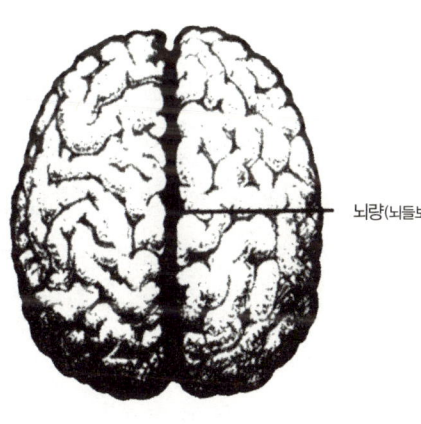

뇌량(뇌들보)

연구조사는 또한 여성 호르몬인 에스트로겐이 신경세포에 자극을 주어 우뇌와 좌뇌의 연결을 촉진한다고 밝혔다. 좌뇌와 우뇌의 연결 상태가 좋으면 좋을수록, 언변은 그만큼 유창해진다. 이것은 서로 무관한 일을 다중 처리할 수 있는 여성의 능력과 여성의 직관에 대해서도 많은 것을 설명해준다. 우리가 이미 언급했듯이, 여자는 다양한 범위의 감각 능력을 갖고 있다. 여기에다 좌뇌와 우뇌의 높은 연결성까지 갖추고 있으니 여자가 직관적 수준에서 빠르고 정확한 판단을 내리는 것은 그리 놀라운 일도 아니다.

왜 남자는 '한 번에 하나씩' 밖에 못할까?

모든 연구 자료는 일치하고 있다. 남자의 두뇌는 특화되어 있고 구획화되어 있다. 남자의 두뇌는 한 번에 한 가지씩 특화된 일에만 집중하도록 구조화되어 있다. 그래서 대부분의 남자는 '한 번에 하나씩' 만 한다고 얘기한다. 남자가 도로 안내 지도를 보기 위해 차를 세울 때, 그가 제일 먼저 하는 일은 무엇인가? 그는 먼저 라디오를 끈다.

대부분의 여자는 이런 남자의 행동을 이해하지 못한다. 여자는 듣고 말하면서도 얼마든지 읽을 수 있다. 그런데 왜 남자는 그렇게 하지 못하는가? 왜 남자는 전화가 걸려오면 텔레비전 소리를 낮추는가? 왜 남자는 신문을 보거나 텔레비전을 볼 때 내(여자)가 하는 말을 알아듣지 못 하는가? 이런 의문과 불평은 전 세계 여성이라면 누구나 한번쯤은

해 보았을 것이다. 그 대답은 남자의 두뇌가 '한 번에 하나씩'만 하도록 구조화되어 있기 때문이다.

어째서?

그것은 우뇌와 좌뇌의 연결 상태가 시원치 않기 때문이다. 또한 두뇌의 기능이 구획화되어 있어서이다. 남자가 신문을 읽고 있을 때 그의 두뇌를 스캐닝해보라. 아마도 거의 귀머거리 상태임을 발견할 것이다.

여자의 두뇌는 다중처리가 가능하도록 설계되어 있다. 그녀는 서로 관련 없는 일을 동시다발로 처리할 수 있다. 그녀의 두뇌는 결코 산만해지는 법이 없으며 늘 활발하게 돌아간다. 전화를 하고, TV를 보면서, 새로운 음식을 요리할 수 있다. 또는 차를 몰고 가면서 화장을 하고 라디오를 들으면서 통화까지 할 수 있다. 그러니 남자가 어떤 조리법에 따라 요리를 하고 있는데, 누군가가 옆에 다가와 말을 건다면 그는 버럭 화를 낼 것이다. 조리법을 읽으면서 남의 말까지 들어줄 수는 없노라며. 어떤 남자가 면도를 하고 있는데 그 옆에 다가가 말을 걸면 그는 틀림없이 턱을 벨 것이다. 대부분의 여자는 남편 옆에서 수다를 떨다가 고속도로상의 램프(출구)를 제때에 빠져나가지 못하게 한 경험이 있을 것이다. 한 여인은 우리에게 이렇게 말했다.

"남편을 확실히 화나게 하는 방법이요? 그거 간단해요. 남편이 못을 박을 때 그 옆에 가서 말을 걸면 돼요."

여자들은 우뇌와 좌뇌를 동시에 쓰기 때문에 오른손과 왼손을 금방 구분해내지 못한다. 말하자면 일종의 양손잡이가 되는 것이다. 약 50퍼센트의 여자가 순간적으로 헷갈린다고 한다. 그래서 반지나 주근깨를 보고서 좌우를 구분한다는 것이다.

이에 비해 남자들은 좌뇌면 좌뇌, 우뇌면 우뇌 이렇게 확실히 구분하여 사용하기 때문에 좌우의 구분이 아주 명확하다. 그래서 전 세계의 여성들은 남성으로부터 비난을 당하는 것이다. 왼쪽이라고 말해야 하는 순간에 오른쪽이라고 말하는 바람에.

칫솔 테스트를 한번 해보라

칫솔 테스트를 해보라. 대부분의 여자들은 걸어 다니거나 이런저런 화제에 대해 얘기하면서도 이를 닦을 수 있다. 여자들은 한 손으로는 칫솔질을 하면서 다른 한 손으로는 헝겊을 빙빙 돌리면서 테이블을 깨끗이 닦아낼 수 있다. 대부분의 남자는 이렇게 하는 것이 불가능하지는 않더라도 대단히 어렵다고 생각한다.

남자들은 잘 구획된 두뇌의 지령에 따라 이를 닦을 때에는 이 닦는 일만 생각한다. 그들은 세면대 앞에 폭 30센티미터로 두 다리를 벌리고 단정하게 서서 상체를 약간 숙인 상태로 이를 닦는다. 그러면서 물의 속도에 맞추어 규칙적으로 칫솔을 앞뒤로 움직이는 것이다.(물 칫솔 : 옮긴이)

왜 우리는 지금의 우리가 되었는가?

남녀동일을 소리 높여 외치면서 거기에 입각하여 아이를 키우고 있는 이 시대에, 과학은 남녀의 사고방식이 아주 다르다는 것을 속속 입증하고 있다. 전 세계의 신경학자와 두뇌 연구자들이 내린 결론은 이렇다.

우리는 호르몬 때문에 지금의 우리가 되었다.

20세기 후반의 대표적 사상은 이런 것이다.

인간은 백지와 같은 텅 빈 마음을 가지고 태어났다. 우리의 부모 환경이 그 백지 위에다 우리의 태도와 선택사항을 써넣는다.

그러나 과학의 연구 결과는 이와 다르다. 두뇌의 발달을 탐구하는 최신 연구에 의하면, 인간의 마음은 수태 후(자궁 속에서) 6·8주 내에 컴퓨터처럼 구조화된다. 기본 '운영체제'가 깔리고 몇 가지 '프로그램'이 추가로 설치된다. 그리하여 우리가 고고성을 울리며 세상에 태어날 때는 이미 하드웨어와 소프트웨어를 갖춘 사전事前 패키지의 컴퓨터(마음)를 갖고 태어난다.

> 우리는 호르몬 때문에 지금의 우리가 되었다.
> 우리는 우리 체내의 화학적 결과이다.

과학의 발견에 의하면, 이 기본 운영체제와 그 회로는 변경이 거의 불가능하다. 우리의 환경과 선생들은 데이터를 추가하고 호환 가능한 프로그램을 삽입하여 운영할 뿐이다. 그리고 지금껏 여기에 대한 '운영' 매뉴얼은 준비가 안 된 상태이다. 이것은 무슨 소리인가 하니, 우리가 태어날 때 우리의 장래 선호사항과 성욕의 기본적 욕구는 이미 정해져 있다는 것이다.

자연 대 양육?

이런 질문이 무슨 소용 있는가. 이미 게임은 끝났는데, 자연이 애당초 몇 발자국 앞서서 달리고 있는데. 우리는 이제 양육이 학습된 행동이라는 것을 알고 있다. 생모 못지않게 양모도 아이를 잘 키울 수 있는 것이다.

태아를 프로그램한다

인간은 46개의 염색체로 이루어져 있는데, 이것은 유전의 벽돌 혹은 초안 같은 것이다. 23개는 어머니로부터, 그리고 나머지 23개는 아버지로부터 온다. 만약 어머니의 23번째 염색체가 X염색체(이것은 X자처럼 생겼다)이고 아버지의 23번째 것도 X염색체이면 그 결과는 XX가 되어 여자아이가 된다. 만약 아버지의 23번째 염색체가 Y이면 XY가 되어 남자아이가 태어난다. 인간의 신체와 두뇌의 기본 원판basic template은 여성이다. 바꾸어 말하면 우리 인간은 모두 여성으로 시작한다는 것이다. 그렇기 때문에 남자도 젖꼭지와 유선乳腺 같은 여성적 특징을 갖고 있다.

수태 후 6~8주 시점에서, 태아는 무성 상태이므로 남자와 여자, 어느 쪽으로도 발달할 수 있다.

사회과학의 개척자인 독일 과학자 군터 드르너는 인간의 성 정체성이 수태 후 6~8주 시점에서 결정된다는 이론을 내세운 최초의 학자였다. 태아가 유전적 남자아이XY이면, 태아는 다량의 남성 호르몬을 분비하는 특별 세포를 발달시킨다. 이 남성 호르몬 중 특히 테스토스테론은 체내를 흐르면서 남성 고환을 형성하고 또 남성적 특징과 행태, 가령 사냥에 필요한 장거리 시야와 공간 지능 등을 가진 두뇌를 구축하는 데 투입된다.

가령 남성 태아XY가 남성 성기를 형성하는 데 1단위의 남성 호르몬을 필요로 하고, 그 외에 두뇌의 남성적 운영체제를 구축하는 데 3단위가 필요하다고 해보자. 하지만 우리가 뒤에서 자세히 다루게 될 어떤 이유 때문에, 태아가 4단위를 모두 받지 못하게 된다고 가정해보자. 가령 필요한 4단위 중 3단위만 공급받는 것이다. 그러면 1단위는 남성 성기를 만드는 데 사용되고, 나머지 2단위가 두뇌의 운영체제를 구축하는데, 이 경우 3분의 2는 남성적이고 나머지 3분의 1은 여성적이 된다. 이렇게 해서 태어난 아이는 주로 남성적 두뇌를 가진 아이로 성장하지만, 때때로 여성적 사고 패턴과 능력을 보이게 된다.

그런데 남성 태아가 남성 호르몬을 2단위만 공급받았다고 해보자. 그러면 1단위는 고환을 만드는 데 투입되고, 남성적 두뇌 형성(필요 정족수 3단위)에는 겨우 1단위만 투입된다. 이렇게 되면 이 태아는 구조나 사고 패턴이 주로 여성적인 아이가 된다. 그렇지만 그런 두뇌가 유전적 남자의 신체 속에 깃들여 있는 것이다. 이 소년은 사춘기가 되면 동성 연애자가 될 가능성이 높다. 우리는 이 점에 대해서 제8장에서 자세히 다루게 될 것이다.

태아가 여자xx일 때, 남성 호르몬은 거의 존재하지 않는다. 그리하여 신체는 자연스럽게 여성 성기를 형성하고 또 두뇌의 기본 원판도 여성 그대로 남는다. 두뇌는 점차적으로 여성 호르몬을 더욱 공급받으면서 각종 둥지 수호적인 속성, 가령 언어 신호와 비언어적 신호를 해독하는 능력을 구축하게 된다. 이 아이가 태어나면 여성처럼 보일 것이고 또 여성적 회로를 갖춘 두뇌 때문에 여성적인 행동을 할 것이다.

그러나 가끔 우연의 결과로, 여자 태아는 상당한 양의 남성 호르몬을 공급받을 수 있다. 이 경우 여자아이로 태어나기는 하겠지만 두뇌는 남성적 두뇌가 구축되어 있는 것이다. 우리는 이 점도 제8장에서 살펴보게 될 것이다.

약 80~85퍼센트의 남자아이가 남성적 두뇌 회로를 갖춘 남자아이로 태어나고 나머지 15~20퍼센트의 남자아이는 여성적 두뇌를 가지고 태어나는 것으로 추산된다. 이 후자의 그룹에 속하는 아이는 나중에 게이(동성애자)가 될 가능성이 높다.

> 15~20퍼센트의 남자아이는
> 여성적 두뇌를 가지고 태어나는 것으로 추산된다.
> 여자아이는 약 10퍼센트가 남성적 두뇌를 가지고 태어난다.

이 책에서 언급되는 여성적 젠더는 여성적 두뇌를 가지고 태어난 약 90퍼센트의 여자아이를 가리키는 것이다. 약 10퍼센트의 여자아이는 수태 후 6~8주 시점에서 다량의 남성 호르몬을 공급받아 남성적 능력의 두뇌 회로를 가지고 태어난다.

여기에 당신의 두뇌가 어느 정도 여성적 혹은 남성적 사고방식의 회로를 갖고 있는지, 검증해주는 흥미로운 테스트가 있다. 설문은 인간 두뇌의 성brain sexuality을 연구한 연구서에서 골라 뽑은 것이다. 또 채점 방식은 영국의 유전학자 앤 모이어가 개발한 것이다.

이 테스트에서 정답과 오답은 없다. 하지만 당신이 일상생활에서 왜 그런 선택을 하고 또 왜 그런 식으로 생각하는지 그 이유를 알게 해주는 몇 가지 흥미로운 통찰을 제공한다. 테스트가 끝난 후 당신은 페이지 104쪽에 나와 있는 차트에 점수를 기록하라. 이 테스트를 복사하여 함께 살거나 일하고 있는 사람들에게 나누어주라. 그 결과는 모든 사람에게 괄목할 만한 경험이 될 것이다.

TEST
남녀의 두뇌 회로 테스트

이 테스트는 당신의 두뇌 패턴이 여성형인지 아니면 남성형인지 알아보려는 것이다. 이 테스트에 정답이나 오답은 없다. 이 테스트의 결과는 당신의 두뇌가 수태 후 6~8주 동안 받아들인 남성 호르몬의 대략적 수준을 보여준다. 이 수준은 당신의 가치, 행동, 스타일, 정향, 선택 사항 등에 그대로 반영된다.

다음은 일상생활에서 마주치게 되는 여러 가지 상황을 열거한 것이다. 당신에게 가장 어울린다고 생각되는 것에 동그라미를 치라.

1 지도를 읽거나 도로 안내판을 볼 때 당신은?
  a. 어려움을 느껴서 남의 도움을 청한다.
  b. 지도를 펼치면서 가야 할 방향을 살핀다.
  c. 아무런 어려움 없이 지도와 안내판을 읽는다.

2 라디오를 틀어놓고 친구의 전화를 받으면서
복잡한 요리를 해야 하는 상황이다. 이럴 때 당신은?
a. 라디오를 그대로 틀어놓고 요리를 하면서 친구와 전화를 한다.
b. 라디오를 끄고, 전화를 하면서 요리를 한다.
c. 요리가 끝나는 대로 전화하겠다면서 전화를 끊는다.

3 당신의 새집에 친구들이 방문하겠다며 위치를 묻는다.
이럴 때 당신은?
a. 명확하게 위치가 그려진 지도를 만들어 친구에게 보낸다.
아니면 사람을 시켜 새집에 오는 방법을 가르쳐준다.
b. 친구들이 알고 있는 지형지물을 먼저 파악한 다음,
그것을 중심으로 방향을 알려준다.
c. 말로 口頭 찾아오는 방법을 설명해준다.
"뉴캐슬로 가는 M3도로를 타. 그런 다음 램프를 빠져나와서
좌회전해. 그리고 두 번째 신호등까지 쭉 가…."

4 어떤 생각이나 개념을 설명할 때 당신은?
a. 연필, 종이, 몸짓 언어를 사용한다.
b. 몸짓 언어와 제스처를 써가며 말로 설명한다.
c. 분명하고 간결한 말로 설명한다.

5 감동적인 영화를 보고난 후 집으로 오면서 당신은?
a. 마음속으로 영화의 멋진 장면을 회상한다.
b. 멋진 장면과 그 속의 대화에 대해 말한다.
c. 영화 속의 대화만 주로 인용한다.

6 영화관에 들어가서 당신은?
   a. 주로 영화관 오른쪽에 앉는다.
   b. 아무데도 신경 쓰지 않는다.
   c. 영화관의 왼쪽에 앉는다.

7 친구가 고장 난 기계 장치를 갖고 왔을 때 당신은?
   a. 동정을 해주면서 친구의 기분을 이해한다.
   b. 그 장치를 고칠 수 있는 사람을 추천한다.
   c. 기계의 작동과정을 살펴보면서 가능하면 고쳐주려 한다.

8 낯선 곳에 갔는데 누군가 당신에게 다가와 북쪽이 어디냐고 물으면 당신은?
   a. 잘 모른다고 실토한다.
   b. 잠시 생각해본 뒤에 당신의 의견을 말한다.
   c. 아무 어려움 없이 북쪽을 가리킬 수 있다.

9 아주 비좁은 주차공간을 발견하여 후진 주차를 해야 한다. 이럴 때 당신은?
   a. 다른 주차 공간을 알아본다.
   b. 조심스럽게 후진 주차한다.
   c. 아무 어려움 없이 주차한다.

10 텔레비전을 보고 있는데 전화가 왔다. 그러면 당신은?
   a. 텔레비전을 그대로 켜둔 채 전화를 받는다.
   b. 텔레비전 소리를 낮추고 전화를 받는다.
   c. 텔레비전을 끄고 식구들에게 조용히 하라고 한 다음 전화를 받는다.

11 좋아하는 가수의 신곡을 방금 들었다. 이럴 때 당신은?
 a. 그 노래의 일부를 별 어려움 없이 따라 부른다.
 b. 정말 쉬운 노래라면 추후에 몇 소절을 따라 부른다.
 c. 노래 가락은 전혀 기억할 수 없지만 가사의 일부는 기억한다.

12 당신이 어떤 일의 결과를 가장 잘 예측하는 방법은?
 a. 육감을 이용하는 것이다.
 b. 입수된 정보에 육감을 적용시켜 결정한다.
 c. 통계수치, 데이터만 이용한다.

13 열쇠 꾸러미 둔 곳을 잊어버렸다. 이럴 때 당신은?
 a. 생각이 서질로 날 때까지 딴 일을 하다.
 b. 딴 일을 하지만 계속 열쇠 꾸러미 생각을 한다.
 c. 마음속으로 차근차근 열쇠를 두었을 때의 상황을 되짚어서 어디다 두었는지 마침내 기억해낸다.

14 호텔 방에 들어갔는데 먼 곳에서 사이렌 소리가 난다. 이럴 때 당신은?
 a. 소리 나는 방향을 정확하게 짚어낸다.
 b. 정신을 집중하면 그 방향을 짚어낼 수 있다.
 c. 방향을 전혀 알지 못한다.

15 당신은 사교 모임에 가서 7~8명의 새로운 사람을 만났다. 그 다음날 당신은?
 a. 어렵지 않게 그들의 얼굴을 기억해낸다.
 b. 몇몇 사람의 얼굴을 기억한다.
 c. 이름만 기억하는 정도다.

16 당신은 산으로 휴가를 가고 싶은데 배우자는 바다로 가고 싶어 한다. 배우자에게 당신의 계획을 설득하고자 할 때 당신은?
  a. 당신의 입장을 이해시킨다. 당신이 얼마나 전원을 사랑하는지, 또 아이들과 가족들이 산을 얼마나 재미있어 하는지를 상기시킨다.
  b. 가족들에게 노골적으로 산에 따라가 주었으면 고맙겠다고 말하고 다음에 해변으로 가자고 말한다.
  c. 사실을 이용한다. 산 속의 리조트는 지리상 가깝고, 비용도 저렴하고, 스포츠와 여가활동 시설이 훌륭하다는 사실을 지적한다.

17 하루 일과를 계획할 때 당신은?
  a. 틈틈이 참조할 수 있도록 종이 위에다 써놓는다.
  b. 해야 할 일을 머릿속으로 생각한다.
  c. 마음속으로 만나야 할 사람, 가야 할 장소, 해야 할 일 등을 구체적으로 그려본다.

18 친구가 고민이 있어 당신을 찾아왔을 때 당신은?
  a. 동정해주고 이해해준다.
  b. 그 고민은 심각한 것이 아니라고 말하면서 그 이유를 설명해 준다.
  c. 그 고민을 해결할 수 있는 방법에 대해 합리적인 조언을 해준다.

19 두 친구가 바람을 피우고 있다. 당신은 그것을 어떻게 아는가?
  a. 아주 쉽게 눈치 챌 수 있다.
  b. 눈치 챌 가능성은 반반이다.
  c. 눈치 채지 못한다.

20 당신이 볼 때 인생의 목적은 무엇이라 생각하는가?
 a. 친구를 사귀고 주위 사람들과 조화롭게 사는 것이다.
 b. 개인의 독립을 유지하면서 남들에게 우호적으로 대하는 것이다.
 c. 가치 있는 목표를 성취하고, 다른 사람의 존경을 받고, 출세와 명예를 얻는 것이다.

21 마음대로 선택할 수 있다면 이런 방식으로 일하고 싶다.
 a. 여러 사람과 함께 어울리는 팀에서
 b. 당신만의 공간을 유지하면서 다른 사람들의 주위에서
 c. 당신 혼자서

22 당신이 읽기 좋아하는 책은?
 a. 소설과 픽션
 b. 잡지와 신문
 c. 논픽션과 전기물

23 쇼핑할 때 당신은?
 a. 특이한 제품을 보면 충동구매를 한다.
 b. 대강의 계획을 가지고서 눈에 보이는 대로 산다.
 c. 상표를 읽어가며 가격을 비교한다.

24 취침시간과 식사시간은?
 a. 마음 내키는 때에
 b. 기본 스케줄을 정하지만 신축성이 있다.
 c. 매일 정해진 시간에

25 당신은 새 직장에 들어가서 새로운 사람들을 많이 만났다. 그들 중 한 사람이 당신의 집으로 전화를 했다. 이럴 때 당신은?

a. 그의 목소리를 쉽사리 알아듣는다.

b. 목소리를 알아듣는 확률이 반반이다.

c. 목소리를 잘 알아듣지 못한다.

26 사람들과 언쟁할 때 당신을 제일 당황하게 만드는 것은?

a. 그들의 침묵이나 무반응

b. 그들이 당신의 관점을 이해해주지 않을 때

c. 그들이 당신의 견해를 의심하면서 따지고 들 때

27 학창시절 철자 테스트나 작문 시간에 당신의 느낌은?

a. 둘 다 아주 쉽게 해냈다.

b. 두 가지 중 하나만 그런대로 해냈다.

c. 둘 다 잘하지 못했다.

28 춤이나 재즈 댄스를 배울 때 당신은?

a. 기본 스텝만 배우면 음악을 몸으로 느낄 수 있다.

b. 연습은 그런대로 하는데, 막상 사람들과 함께 하면 헷갈린다.

c. 리듬을 제대로 타는 것이 어렵다.

29 동물들의 소리를 알아맞히고 흉내 내는 능력은?

a. 별로 좋지 않다.

b. 보통이다.

c. 아주 좋다.

30 고단한 하루 일과가 끝나면 당신은?
  a. 하루 동안 벌어진 일에 대해 친구나 가족과 얘기한다.
  b. 남들이 그들의 하루 일과를 얘기하는 걸 듣는다.
  c. 신문을 읽고 텔레비전을 볼 뿐, 말은 하지 않는다.

테스트의 점수 매기기

먼저 a, b, c의 숫자를 헤아리고 다음과 같이 총점을 구하라.
당신이 정확하게 대답을 할 수 없거나, 당신의 일상생활과 관계없다고 생각되는 문항에 대해서는 5점을 주라.

★ 남자의 경우	★ 여자의 경우
a의 개수 × 15점 =	a의 개수 × 10점 =
b의 개수 × 5점 =	b의 개수 × 5점 =
c의 개수 × -5점 =	c의 개수 × -5점 =
총점 =	총점 =

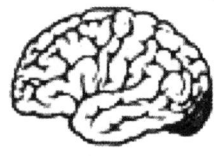

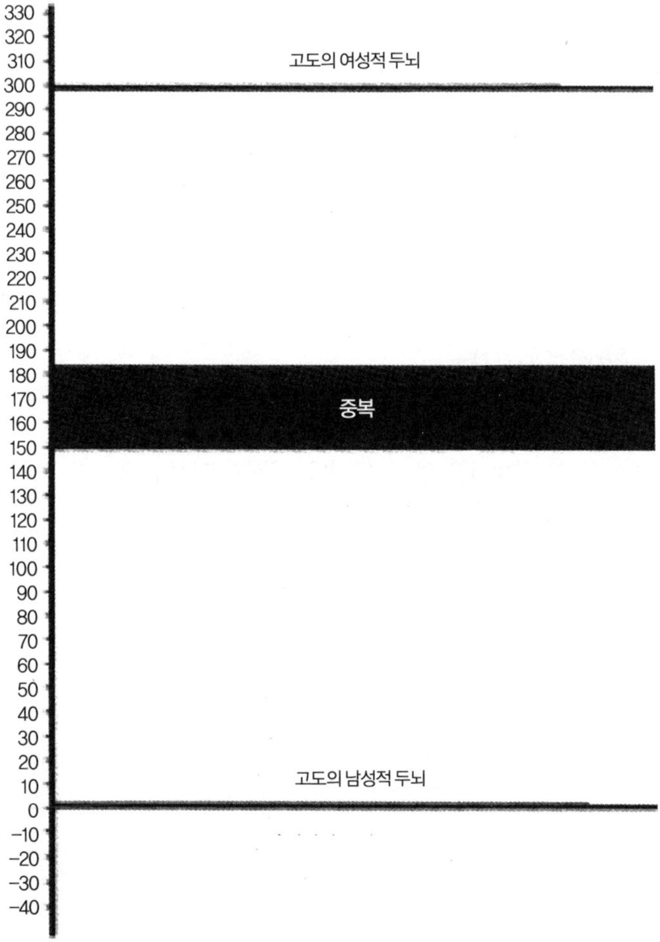

```
330
320
310          고도의 여성적 두뇌
300
290
280
270
260
250
240
230
220
210
200
190
180
170               중복
160
150
140
130
120
110
100
 90
 80
 70
 60
 50
 40
 30
 20
 10          고도의 남성적 두뇌
  0
-10
-20
-30
-40
```

테스트 결과의 해석

대부분의 남자는 0~180내의 점수를, 대부분의 여자는 150~300의 점수를 획득할 것이다. 주로 남성적인 사고방식으로 '구축'되어 있는 두뇌는 150 이하의 점수를 기록한다. 이 점수가 0에 가깝게 내려가면 갈수록, 더 남성적인 사람이 되고 또 테스토스테론의 수치도 높아진다. 이런 사람은 아주 논리적이고, 분석적이고, 또 언어 능력도 높고, 잘 훈련되고 잘 조직된 사람이다. 0에 가까이 다가가는 사람은 통계적 데이터를 가지고 비용을 산출하고 결과를 계획하는 일을 잘한다. 또 좀처럼 감정의 영향을 받지 않는다. 마이너스로 내려가는 수치는 고도의 남성 호르몬이 흘러 들어왔음을 보여준다. 여자의 점수가 이처럼 낮은 수준을 기록한다면 그 여자는 레즈비언의 성향을 갖고 있다고 볼 수 있다.

여성적 사고방식으로 구축된 두뇌는 100점 이상의 점수를 획득할 것이다. 이 점수가 높으면 높을수록 그 사람의 두뇌는 여성적이 되며, 그 사람은 창조적, 예술적 음악적 재능을 가지고 있을 가능성이 많다. 그들은 직관 혹은 육감에 따라 결정을 내릴 것이고 최소한의 데이터를 이용하여 문제를 파악하는 일을 잘한다. 또 창의성과 통찰을 발휘하여 문제를 해결하는 일에도 두각을 나타낼 것이다. 남자로서 점수가 180점을 넘어간다면 그는 게이가 될 가능성이 높다.

0점 이하를 기록한 남자와 300점 이상을 기록한 여자는 완전 상극이기 때문에, 둘 사이의 공통점을 찾자면 같은 지구에 살고 있다는 것뿐이다!

중복 그룹

150~180점 사이의 점수는 양성兩性에 모두 적용되는 사고방식의 호환성을 말해준다. 그러니까 양쪽 캠프에 한 발씩 걸치고 있는 것이다. 이 사람들은 남성적 사고방식 혹은 여성적 사고방식에 대한 편향을 보이지 않는다. 이들은 사고의 유연성을 갖고 있기 때문에 문제해결의 과정 동안에 그 어떤 그룹에게도 보탬이 될 수 있다. 이 사람들은 남자, 여자 모두에게 좋은 친구가 될 수 있다.

결론은?

1980년대 초반 이래 두뇌에 관한 인간의 지식은 그때까지의 기대치를 훨씬 뛰어넘는 것이었다. 미국 대통령 조지 부시는 1990년대가 '두뇌의 10년'이라고 선언했다. 그리하여 지금 우리는 '두뇌의 밀레니엄'에 들어섰다. 두뇌와 그 주변 문제를 토론하는 데 있어서 우리는 너무 전문적으로 비춰지는 것을 피하기 위해 신경과학을 단순화했다. 그러나 지나치게 단순화하지는 않으려고 애썼다. 왜냐하면 두뇌는 복잡한 뇌세포를 형성하는 뉴런의 그물망 구조이기 때문이다.

하지만 독자들은 신경과학자가 될 생각은 없을 것이다. 단지 두뇌의 기능을 개괄적으로 이해하고 나아가 이성을 상대할 때 먹혀 들어가는 전략을 얻고자 할 것이다. 남자의 공간 지능이 위치하는 두뇌 지역을 정확하게 짚어내고 또 그에 대한 전략을 개발하기는 비교적 쉬운 일이다. 그러나 두뇌의 정서 지역을 정확하게 짚어내는 것은 훨씬 어렵다. 비록 어렵기는 하지만 우리는 이 문제를 다루는 그럴듯한 전략을 수립할 수 있을 것이다.

말하고 싶은 여자, 듣지 않는 남자

Why Men don't Listen &
Why Women Can't Read Maps

여자의 말을 남자는 어떻게 듣는가?

Why Men don't Listen &
Why Women Can't Read Maps

말하고 싶은 여자, 듣지 않는 남자

바바라와 앨런은 칵테일파티에 가기 위해 준비를 하고 있다. 바바라는 새로 산 드레스를 입고서 그 옷이 과연 제일 예쁜지 아닌지 안절부절못하고 있다. 이윽고 마음을 좀 가라앉힌 그녀는 구두 두 켤레를 집어 들었다. 하나는 파란색이고 다른 하나는 황금색이다. 이어 그녀는 남자들이라면 두려워하는 질문을 앨런에게 던진다.

"여보, 이 드레스에 어떤 구두가 어울릴 것 같아요?"

앨런의 등에 식은땀이 흐른다. 그는 골치 아픈 문제에 걸려들었다는 생각을 한다.

"아… 어… 당신이 좋아하는 걸로 신구려."

그가 더듬거리며 말한다.

"여보, 그러지 말구요. 어떤 게 더 예뻐요? 파란색, 황금색?"

그녀가 초조한 목소리로 묻는다.

"황금색!"

앨런이 마침내 혼신의 힘을 다하여 외친다.

"왜요, 파란색은 마음에 안 들어요? 당신은 파란색이라면 질색이었지요. 하지만 난 많은 돈을 들여 이 구두를 샀어요. 그런데 이 구두가 마음에 들지 않는다고 하니…."

앨런의 어깨가 축 처진다.

"바바라, 내 의견대로 하지 않을 거라면 도대체 왜 물어본 거요?"

그는 문제의 해결을 요청받아 적절히 해결해주었다고 생각했는데, 실상은 전혀 그게 아니었다. 그녀는 조금도 고마워하지 않는 것이다. 그러나 바바라는 전형적인 여성의 대화법을 구사한 것이었다. 여성은 생각나는 대로 그것을 크게 말해버리는 것이다. 그녀는 이미 마음속으로 신고 갈 구두를 정해놓았기 때문에 다른 사람의 의견이 필요한 상태가 아니다. 그저 예쁘게 보인다는 확인만 얻고자 했던 것이다.

이 장에서 우리는 남녀의 의사소통 방법을 살펴보고 새로운 해결안을 제시하고자 한다.

'파란색 혹은 황금색 구두' 전략

여자가 '파란색 혹은 황금색?' 하고 물어왔을 때, 남자는 그 질문에 대답하지 않는 것이 좋다. 오히려 이렇게 물어보는 것이 더 현명하다.

"여보, 이미 마음속으로 고르지 않았어?"

이런 대답을 들으면 대부분의 여자는 놀란다. 왜냐하면 대부분의 남자는 그럴 때 파란색이든 황금색이든 양자택일 식의 대답을 하기 때문이다. 여자는 이런 역습에 내심 놀라면서 이렇게 대답할 것이다.

"황금색을 신고 가는 게 좋다고 생각하지만…."

여자는 아직 확신이 서질 않는다는 어조로 말한다. 그러나 이 경우 여자는 마음속에서 이미 황금색으로 결정을 본 것이다.

"왜 황금색을?" 남자가 은근하게 물어본다.

"내가 황금색 액세서리를 했고 또 오늘 입은 드레스에 황금 무늬가 있기 때문이에요."

이때 노련한 남자라면 이렇게 대답해야 한다.

"와우! 정말 멋진 선택이야! 당신 너무 예뻐 보여! 정말 끝내주는군! 난 당신이 하는 일이라면 뭐든지 다 좋아."

이렇게 대화를 풀어나가면 그날 밤의 파티는 아주 유쾌한 한때가 될 것이다.

왜 남자들은 말주변이 없을까?

지난 수천 년의 역사를 볼 때 남자들은 말을 잘하지 못한다는 것이 입증되었다. 특히 여자와 비교해볼 때 말솜씨가 없다고 판명되었다. 여자아이는 남자아이보다 말을 빨리 시작한다. 세 살짜리 여자아이는 같은 또래의 남자아이보다 두 배나 많은 어휘를 습득한다. 그리고 여자아이의 말은 100퍼센트 이해가 가능하다. 부모의 손에 이끌려 언어치료사를 찾아가게 되는 아이는 대부분 남자아이이다. 부모들의 불평은 한결같다.

"우리 애는 도통 말을 제대로 할 줄 몰라요."

만약 그 남자아이에게 누나가 있다면 이러한 언어 지진은 더욱 눈에 띄게 될 것이다. 그리하여 누나나 엄마가 그 아이를 대신하여 대답하는 경우가 많아진다. 다섯 살짜리 남자아이에게 "어떻게 지내니?" 하고 한 번 물어보라. 그러면 십중팔구 그의 어머니나 누나가 "애는 잘 지내요. 고마워요, 신경 써줘서" 하고 대답할 것이다.

| 엄마와 누나들이 남자아이 대신 대답을 하는 가정이 종종 있다.

이건 왜 그럴까?

왜냐하면 언어는 남자의 두뇌가 선호하는 기능이 아니기 때문이다. 언어 기능은 전적으로 좌뇌 담당인데, 남자의 두뇌에는 그 위치가 특별히 지정되어 있지는 않다. 좌뇌에 손상을 입은 사람들에 관한 연구 보고서를 보면 대부분의 언어장애는 남자의 경우, 좌뇌의 뒤쪽에서 발생하는 반면, 여자는 주로 좌뇌의 앞쪽에서 일어난다. 남자가 말하는 순간 MRI로 두뇌 상황을 찍어보면 좌뇌 전체가 활발해지긴 하지만 특별한 언어 담당 위치가 파악되지 않는다. 이처럼 언어를 집중적으로 담당

해주는 두뇌의 위치가 없다보니 남자는 말을 잘하지 못하는 것이다.

남자아이들은 여자에 비해 입 속으로 중얼중얼, 발음도 시원치 않다. 대화 도중에 "으음?" "에" 등의 간투사를 많이 사용하고 "너는 밥을 먹었어?"라고 물어야 할 자리에서 "먹었어?"라고 간단히 말해버린다. 또 여자가 다섯 가지 톤(음조)을 사용하는 반면, 남자들은 겨우 세 가지 톤으로 말한다. 남자들이 함께 모여서 텔레비전으로 축구 경기를 본다면 그들은 그저 묵묵히 경기만 지켜볼 따름이다.

"감자칩 이리로 좀 줘."

"맥주 더 있니?"

이것이 그들이 하는 말의 전부이다. 여자의 경우, 텔레비전 프로그램을 보기 위해 모인다는 것은 곧 수다를 떨기 위한 핑계일 뿐이다. 따라서 그늘이 함께 보는 텔레비전 프로는 등장인물이나 구성이 친숙한 연속극일 뿐, 살인 미스터리 같은 복잡한 드라마는 절대 아니다.

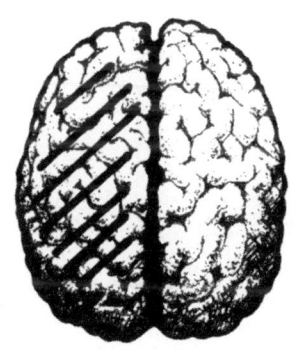

남성의 언어 기능 위치

성차가 가장 뚜렷하게 드러나는 분야는 아마도 스포츠일 것이다. 예를 들어 농구경기가 끝난 다음, 여자 선수들이 얼마나 간단명료하고 완벽하게 경기 소감을 말하는지 관찰해보라. 그러나 남자 선수들은 사정이 판이하다. 그들이 간신히 말하는 몇 마디도 제대로 알아듣기 힘들며, 또 입술도 거의 움직이지 않는다.

십대 아이들에게 성차는 아주 뚜렷하다. 십대 딸에게 그 전날 참석했던 파티에 대해서 물어보면, 파티에서 벌어진 일을 아주 상세하게 설명해준다. 누가 누구에게 무슨 말을 했으며, 파티에 참석한 사람들의 기분은 어땠고, 사람들이 입고 온 옷은 어땠다는 등 한없이 얘기가 흘러나올 것이다. 그러나 십대 아들에게 같은 질문을 던지면, "에… 좋았어요"라고 우물거리며 대답할 것이다.

밸런타인데이가 돌아오면 꽃가게 주인들은 남자들에게 "꽃으로 마음을 전하라"고 권유한다. 꽃가게 사람들은 남자가 말로써 자신의 심정을 제대로 표현하지 못한다는 것을 잘 알기 때문에 그런 점을 이용하여 활발한 판촉활동을 벌이는 것이다. 남자들은 카드를 사는 것은 별로 어렵게 여기지 않는다. 단지 그 카드 안에다 무엇을 써넣을까, 그것이 고민인 것이다.

> 남자들은 종종 그 안에 인사말이 많이쓰여 있는 카드를 고른다.
> 그렇게 하면 그들이 써넣어야 할 공간은 그만큼 적어지는 것이다.

남자들은 먹이 추적자로 진화해왔을 뿐, 의사 소통자와는 거리가 멀

남자들은 말을 잘해본 적이 없다

다. 사냥은 비언어적 신호로 이루어졌고 사냥꾼은 몇 시간이고 말없이 앉아서 사냥감을 기다려야 할 때도 있다. 남자들은 말을 하면서 유대 관계를 돈독히 하지는 않는다. 현대의 남성들은 낚시를 하러 가서 여러 시간 동안 아무 말 없이 앉아 있을 수 있다. 그들은 동료 낚시꾼들과 함께 있는 것을 즐길 뿐, 그런 느낌을 말로 표현해야 한다고 생각하지 않는다.

그러나 여자들이 함께 있으면서 서로 말을 하지 않는다면 그것은 뭔가 잘못 되어도 단단히 잘못되었음을 보여주는 것이다. 남자가 말이 많아지는 경우가 딱 하나 있다. 그것은 단단히 구획화된 남성 두뇌의 의사소통 경계가 허물어지는 때이다. 즉 다량의 알코올을 섭취했을 때이다.

남자아이와 학교 공부

학교제도가 시작된 초창기에 남자아이들은 학교생활에 잘 적응하지 못했다. 언어 능력이 여자아이들보다 시원치 않았기 때문이다. 그 결과 남자아이들은 언어, 예술 분야에서 학업성적이 뒤처졌다. 그들은 똑 부러지게 말하는 여자아이들 앞에 서면 멍청이가 되었고 소란스러운 말썽꾸러기가 되었다. 남자아이들을 여자아이들보다 1년 늦게 입학시키자는 아이디어는 이런 점에서 보면 합리적이다. 그렇게 하면 여자아이들과 언어 능력이 비슷해질 것이다. 그러면 남자아이들은 훨씬 자신감이 붙게 되고 또 동갑내기 여자아이들의 유창한 언변에 주눅 들지 않을 것이다.

고학년으로 올라가면 여자아이들은 공간 지능이 필수적인 물리학과 과학에서 뒤처지기 시작한다. 반면, 언어교정 수업은 읽고, 말하고, 쓰는 능력이 시원치 않는 남학생들로 가득 찬다. 사실 그들의 부모는 자식의 언어 능력 때문에 고민이 이만저만이 아니다. 그러나 여학생들에게는 공간 지능을 개선하라는 이런 경고가 주어지지 않는다. 여학생들은 아예 학습과목을 바꾸어버리는 것이다.

영국 내의 여러 학교에서 영어, 수학, 과학 같은 과목은 남녀를 구분하여 반 편성을 한다. 예를 들면, 에섹스에 있는 센필드고등학교는 남녀 간에 경쟁이 전혀 없는 환경을 만들어 공부하도록 하고 있다. 수학 시험의 경우, 여학생들에게는 정원 관리와 관련된 문제가 출제되고, 남학생들에게는 철물점과 관련된 문제가 제시된다. 이러한 유형의 구분 학습은 남녀 두뇌 회로의 자연적 차이를 이용한 것으로써 좋은 효과를 낳고 있다. 영어반의 경우, 남학생들의 성적은 전국 평균보다 네 배나 높고, 여학생들의 수학 및 과학 점수는 다른 학교들보다 거의 두 배나 높다.

왜 여자들은 수다를 좋아할까?

여자들의 언어 기능은 주로 좌뇌 앞쪽에 있지만, 우뇌에도 이보다는 적지만 뚜렷한 언어 기능 위치가 설정되어 있다. 말을 할 때 두뇌의 양쪽이 동원되기 때문에 여자는 훌륭한 말재주꾼일 수밖에 없다. 그래서 말하기를 즐기고 또 엄청 말을 많이 한다. 언어만을 담당하는 두뇌의 위치가 따로 설정되어 있기 때문에, 여성 두뇌의 나머지 부분은 다른 일에 투입된다. 그리하여 여자는 동시다발적으로 여러 가지 일을 해낼 수 있다.

　최근 연구 자료에 의하면 태아는 자궁 속에서도 엄마의 목소리를 알아들을 수 있다. 엄마의 몸속에서 일어나는 공명을 통해서 가능하다는 것이다. 또한 태어난 지 나흘밖에 안 된 아기가 외국어와 모국어의 언어 패턴을 구별할 수 있다고 한다. 4개월이 되면 아기는 모음을 만들어 내는 입술의 모양을 알아본다. 돌이 되기 전에 아기는 단어와 그 의미를 연결시키기 시작하며 18개월이 되면 단어를 말하기 시작하고 두 살이 되면 여자아이의 경우 2000개의 단어를 말할 수 있다. 성인들의 학습능력과 비교해 볼 때, 정신적으로나 신체적으로나 이것은 놀랄 만한

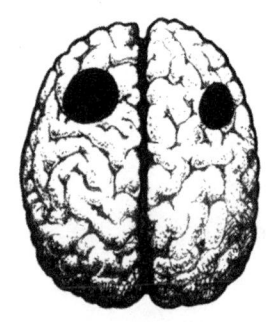

여성 언어 능력의 위치

성취가 아닐 수 없다.

특정 언어 위치를 갖고 있기 때문에 여자는 남자보다 더 빨리 더 쉽게 외국어를 배운다. 이것은 여자들이 문법, 구두법, 철자법에 뛰어난 이유를 설명해준다. 21년 동안 해외 여러 나라에서 세미나를 개최하는 동안, 우리는 남성 통역을 만난 적이 거의 없다. 그들은 주로 여성이었다.

아래의 도표는 강력한 좌뇌의 언어 지능을 필요로 하는 과목에서 여자들이 얼마만큼 뛰어난지 잘 보여준다. 여자의 특정 언어중추는 그들의 언어구사력과 표현력을 탁월하게 만든다.

이 수치는 남녀의 두뇌 차이가 교사의 과목 선택에 결정적 영향을 미치고 있음을 보여준다. 이러한 차이는 정치적 평등이 가장 잘 실현되어 있다는 교육과 행정 분야에서 그대로 드러난다.

남녀평등을 외치는 단체들은 모든 교사의 절반은 남자, 절반은 여자라서 잘되었다고 말하지만, 아래의 도표에서 보듯이 언어 관련 과목에서는 여성 교사들이 압도적으로 많다.

과목	교사 수	여성비(%)	남성비(%)
스페인어	2700	78	22
프랑스어	16200	75	25
독일어	8100	75	25
드라마(희곡)	8900	67	33
기타 언어	1300	70	30

언어지능을 필요로 하는 과목
(1998년 영국의 언어담당 교사 수)

좌뇌(주된 언어중추가 있는 뇌)는 신체의 오른쪽 기능을 통제하기 때문에, 대부분의 사람들이 오른손으로 글을 쓴다. 이것은 또한 여자가 남자보다 글씨를 잘 쓰는 이유를 설명해준다. 여자의 특정 언어중추는 구어든 문어든 상관없이 언어를 더 잘 사용하도록 구축되어 있는 것이다.

왜 여자는 할 말을 다해야 직성이 풀릴까?

남자의 두뇌는 고도로 구획되어서 있어서 정보를 분리, 저장하는 능력을 갖추고 있다. 하루 일과가 끝나갈 무렵 아무리 문제가 많다고 하더라도 남자의 두뇌는 그것을 분류할 수 있다. 하지만 여자의 두뇌는 이런 식으로 정보를 저장하지 않는다. 문제가 여자의 머릿속에서 저장되지 않고 계속 돌아가는 것이다.

> 남자는 머릿속에서 문제들을 분류하여 보류할 것은 보류한다.
> 그러나 여자들은 문제를 머릿속에서 계속 휘젓기만 한다.

여자가 그 문제들을 머릿속에서 제거할 수 있는 유일한 방법은 말을 하면서 그 문제의 존재를 인정하는 것이다. 그러므로 하루해가 저물 무렵 여자가 말을 꺼내면 그것은 문제를 발설하기 위한 것이지, 결론이나 해답을 얻기 위한 것이 아님을 알아야 한다.

수다와 호르몬

온타리오대학의 과학자 엘리자베스 핸슨은 여자의 업무 수행능력과 에스트로겐(호르몬) 사이의 관계를 연구했다. 핸슨의 발견사항은 이러하다. 낮은 테스토스테론의 수준은 여자의 공간 지능을 억제하는 한편, 높은 에스트로겐 수준은 여자의 언어 능력과 소소한 운동 신경을 높여준다. 바로 이 때문에 에스트로겐 분비가 높은 생리 주기에 여자는 침착하게 행동하고 또 거의 완벽하게 언어를 구사하는 것이다. 반대로, 테스토스테론의 수준이 높은 날에는 여자의 언어는 신통치 않지만 공간 지능은 훨씬 높아진다. 이 경우 여자는 송곳 같은 신랄한 말로 남자를 굴복시키는지 못하지만, 대신 20미터의 거리에서 프라이팬을 날려 남자를 맞힐 수 있다.

여자들의 연인은 수다 떨기

여자들은 텔레비전 앞에 앉으면 아이, 남편, 직장, 일상생활 등 여러 가지 화제를 동시다발적으로 말한다. 남자들과 여자들이 함께 앉아서 영화를 본다면, 남자들은 결국 여자들에게 수다 좀 그만 떨라고 말할 것이다. 남자들은 말을 하거나 화면을 쳐다보거나 둘 중의 하나밖에 하지 못한다. 그들은 여자들이 그 두 가지를 동시에 할 수 있다는 것을 이해하지 못한다. 게다가 여자들은 함께 모이는 일의 의의는 좋은 시간을

"…그래서 재스민이 케이티에게 알렉스가 하고 있는 것을 말해 주었다!
하지만 그녀는 마리가 이미 그걸 알고 있다는 걸 몰랐어.
왜냐하면 린달이 그 소문을 멜리사로부터 들었고 그녀가 아담에게 말해주었거든.
그래서 샘은 생각하기를…"

보내면서 인간관계를 발전시키자는 것이지, 멍하니 앉아서 화면만 보자는 것은 아니라고 생각한다.

광고가 나오는 시간에, 남자들은 종종 여자에게 줄거리의 앞뒤 관계 혹은 등장인물들의 관계를 설명해달라고 요구한다. 남자는 여자들과는 달리 등장인물들의 감정 상태를 드러내는 미묘한 몸짓 언어를 잘 읽지 못한다. 여자들은 주로 다른 여자나 어린아이들과 그룹을 이루어 일상생활을 영위하기 때문에, 좋은 인간관계를 유지하기 위해 성공적인 의사소통 능력을 개발한다. 여자들은 언어가 아주 명확한 목적을 갖고 있다고 생각한다. 말을 하는 것은 인간관계를 구축하고 친구를 사귀기 위한 것이다. 그러나 남자는 정보의 전달이 주된 목적이라고 생각한다.

남자들은 전화를 정보와 사실을 남에게 전해주는 통신 수단이라고 생각한다. 그러나 여자들은 전화를 유대관계 강화의 수단으로 생각한다. 여자는 여자친구와 2주 동안 휴가를 보내고 헤어져 집으로 돌아온 직후에도 그 여자친구에게 전화를 걸어 두 시간 동안 통화할 수가 있다.

어머니는 아들보다 어린 딸을 상대로 더 말을 많이 한다. 그렇다면 이것이 일종의 사회적 조건반사가 되어 여자들은 말하기를 좋아하는 것일까? 여기에 대한 결정적 증거는 없다. 《사회적 형태와 언어의 획득 Social Behaviour and Language Acquisition》이라는 책의 저자인 정신과 의사 마이클 루이스는 어머니들이 아들보다 딸에게 더 많이 말을 건다는 사실을 실험으로 알아냈다. 과학적 증거에 의하면 부모는 아이들의 두뇌 편향에 반응한다. 여자의 두뇌는 말을 받아들이고 보내는 쪽으로 편향되어 있으므로, 부모는 딸에게 더 말을 많이 한다는 것이다. 반면 아들에게 말을 걸어보려고 하는 어머니는 툴툴거리는 짧은 대답을 듣고 실망만 하게 되고 그래서 그 다음부터는 아들에게 말을 잘 걸지 않게 되는 것이다.

남자는 혼자 묻고 혼자 답한다

남자는 전사, 보호자, 문제해결자로 진화해왔다. 그들의 두뇌 편향과 사회적 조건화는 남자들에게 공포나 불확실성을 절대로 내보이지 말라고 가르쳐왔다. 바로 이런 이유 때문에 까다로운 문제해결을 의뢰받은 남자는 "제게 맡겨 주시겠습니까?" "제가 좀 더 생각해보지요" 하고 말하게 되는 것이다. 그리고 사실 그는 좀 더 생각을 한다. 자기 혼자서, 무표정하게 앉아서.

그는 해답을 얻었을 때에만 비로소 말을 하거나 환히 웃는 얼굴이 되어 해결안이 있다고 알린다. 남자들은 여자들처럼 말로 적절히 표현하는 능력이 부족하기 때문에 자기 혼자서 머릿속으로 생각한다. 남자가 조용히 앉아서 창밖을 내다본다면, 그는 자기 자신을 상대로 대화를 하는 것이다. 만약 이렇게 앉아 있는 남자를 여자가 본다면, 그녀는 남자가 따분해하거나 게으름을 핀다고 생각하고 그에게 말을 걸거나 아니면 뭔가 소일거리를 주려고 애쓸 것이다. 하지만 그렇게 하지 않는 것이 현명하다. 그런 사색의 순간에 방해를 받은 남자는 화를 벌컥 낼지도 모른다. 이미 우리가 알고 있는 바와 같이, 그는 한 번에 하나밖에 하지 못하는 것이다.

자문자답의 위험성

만약 어떤 남자가 다른 남자를 상대로 거래를 할 때 말없이 머릿속으로 생각하는 것은 전혀 문제가 되지 않는다. 남자들은 회의를 할 때, 오랜 시간 아무 말 하지 않고 앉아 있어도 불편함을 느끼지 않는다. 그것은 마치 낚시를 함께 떠난 동료와 같이 있는 느낌일 것이다. 남자들은 퇴근 후에 '조용한 술잔'을 기울인다. 문자 그대로 조용함을 사랑하는 것이다. 만약 그 남자가 여자 혹은 여자들의 그룹과 함께 있는데 그런 행동을 한다면, 그들은 남자가 거만하거나 심술궂다고 생각할 것이다. 또는 그들과 함께 어울리려 하지 않는다고 판단할 것이다. 따라서 여자들과 잘 어울리기를 바란다면 남자는 지금보다 말을 더 많이 해야 한다.

여자는 생각나는 대로 말해버린다

우리의 세미나에 참석한 한 남자는 이렇게 말했다.

"아내에게 어떤 문제가 있을 때, 혹은 하루 일과를 미리 말할 때, 나는 미칠 것 같아요. 그녀는 대안, 가능성, 관계된 사람, 자기가 할 일, 하려고 마음먹은 것들을 두서없이 생각나는 대로 마구 말해 버려요. 아주 헷갈리게 말이에요. 난 도저히 아내의 말에 집중할 수가 없어요!"

> 여자는 대안과 가능성 등 어떤 문제에 관련된 사항을
> 두서없이 생각나는 대로 말해버린다.

여자의 두뇌는 언어를 주된 표현 수단으로 사용하도록 구조화되어 있다. 사실 이것은 여자의 장점 중 하나이다. 만약 어떤 남자가 해야 할 일이 대여섯 가지가 된다면 그는 이렇게 말할 것이다.

"난 해야 할 일이 좀 있네. 나중에 보세."

그러나 여자는 대안과 가능성 등 어떤 문제에 관련된 사항을 두서없이 생각나는 대로 말해버린다. 그녀는 이렇게 말할 것이다.

"가만있어 봐. 난 세탁물을 가져와야 하고 차를 세차해야 돼. 그런데 레이가 전화를 걸어서 당신보고 전화해달라고 했어. 그런 다음에는 우체국에 가서 소포를 찾아와야 하고, 그 다음에는…."

바로 이 때문에 남자들은 여자가 수다스럽다고 비난하는 것이다.

생각나는 대로 말해버리는 것의 위험성

여자들은 생각나는 대로 솔직하게 말하는 것을 다정하고 또 인간적인 것이라고 생각한다. 그러나 남자는 그렇게 생각하지 않는다. 그 남자의 개인적인 입장에서 보자면, 여자가 자신에게 해결해주기를 바라는 문제를 열거하는 것이라고 생각한다. 그래서 그는 초조해지고 당황하게 된다. 그는 여자에게 문제 해결 방법을 일러주고 싶어 하는 것이

다. 회사의 미팅에서 남자들은 생각을 그대로 표현하는 여자들을 산만하고, 미숙하고, 지적이지 못하다고 생각한다. 사업 관계로 남자들에게 깊은 인상을 심어주고자 한다면, 여자는 머릿속으로 생각하면서 결론만 말해야 한다. 남녀관계에 있어서 파트너들은 문제를 해결하는 서로 다른 방법을 토론해야 한다. 한편, 남자들은 여자가 얘기할 때 해결안을 추구하는 게 아님을 이해해야 한다. 여자들은 여자들대로 남자가 아무 말이 없을 때 그걸 심술궂거나 무심한 태도로 파악해서는 안 된다.

여자의 잔소리, 괴로운 남자

말을 통해 인간관계를 구축하는 것은 여성의 두뇌 회로에서 하나의 우선 사항이다. 여자는 별 어려움 없이 하루에 평균 6~8000단어의 말을 한다. 여자는 또 의사소통을 위해 8000~1만 개의 제스처, 표정, 머리 끄덕임 이외에 추가로 2~3000개의 소리를 사용한다. 이렇게 볼 때 여자는 자신의 메시지를 전달하기 위해 하루 평균 2만 개 이상의 의사소통 '단어'를 사용한다. 이러한 사실은 영국 의학협회의 최근 보고서인 "여자는 남자보다 턱이 아플 가능성이 네 배나 높다"를 뒷받침한다.

> 한 코미디언이 이렇게 말했다.
> "한번은 아내에게 여섯 달 동안 말을 하지 않은 적이 있습니다.
> 아니, 그녀의 계속되는 말에 끼어들 틈이 없었지요."

여자의 일상적 '수다'를 남자의 그것과 대비해보라. 남자는 하루 2~4000개의 단어, 1~2000개의 소리, 2~3000개의 몸짓 언어를 사용한다. 그는 하루 평균 약 7000개의 의사소통 '단어'를 사용한다. 여자에 비해 3분의 1에 불과하다.

이러한 언어 사용의 차이는 하루 일과가 끝나고 남녀가 저녁 식사 테이블에 앉았을 때 더욱 분명해진다. 그는 7000개의 '단어'를 모두 소진하였으므로 더 이상 말하고 싶은 생각이 없다. 그래서 입을 꽉 다물고 있어도 아무런 불만이 없다. 반면 그녀의 상태는 그날 일진에 따라 다르다. 만약 그녀가 사람을 만나면서 2만 개의 '단어'를 다 사용하였다면, 그녀 역시 더 이상 말하고 싶은 생각이 없을 것이다. 만약 그녀가 하루 종일 애들과 함께 집에 있었다면, 고작 2~3000개의 '단어' 밖에 사용하지 못했을 것이다. 그래서 아직 1만 5000개의 여분이 남아 있게 된다! 그리하여 우리가 잘 아는 저녁 밥상에서의 갈등이 벌어지게 된다.

피오나 여보, 당신이 퇴근해서 오니 너무 좋아요. 오늘 하루 어땠어요?

마이크 좋았어.

피오나 브라이언이 그러는데 당신이 오늘 피터 고스퍼와 그 커다란 사업을 마무리 지을 계획이었다면서요? 그 건은 어떻게 되었어요?

마이크 잘됐어.

피오나 그거 잘됐군요. 그 사람은 정말 까다로운 고객으로 소문이 나 있는데. 그가 당신의 조언을 받아들일 거라고 생각해요?

마이크 응.

이와 같은 얘기가 한없이 이어지는 것이다.

드디어 마이크는 심문당하는 기분이 들어서 짜증이 난다. 그는 '평화와 고요'를 원할 뿐이다. 하지만 왜 그렇게 말이 없느냐는 비난을 듣는 것이 두려워서 그는 역공을 취한다.

"당신의 하루는 어땠어?"

아내는 그에게 그날 벌어진 일을 미주알고주알 말하기 시작한다.

"그래요… 오늘도 아주 알차게 보냈지요. 난 우선 시내로 들어가지 않기로 했어요. 내 사촌의 친한 친구가 버스 회사에서 근무하는데, 그 친구 말이 오늘 버스 파업이 있을 거라고 그랬어요. 그래서 나는 걸어 다니기로 했지요. 마침 일기예보에서도 쾌청한 날씨라고 했거든요. 나는 푸른색 원피스를 입기로 했어요. 네가 저번에 미국 갔을 때 산 그 옷 말이에요. 당신도 알지요? 아무튼 나는 길을 걸어가다가 수잔을 우연히 만났어요. 그리고…."

아내는 아직 재고가 남아 있는 말을, 말하자면 왕창 떨이 세일을 하고 있는 것이다. 남편은 왜 아내가 입을 다물고 나를 좀 가만히 내버려두지 못할까 하고 생각한다. "내가 왜 이런 귀찮은 수다공세를 온몸으로 감당해야 하나"라고 생각이 들자 갑자기 언짢아지기 시작한다.

"날 좀 조용히 내버려둬!"

이것이 온 세상 방방곡곡에서 울려오는 남자들의 목멘 외침이다.

그는 사냥꾼이다. 하루 종일 먹이를 추적했다. 그는 화롯불을 멍하니 쳐다보며 조용한 휴식을 취하고 싶다. 그러나 아내가 자기를 무시한다면서 화를 불끈 내면 문제는 복잡해진다.

> 남자가 멍하니 화롯불만 들여다보고 있으면
> 여자는 무시당하는 느낌이 든다.

여자가 말을 하는 주된 목적은 그저 말을 하자는 것이다. 그러나 남자는 여자의 그런 주절거림을 문제 해결을 위한 시도라고 생각하는 것이다. 분석적인 마음을 가진 남자는 계속 여자의 말에 끼어든다.

피오나 …그런데 내가 그만 보도에서 미끄러졌지 뭐예요. 그래서 새로 산 신발 뒤축이 떨어졌어요. 얼마나 황당하던지. 그래서 나는….

마이크 (끼어들며) 잠깐만 피오나… 쇼핑센터에 갈 때는 하이힐을 신으면 안 돼! 통계자료에도 나와 있어. 하이힐은 위험해. 그러니 운동화를 신으라고. 그게 훨씬 안전하니까! (마이크는 그렇게 말해주었으니 문제가 해결되었다고 생각한다.)

피오나 (왜 내 말을 그냥 들어주지 못할까 하고 생각하면서 계속 말한다.) 그래서 내 차에 다시 돌아와 보니, 엎친 데 덮친 격으로 그만 타이어가 펑크 나 있지 뭐예요. 재수가 없는 사람은 뒤로 자빠져도 코가 깨진다더니….

마이크 (끼어들며) 잠깐만 피오나… 그래서 주유소에서 기름을 넣을 때 반드시 타이어 공기압을 체크해야 돼. 그런 식으로 미리 단속을 해 놓으면 그런 곤경을 당하지 않아! (자, 이제 또 하나 문제를 해결해주었군, 하고 마이크는 생각한다.)

그러나 피오나는 '왜 내 말을 조용히 들어주지 못할까' 하고 생각한다. 반면 마이크는 '왜 아내는 입을 다물고 나를 좀 가만히 내버려두지 않는 거지. 내가 아내의 모든 문제를 해결해 주어야 하는 거야? 왜 그녀 혼자서 미리 해결하지 못하는 거야' 하고 생각한다. 피오나는 남편의 끼어들기를 무시하고 계속 얘기한다.

우리는 전 세계 수천 명의 여성들을 관찰한 결과, 그들이 공통적으로 증언하는 것은 다음과 같다는 것을 알았다.

하루해가 저물 무렵 여자가 말을 하면서 바라는 것이 있다면 남자가 그녀의 문제에 어떤 해결안을 제시하면서 끼어들지 않았으면 좋겠다는 것이다.

이것은 남자들에게는 좋은 뉴스이다.

남자는 반응할 필요 없이 들어주기만 하면 되는 것이다. 여자는 자기가 하고 싶은 말을 다해 버리면, 위안을 받고 또 행복해한다. 그리고 그

"내가 너무 말을 많이 한 긴 아닌지 모르겠군요."

이야기를 끝까지 들어준 당신을 정말 신사라고 생각할 것이다. 그러면 그 다음부터 당신은 아주 행복한 밤을 맞이하게 된다.

일상 속에 벌어진 문제들을 미주알고주알 말하는 것은 현대 여성들이 스트레스를 감당하는 하나의 방식이다. 그들은 말하기를 하나의 유대관계 강화행위 혹은 원기 회복책으로 생각한다. 바로 이 때문에 상담원을 찾아가는 것도 대부분 여자이고, 또 찾아오는 사람들의 말을 열심히 들어주는 상담원도 대부분 여자인 것이다.

왜 부부는 실패하나?

직업여성의 74퍼센트와 일하지 않는 여성의 90퍼센트는 남편 혹은 남자친구의 가장 큰 단점으로 하루 일과 후에 말을 하지 않으려는 경향을 꼽았다. 과거 세대의 여자들은 이런 문제를 겪지 않았다. 왜냐하면 늘 부양해야 할 아이들이 많았고 또 대화와 위로의 상대가 되는 이웃여자들이 많았기 때문이다. 그러나 요즘의 전업주부는 전보다 훨씬 소외되고 외롭다는 느낌을 갖고 있다. 이웃집 여자들이 직장에 다닐 가능성이 많기 때문이다. 직장에 다니는 여자는 말이 없는 남자들과 별 어려움 없이 지낼 수 있다. 직장에서 다른 사람들과 충분히 대화를 나눌 수 있기 때문이다.

아무튼 이런 대화 부족 현상은 그 누구의 책임도 아니다. 우리 세대는 성공적인 남녀관계의 적절한 역할 모델이 없는 첫 번째 세대이다.

우리의 부모 세대는 이런 문제가 없었다. 하지만 좋은 뉴스가 있다. 우리는 생존에 필요한 새로운 기량을 배울 수 있는 것이다.

남자들은 어떻게 말하나?

남자의 문장은 여자들보다 짧고 또 구조화되어 있다. 남자의 문장은 간단한 도입부, 명확한 요지, 그리고 결론으로 이루어진다. 남자가 의미하는 것이나 원하는 것을 따라가기는 아주 쉽다. 만약 여자가 남자를 상대로 다중 트랙의 대화를 구사하면 남자는 따라오지 못한다. 따라서 여자들은 다음과 같은 사실을 이해하는 것이 중요하다. 만약 남자를 설득하거나 이해시키고 싶다면, 한 번에 한 가지의 아이디어만을 명쾌하게 제시해야 한다.

> 남자에게 말을 거는 첫 번째 수칙. 간단하게 하라!
> 한 번에 한 가지의 아이디어만을 명쾌하게 제시하라.

만약 남녀가 뒤섞여 있는 그룹을 상대로 하여 어떤 아이디어를 제시할 때는, 당신의 요지를 명쾌하게 하기 위해 남성적 구조의 화법을 사용하라. 남성적 화법은 남녀 모두 이해하기 쉽기 때문이다. 반면 여자의 다중 트랙 대화는 남자들에게 잘 먹혀들지 않으므로 그들은 곧 당신의 얘기에 흥미를 잃어버리기 쉽다.

여자의 말은 다중 트랙

좌뇌와 우뇌의 연결이 원활하고 두뇌 속에 특정 언어위치가 있기 때문에, 대부분의 여자는 여러 가지 화제를 동시다발적으로 말할 수 있다. 때때로 단 한 문장에 여러 화제를 엮어 넣기도 한다. 마치 서너 개의 공을 공중에 던져 올리고도 떨어뜨리지 않는 것과 같다. 그뿐만 아니라 역시 서너 개의 공을 주무르는 다른 여자들과도 서너 개의 화제를 동시에 주고받을 수 있다. 그렇게 해도 그 누구도 공을 떨어뜨리지 않는다.

대화가 끝나면 여자들은 각자 토의된 주제, 발생한 사건, 그 사건의 의미를 정확하게 이해한다. 이런 다중 트랙 능력은 남자들에게는 아주 혼란스럽다. 남자의 두뇌는 단일 트랙이고 한 번에 한 가지씩밖에는 처리하지 못한다. 그래서 여러 명의 여자가 여러 주제를 다중 처리하면서 대화를 하면, 남자는 완전히 당황하면서 얼이 빠져버린다.

여자들은 어떤 주제에 대해서 얘기를 하다가 말 중간 중간에서 다른 화제로 옮겨가고 그랬다가 느닷없이 원래의 주제로 되돌아온다. 그러나 그때에는 아까와는 전혀 상관없는 이야기가 그 주제에 끼어든다. 남자들은 당연히 당황하면서 넋이 빠지게 된다.

가령 피즈 집안에서 벌어진 다음과 같은 대화를 보라.

앨런 잠깐만, 사무실에서 누가 무엇을 누구에게 말했다고?

바바라 난 사무실 얘기를 하지 않았어요. 형부 얘기를 하고 있었어요.

앨런 형부? 당신은 내게 화제를 바꾼다고 말하지 않았잖아!

바바라 그러니 남이 말할 때 신경을 좀 써요. 다들 내 말을 잘 알아듣고 있잖아요.

피오나(바바라의 언니) 그래요. 난 바바라가 한 말을 다 알아들었어요. 아주 분명 한데요.

재스민(딸) 나두요. 아빠, 아빠는 왜 그리 둔하세요! 도대체 남의 말을 왜 그리 못 알아듣는 거예요?

앨런 야, 난 기권이야. 여자들이 하는 말은 통 못 알아듣겠어.

케임론(아들) 아빠, 나도 그래요. 날 그저 애 취급하는 거예요!

> 남자는 뒷골목의 미로에 접어들었다고 해도
> A에서 B에 이르는 길을 찾아갈 수 있다. 그러니 여러 가지 화제를
> 동시다발적으로 말하는 여자들 사이에 놓이게 되면
> 완전히 길을 잃고 헤맬 것이다.

복잡한 다중 트랙 능력은 모든 여자가 공통적으로 가지고 있다. 비서들을 한번 보라. 비서는 일의 성격상 한꺼번에 여러 일을 해내는 것이 필수적이다. 따라서 1998년 현재 영국 내에 근무하는 71만 6148명의 비서들 중 99.1퍼센트가 여자이다. 그리고 남자는 겨우 5913명에 불과하다. 일부 단체에서는 여자들이 어렸을 때부터 비서 일을 훈련받으며 컸기 때문에 이런 수치가 나왔다고 설명한다. 하지만 이런 설명은 여자의 언어, 조직, 다중 트랙 능력을 감안하지 않은 얘기일 뿐이다.

지역사회의 업무 같은, 남녀평등 정책이 철저하게 집행되는 분야에서도 여자의 약진은 두드러진다. 예를 들면 1990년 영국에는 지역사회 관계 업무에 취업한 사람이 총 14만 4266명인데 이 가운데 여자는 10만 450명이었고 반면 남자는 4만 3816명에 불과했다. 의사소통 능력과 언어지능이 필요한 곳은 여자가 압도적으로 많은 것이다.

두뇌 스캐닝이 보여주는 것

여자가 말을 할 때면 우뇌와 좌뇌의 언어 통제 중추가 동시에 작동한다는 것을, 두뇌 스캐닝은 보여주고 있다. 이때 여자의 듣기 기능도 동시에 작동한다. 이런 강력한 다중 트랙 능력 덕분에 여자는 서로 무관한 화제들을 동시에 말하고 들을 수 있다. 남자들은 여자의 이런 능력을 처음 알게 되면 깜짝 놀란다. 그전까지는 그저 여자들이 시끄러운 존재인 줄로만 알았던 것이다.

> 여자는 말하면서 들을 수 있다. 그와 동시에 이 두 가지를
> 한꺼번에 하지 못하는 남자들을 한심하다고 생각한다.

여자들의 수다는 지난 수천 년 동안 남자들의 농담 대상이 되어왔다. 세계 각국에서 벌어지는 세미나에 참석하면 항상 이런 소리를 듣게 된다. "저 여자들이 말하는 것 좀 봐요. 종알종알, 종알종알. 하지만 상대방

의 말을 듣고 있는 여자는 아무도 없어요."

이처럼 여자들이 말 많은 것을 지적하는 남자들은 중국인, 독일인, 노르웨이인, 아프리카인, 에스키모인 등 가히 전 세계적이다. 이에 비해 남자들은 말을 할 때 서로 차례를 지켜가며 말한다. 우리가 아는 한, 남자들은 말을 하거나 듣거나 둘 중 하나를 택한다. 그들은 말하고 듣는 것을 동시에 할 수 없다.

남자와 대화하는 올바른 전략

남자들은 경쟁적이거나 공식적일 때에만 남의 말에 끼어든다. 만약 여자인 당신이 남자와 대화를 트고자 한다면 가장 간단한 전략은 그가 말할 때 끼어들지 않는 것이다. 이것은 여자에게는 곤란한 주문이다. 왜냐하면 여자는 동시다발의 대화가 인간관계를 구축하고 또 대화의 참여도를 높인다고 생각하기 때문이다. 여자는 남자에게 강한 인상을 심어주기 위해 또는 그를 소중하게 여긴다는 인상을 주기 위해 다중 트랙 대화를 하고 싶어 한다. 하지만 만약 여자가 이렇게 한다면 남자는 사실상 귀머거리 상태가 된다. 그는 또 여자의 버릇없는 끼어들기를 괘씸하게 생각할 것이다.

> 남자들은 자기 차례를 기다려가며 얘기를 한다.
> 남자가 그의 차례가 되어 말을 할 때면, 그가 전부 말할 때까지 기다려라.

"내 말을 잘라먹지 마!"

이것은 전 세계 방방곡곡에서 남자들이 여자에게 자주 요구하는 사항이다. 남자의 말은 해결 지향적이기 때문에 끝까지 들어보아야 그 뜻을 알 수 있다. 그렇지 않으면 그의 대화는 무의미해진다. 남자는 대화에서 서로 무관한 주제들을 가지고 다중 트랙 대화를 할 수 없다. 그러므로 그런 식의 대화자를 무례하고 또 산만한 사람이라고 생각한다.

그러나 여자들은 남자들의 이런 생각을 기이하게 여긴다. 그들은 인간관계를 구축하고 상대방에 대한 배려 때문에 다중 대화를 시도하는 것이다. 그리고 여기서 여자들을 더욱 기분 나쁘게 하는 것이 있다. 그것은 전형적인 남녀대화에서 남의 말 가로막기의 76퍼센트가 남자들의 소행이라는 것이다!

왜 남자들은 요약된 말을 좋아하나?

두뇌에 고정된 언어기능 위치가 없으므로 사냥꾼은 가장 적은 말을 동원하여 가장 많은 정보를 전달해야만 했다. 그래서 그의 두뇌는 어휘를 관장하는 특정 중추를 개발하게 되었다. 이 중추는 좌뇌의 앞과 뒤에 포진해 있다.

여자의 경우, 어휘를 담당하는 두뇌 구역이 좌뇌와 우뇌의 앞뒤에 포진해 있지만, 이것은 그리 강력하지 못하다. 따라서 단어의 정의와 의미는 여자에게 그다지 중요하지 않다. 왜냐하면 여자는 의미를 전달하고자 할 때에는 어조의 강약에 의지하고, 감정을 전달하고자 할 때에는 몸짓 언어에 기대기 때문이다.

바로 이 때문에 단어의 의미는 남자들에게 아주 중요하게 된다. 남자들은 다른 남자나 여자보다 더 높은 고지를 점령하려고 할 때 반드시 단어의 정의를 사용하는 것이다. 그들은 남들과 경쟁하기 위해 언어를 사용한다. 그래서 단어의 정의는 게임을 풀어나가는 중요 전략이 된다. 예를 들어 어떤 남자 '갑'이 다음과 같이 말하면서 자신의 주장을 편다고 해보자.

"…그는 자신의 요지를 분명하게 밝히지 않았고 또 결론에도 도달하지 못했어. 그래서 그 누구도 그의 말을 제대로 이해할 수 없었어."

그러면 또 다른 남자 '을'이 이렇게 말할 것이다.

"그가 자신의 요점을 명시하지 않았군요?"

을은 갑의 요지를 단 하나의 단어로 정의하면서 자신이 갑보다 한 수 위임을 드러내는 것이다. 이처럼 경쟁적인 남자들은 다른 사람의 말을 하나의 단어로 요약하면서 기선을 제압하는 것이다.

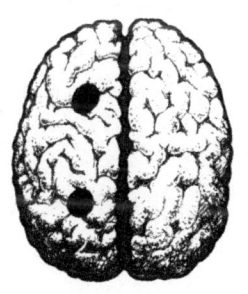

남자 두뇌의 어휘기능 위치

여자는 사랑받기 위해 말을 한다

여자는 대화의 참여도를 보여주고 또 인간관계의 구축을 위해 말을 사용하기 때문에, 말은 칭찬의 한 형태로 동원된다. 그녀가 당신을 좋아하거나, 당신이 하는 말에 수긍하거나, 당신의 친구가 되고 싶어 한다면 당신에게 말을 많이 할 것이다. 그리고 그 반대도 역시 진실이다. 만약 그녀가 당신을 벌주고 싶거나 당신의 말에 반대하거나 당신과 친구하고 싶은 마음이 없다면 그녀는 말을 아낄 것이다. 남자들은 이것을 '침묵시위'라고 해석한다. 그리고 "난 당신과 다시는 말하기 싫어!"라는 여자의 협박이 결코 가볍게 볼 것이 아님을 알고 대책에 나서야 할 것이다.

> 만약 여자가 당신에게 말을 많이 하면 그녀는 당신을 좋아하는 것이다.
> 만약 그녀가 당신에게 말을 하지 않는다면 당신을 별 볼일 없다고
> 생각하는 것이다.

보통 남자는 여자가 약 9분 동안 침묵을 지키고 있으면 뭔가가 잘못되었다는 것을 눈치 챈다. 남자로서는 그 침묵을 하나의 축복이라고 생각한다. 그 9분이 지나가기 전에는 드디어 원하던 '평화와 고요'를 얻었다고 마음속으로 기뻐하는 것이다. 사실 전 세계 방방곡곡의 남자들은 여자가 너무 말을 많이 한다고 불평한다. 확실히, 남자에 비해 여자가 말이 많은 것은 사실이다.

여자는 간접화법을 좋아한다

아주 느긋하고 멋진 주말이었다. 애인 사이인 존과 앨리슨은 집에서 차로 몇 시간 걸리는 아름다운 계곡으로 드라이브를 나갔다. 길이 산속으로 접어들어 커브길이 많이 나오자, 존은 전방의 도로에 더 잘 집중하기 위해 라디오를 껐다. 그는 커브 길을 도는 것과 라디오를 듣는 것을 동시에 하질 못했다.

"존, 커피 한잔 할래요?" 앨리슨이 물었다.

"아니, 지금은 생각 없어. 하지만 고마워."

존이 미소 지으며 말했다. 존은 마음속으로 앨리슨이 정말 자상한 여자라고 생각했다. 그러나 잠시 뒤 존은 여자친구가 입을 꼭 다물고 아무 말도 하지 않는 것을 발견했다. 그는 자신이 또 뭘 잘못했나 하고 생각하기 시작했다.

"달링, 아무 일도 없는 거지?" 존이 물었다.

"아무 일도 없어요!" 앨리슨이 톡 쏘듯이 말했다.

"그럼, 뭐가 문제야?" 존이 더욱 난처해하며 물었다.

"당신은 차를 세우려 하지 않았잖아요!"

앨리슨이 콧방귀를 뀌며 경멸스럽다는 듯이 내뱉었다.

존의 분석적인 마음은 여자친구가 언제 "차를 세우라"고 말한 적이 있는지 기억해내려 애쓴다. 하지만 그는 그런 말을 들은 적이 없다. 그는 그 사실을 여자친구에게 말한다. 그러자 여자친구는 존에게 앞으로 여자의 말에 좀 더 신경 쓰라며 주의를 준다. 그녀가 아까 존에게 커피를 한잔 하겠느냐고 물어본 것은 사실 그녀 자신이 커피를 마시고 싶다는 뜻이었다.

"아니, 앨리슨, 그럼 나보고 점쟁이가 되란 얘기야? 부채 없는 부채도사도 있나?" 존이 비아냥거리며 묻는다.

"제발 본론을 말하라구!"

이 말은 전 세계 방방곡곡의 남자들이 여자들을 향해 혼신의 힘을 다해 내지르는 말이다. 여자는 말을 할 때 주로 간접화법을 쓴다. 자신이 원하는 것을 암시하거나 아니면 말을 빙 돌려 하는 것이다.

간접화법은 여자의 십팔번이고 이런저런 목적에 두루 잘 쓰인다. 그것은 공격심, 대결, 불화 등을 피하게 해줌으로써 원만한 인간관계를 구축해주고 강한 유대의식을 느끼게 해준다. 그것은 화목을 제일로 치는 둥지 수호자의 전반적인 접근방식에 가장 알맞은 화법이다.

> 간접화법은 여자들 사이에 따뜻한 유대감을 형성해준다.
> 그러나 그 방식은 때때로 남자들에게 통하지 않는다.
> 왜냐하면 그들은 그런 화법이 생소하기 때문이다.

여자의 두뇌는 과정지향적$_{process-oriented}$이고 그들은 의사소통의 과정을 즐긴다. 남자들은 이와 같은 구조의 부재와 목적의 결핍을 황당하게 생각한다. 그래서 여자들은 자신이 무슨 말을 하고 있는지 잘 모른다고 비난한다. 사업상의 협상에서는 이러한 간접화법이 큰 재앙이 될 수 있다. 왜냐하면 남자들은 다중 트랙의 간접화법을 제대로 이해하지 못한 나머지 여자의 제안, 요청, 진급 요구 등을 묵살해버릴 수 있기 때문이다.

간접화법은 인간관계를 구축하는 데에는 큰 도움이 되지만 실용성을 강조하는 여러 가지 업무에서는 재앙이 될 수도 있다. 예를 들면 운전사나 조종사가 상대방의 말을 정확히 알아듣지 못한다면 어떤 일이 벌어지겠는가? 자칫하면 자동차나 비행기가 충돌하거나 추락하는 사고가 발생하지 않겠는가?

간접화법은 "말하자면" "…하는 거 있지." "이를테면" "…했다는 거 아니냐" 등의 한정사를 많이 사용한다. 가령 세계 제2차 대전 당시, 히틀러의 영국 침공을 앞두고 있는 시점에서 영국 총리 윈스턴 처칠이 연합국의 분발을 촉구하면서 이런 한정사를 썼다고 해보자. 그러면 그건 전혀 격려와 분발의 말이 되지 못했을 것이다.

"영국 해안에서 그들과 맞서서 싸워야 한다는 거 아니냐. 프랑스는 항복한 거 있지. 우리는, 이를테면, 항복하지 않을 거야."

만약 처칠이 이렇게 말했다면 영국은 패전국이 되었을 것이다.

여자가 다른 여자를 상대로 간접화법을 구사하면 그건 전혀 문제가 되지 않는다. 여자들끼리는 행간을 읽어가며 동시다발적으로 다중 대화를 구사하는 것이 얼마든지 가능하니까. 그러나 남자들을 상대로 할 때에는 커다란 실패작으로 끝날 가능성이 많다. 남자들은 직접화법을 구사하고 또 말의 의미를 문자 그대로 받아들이기 때문이다.

이처럼 남녀 간의 화법에는 차이가 있으나, 남녀 모두 인내심을 발휘하여 노력한다면 서로 더욱 잘 이해하게 된 것이다.

남자는 직접화법을 좋아한다

남자의 문장은 짧고, 직접적이고, 해결지향적이다. 그들은 폭넓은 어휘와 관련 자료들을 인용하면서 핵심적 요지를 파고 들어간다. 그들은 '결코' '절대' '확실히' 같은 단정적인 단어를 즐겨 사용한다. 이러한 화법은 사업상의 협상을 재빨리 그리고 효율적으로 맺고 끊게 해준다. 또는 다른 사람들에 대하여 권위를 내세우는 수단이 된다. 그러나 일상적인 사교생활에서 이런 직접화법을 사용하면, 무례하고 버릇없는 사람으로 보이기가 쉽다.

다음의 말들을 한번 생각해보라.
1. 가서 아침으로 오믈렛을 만들어오지!
2. 아침으로 오믈렛을 좀 해줘.
3. 아침으로 오믈렛을 좀 해줄 수 있겠나?
4. 아침으로 오믈렛을 먹어야 한다고 생각하세요?
5. 아침으로 오믈렛을 먹는다면 멋지지 않을까요?
6. 아침으로 오믈렛 한 그릇, 괜찮겠어요?

위의 예문은 직접화법과 간접화법의 구체적 사례를 든 것이다. 첫 세 문장은 남자들이, 나머지 세 문장은 여자들이 즐겨 사용할 법한 말이다. 동일한 요구사항을 말하고 있지만 말의 어법은 저마다 다르다.

그런데 오믈렛을 요구하던 남자가 본의와는 전혀 다르게 여자의 눈물을 보는 것으로 끝나는 상황이 때때로 발생한다. 이런 험악한 상황의 대화를 구체적으로 옮겨보면 아마도 이렇게 될 것이다.

여자 이 무식한 돼지! 가서 직접 만들어 먹지 그래!
남자 오믈렛도 제대로 못 만들면서 목소리만 크군.
　　　난 맥도날드에서 햄버거를 사먹을 거야!

그럼 어떻게 하면 될까?

남자들은 간접화법이 여성 두뇌 회로의 일부분임을 이해하고 그 점에 대해서 너무 까다롭게 굴지 말아야 한다. 여자와 좋은 개인적 관계를 유지하고 싶다면, 남자는 그녀의 말을 잘 들어주어야 하고 또 "소리를 들으면서" 몸짓 언어도 능숙하게 구사해야 한다.(우리는 이 문제를 잠시 뒤에 다루게 될 것이다.) 남자는 해결안을 불쑥 제시한다거나 여자의 동기에 대해서 의문을 품는다거나 하지 말아야 한다. 남자가 취할 가장 좋은 테크닉은 여자에게 이렇게 물어보는 것이다.
　"내가 어떤 입장에서 들어주기를 원해? 남자로서 혹은 여자로서?"
　여자로서 들어달라고 요구하면 그대로 해주면 된다. 그냥 들어주면서 중간 중간에 말의 진행을 거들어주면 되는 것이다. 만약 남자로서 들어달라고 하면, 그때는 문제의 해결안을 과감히 제시하라.

| 남자의 귀를 사로잡기 위해서는 먼저 그에게 안건을 통지하라.

어떤 화제를 남자의 마음에 깊이 각인시키기 위해서는, 그 화제를 언제쯤 말하고 싶다고 미리 알려줘라. 예를 들면 이렇게 말하라.

"직장 상사와의 문제를 어떻게 풀어나가야 할지 당신과 의논하고 싶어요. 저녁 식사 후 일곱 시쯤이면 괜찮겠어요?"

이렇게 말하는 것은 남자의 논리적 두뇌에 호소하고, 그의 자존심을 높여주고, 또 문제의 요지를 정확하게 전달한다. 위의 말을 이렇게 돌려서 했다고 해보자.

"아무도 나를 평가해주지 않아."

남자는 이런 말을 들으면 혹시 자신이 주범이 아닌가 생각하고 수비적인 자세로 돌입한다. 직접화법은 서구의 남자들이 가장 많이 사용하는 화법이다. 그러나 동양에서는 사정이 다르다. 가령 일본에서는 간접화법을 사업상의 언어로 널리 사용한다. 그래서 직접화법을 구사하는 남자는 순진한 사람으로 간주되기도 한다. 직접화법을 구사했다가 미숙한 사람 취급을 당했다고 말하는 외국인들의 사례도 많이 있다.

남자를 움직이려면

간접화법을 능숙하게 구사하는 여자는 can이나 could가 들어간 구문을 많이 사용한다.

이 쓰레기 좀 버릴 수 있어요? Can you take the garbage out?
오늘밤에 전화할 수 있어요? Could you call me tonight?
전구 갈아 끼울 수 있어요? Can you change the light bulb?

맨 마지막 문장의 경우, 남자들은 이렇게 듣기가 쉽다.
"당신은 전구를 갈아 끼우는 능력을 가지고 있느냐?"
남자들은 can이나 could로 시작되는 문장은 능력의 체크로 해석하는 것이다. 따라서 그의 논리적 두뇌는 "예스"라고 대답하게 된다. 그는 쓰레기를 버릴 수도 있고 또 전구를 갈아 끼울 수도 있다. 그러나 이러한 말들은 행동에 의한 실천을 내포하지 않는다. 게다가 남자들은 여자에게 교묘히 조종당하여 억지로 "예스"라고 답변한 느낌을 갖게 된다.
남자를 움직이려면 will이나 would를 사용하는 것이 좋다. 가령 이렇게 말하는 것이다.

오늘밤 전화할 거죠? Will you call me tonight?

그러면 남자는 "예스"와 "노"로 분명하게 대답할 수 있다. 위의 can 이나 could로 시작되는 문장은 그 답이 모두 "예스"가 될 수 있으므로, 확실한 대답을 얻는 게 아니다. 그러니 남자와 대화를 할 때에는 will이나 would를 많이 사용하여 대답을 확실히 해두는 게 좋다. 여자에게 청혼하는 남자는 반드시 이렇게 묻는다.

나와 결혼할 거지? Will you marry me?

그는 결코 아래와 같이 말하지는 않는다.

나와 결혼할 수 있지? Could you marry me?

여자는 감정에 호소하고 남자는 말에 집중한다

 어휘는 여자의 두뇌에서 뚜렷한 열점hotspot으로 표현되는 기능이 아니므로, 여자가 단어의 정의를 정확하게 파악하는지 여부는 그리 중요한 게 아니다. 여자는 단어에 대하여 시적 허용poetic license(시적 효과를 내기 위해 문법, 구문, 용어를 시인 마음대로 사용하는 것 : 옮긴이)을 자유롭게 취하고 또 효과만 낼 수 있다면 과장도 마다하지 않는다. 그러나 남자는 여자가 하는 모든 말을 문자 그대로 해석하고 또 그에 따라 반응한다.
 그래서 남녀 간에 언쟁이 붙으면 남자는 여자의 단어를 정의하려 든다. 이와 관련, 다음과 같은 대화를 한번 살펴보자.

로빈　당신은 내가 한 말에 결코 동의해본 적이 없어요.
존　　결코라니? 당신이 마지막으로 말한 두 가지 사항에는 동의했잖아.
로빈　당신은 항상 내 말에 반대하고 자기만 늘 옳다고 해요!
존　　사실과 달라! 내가 언제 항상 당신에게 반대했어? 오늘 아침에도 동의했고, 지난밤에도 동의했고, 지난 토요일에도 동의했어. 그런데도 늘 반대만 한다니!

로빈   당신은 말다툼이 있을 때마다 그런 말만 해요.

존   그건 거짓말이야. 난 말다툼 때마다 그 말을 한 건 아니야.

로빈   그리고 당신은 섹스 생각이 날 때만 내 팔을 잡아요.

존   생떼 쓰지 마. 내가 언제 그럴 때만 당신 팔을…….

  그녀는 감정을 앞세우며 계속 그와 싸우려 한다. 반면 남편은 그녀의 말을 정의하려 든다. 말싸움은 계속 고조되어 드디어 그녀가 입을 다물어버리거나 남편이 방문을 박차고 나가버리게 된다.

  언쟁을 성공적으로 하려면 남자는 여자가 본이 아니게 그런 말을 사용한다는 것을 이해해야 한다. 여자의 말을 너무 직설적으로 알아들어서도 안 되고 또 정의를 내리려고 해서도 안 된다. 예를 들면 여자가 이렇게 말했다고 해보자.

  "나와 같은 옷을 입은 여자가 내 옆에 있다면, 나는 죽어버릴 거야!"

  이렇게 말하는 여자는 문자 그대로 죽어버리겠다는 뜻이 아니라 그런 상황이 안 왔으면 좋겠다는 뜻이다. 하지만 직설적 마음을 가진 남자들은 이렇게 반응할 수도 있다.

  "아니, 죽지는 마. 이 세상에는 그보다 끔찍한 일이 얼마든지 있어!"

  그러나 남자의 이런 말은 여자들에게 냉소적으로 들린다. 마찬가지로, 여자가 남자와의 논쟁에서 이기려 한다면 좀 더 논리적이 되어야 한다. 그리고 한 번에 한 가지씩만 말해야 한다. 또 절대로 다중 트랙

화법을 써서는 안 된다. 그런 화법으로는 목표물을 정확하게 맞힐 가능성이 거의 없다.

여자들이 남의 말을 듣는 방법

일반적으로 말해서, 여자는 10초 동안에 여섯 가지의 듣기 표현을 사용한다. 그런 다음 화자의 감정 상태에 따라 적절히 맞장구를 친다. 그녀의 얼굴은 표현되는 감정을 적절히 반영한다. 옆에서 대화 중인 두 여인을 지켜보는 사람은 대화중의 사건이 그들 모두에게 벌어진 일인 것처럼 생각하게 된다.

여자는 화자의 어조와 몸짓 언어를 통해 말의 의미를 읽는다. 여자의 시선을 끌어당기려고 하는 남자는 몸짓 언어를 잘 구사해야 한다. 그래야 여자의 귀를 계속 붙잡아둘 수 있다. 대부분의 남자들은 남의 얘기를 들으면서 얼굴 표정으로 맞장구치는 것을 달가워하지 않는다. 하지만 이런 맞장구에 익숙한 사람은 커다란 보상을 받게 될 것이다.

다음은 대화 중에 여자가 보여주는 10초 동안의 표정 변화이다.

슬픔　　놀람　　분노　　즐거움　　공포　　욕망

남자들은 바위처럼 듣기만 한다

생물학적으로 전사의 임무를 부여받은 남자들은 남의 말을 들을 때 꼭 바위처럼 듣기만 한다. 그들은 자신의 감정 상태를 보이지 않으려고 애를 쓴다. 다음은 상대방의 말을 듣고 있는 남자가 10초 동안에 보여주는 표정 변화이다. 이것은 남자의 표정을 약간 농담조로 묘사해본 것이다. 그러나 이런 농담 속에서 진리를 찾아내는 데에 묘미가 있다. 남의 말을 들을 때 남자들이 사용하는 이 무표정의 마스크는 상황을 완전히 장악하고 있는 듯한 느낌을 준다. 하지만 그런 남자들이 감정을 전혀 느끼지 못한다는 얘기는 아니다. 두뇌 스캐닝을 해보면 남자들도 여자 못지않게 정서적이라는 것을 알 수 있다. 단지 표현하지 않을 뿐이다.

맞장구를 치는 방법

여자들은 "아"에서 "오"에 이르기까지 다양한 높낮이의 맞장구 소리 (다섯 가지의 어조)를 갖고 있다. 또한 다중 트랙 화법을 구사하고 화자의

슬픔　　　놀람　　　분노　　　즐거움　　　공포　　　욕망

말이나 문맥을 되풀이하면서 화자가 말하는 맛을 돋운다. 남자들은 여자에 비해 제한된 어조(세 가지)를 갖고 있고 피치(음의 고저)의 변화에 따른 의미를 재빨리 해독해내지 못한다. 그래서 어조가 단조롭다.

남자들은 자신이 듣고 있다는 것을 표시하기 위해 "흐음" 하고 말하거나 가끔 머리를 끄덕이는 것이 전부이다. 여자들은 남자의 이런 듣기 태도를 못마땅하게 여긴다. 남자들이 자신(여자)의 말을 제대로 들어주지 않는다고 보는 것이다. 그러나 남자는 실제로는 열심히 들어주고 있다. 단지 열심히 듣는 것처럼 보이지 않을 뿐이다.

만약 당신이 여성 사업가라면, 대화 중에 "흐음" 하고 간단히 대꾸해야 한다. 이것만 잘해도 돈이 되는 것이다. 만약 여자인 당신이 남자 혹은 남자들에게 어떤 아이디어나 제안을 설명하는 입장이라면, 먼저 남자에게 충분히 말할 기회를 주되 그의 말에 맞장구치지 않도록 하라. 그러니까 여자와 대화를 할 때처럼 요란스러운 표정이나 몸짓의 반응을 보여서는 안 된다. 그저 무표정하게 앉아서 고개를 끄덕거리고 감탄사를 가끔 섞어 넣되, 그의 말에 끼어들지 말아야 한다.

우리는 이런 기술을 구사한 여자들이 남자들로부터 높은 신뢰를 얻었다는 사실을 알아냈다. 반면, 말하는 남자의 감정(혹은 여자인 당신이 해석한 감정)에 따라 요란하게 맞장구를 친 여자는 신뢰도와 권위도에서 낮은 점수를 얻었다. 때때로 이런 여자는 남자들로부터 '헷갈리게 만드는 여자' 혹은 '산만한 정신의 소유자' 라는 평가를 받았다!

남자의 귀를 확실히 붙잡아두려면

시간 계획을 세우고, 남자에게 의제를 말해주고, 시간 제한을 말한 뒤, 해결안이나 행동 계획은 필요 없다고 말하라. 그냥 이렇게 말하라.

"앨런, 오늘 하루 일과에 대해서 당신과 말하고 싶어요. 저녁 식사 후에 괜찮겠어요? 나는 문제의 해결을 바라는 게 아니라, 그냥 얘기하고 싶어요."

대부분의 남자들은 이런 제안을 흔쾌히 받아들일 것이다. 시간, 장소, 목적이 뚜렷한 대화니까. 이런 것들은 남자의 조직적인 두뇌에 호소한다. 게다가 아무런 조치도 취할 필요가 없다니 더욱 부담이 없지 않은가.

여학생 같은 목소리

대부분의 여자는 높은 피치로(새된) 노래하는 목소리가 가진 힘을 잘 안다. 이 정도는 상식이어서 굳이 진화생물학을 전공하지 않아도 누구나 알 수 있는 사실이다. 높은 목소리는 높은 에스트로겐(호르몬) 수준과 관련되고, 어린아이 같은 음질은 남자의 보호본능을 자극한다. 여자는 남자의 깊숙한 베이스 목소리를 좋아한다. 그 낮은 목소리는 높은 테스토스테론 수준을 나타내는 것으로 강건한 남성성의 상징이다. 이처럼 목소리가 베이스로 변하는 것은 남자아이들이 사춘기에 도달하면 자주 발생하는 현상이다. 그들의 체내에서 테스토스테론 수준이 높아지면서 목소리가 '변성' 되는 것이다.

여자가 높은 음정으로 말하고 남자가 묵직한 목소리로 대꾸한다면, 그 남녀는 자연이 정해준 규칙에 따라 서로 자연스러운 남녀의 게임을 벌이는 것이다. 그렇다고 해서 모든 남녀가 이런 식으로 교제해야 한다는 주장은 아니다. 우리는 단지 남녀 사이에 빈번히 벌어지고 있는 현상을 객관적으로 기술한 것뿐이다.

> 누군가가 당신에게 은근한 연모의 정을 보낸다고 생각하는가?
> 그렇다면 그 목소리의 피치를 살펴보라.

여러 연구 결과에 의해 낮고 깊숙한 목소리를 가진 여자가 더 지적이고, 권위적이고, 신뢰감을 준다고 평가된다는 사실이 밝혀졌다. 턱을 끌어당기고 천천히 단조로운 어조로 말하면 묵직한 목소리를 흉내 낼 수 있다.

많은 여자들이 권위 있는 사람으로 보이기 위해 일부러 높은 목소리를 내는데 이건 잘못된 것이다. 왜냐하면 그 목소리는 공격적이라는 인상을 주기 때문이다. 이와 관련, 두 가지의 흥미로운 사실이 관측된다. 일부 뚱뚱한 여자들은 일부러 '여학생 같은' 새된 목소리를 사용하는데, 이것은 자신의 풍만한 인상을 상쇄시키려는 것이다. 또 다른 여자들은 자신을 좋아하는 남자들의 보호본능을 자극하기 위해 그런 목소리를 사용한다.

공간 지능, 지도와 평행주차

Why Men don't Listen &
Why Women Can't Read Maps

"아니, 이런! 딸들아, 난 이걸 믿을 수가 없구나. 이 지도를 좀 봐!
우린 저 크고 푸른 산에서 오른쪽으로 돌아야 했었는데…
어쩌다 공장 지대에 내려앉게 되었지?"

Why Men don't Listen &
Why Women Can't Read Maps

공간 지능, 지도와 평행주차

지도 때문에 이혼할 뻔한 이야기

 부부인 레이와 루스는 차를 몰고 시내에서 하는 쇼를 보러 가는 길이다. 남편인 레이가 운전석에, 루스는 조수석에 앉아 있다. 운전은 늘 남편이 맡았다. 왜 그렇게 되었는지 모르지만 늘 그가 운전을 했다. 대부분의 남자가 그렇듯이, 그는 운전대 앞에 앉으면 사람이 달라진다.
 레이는 루스에게 시내 교통안내 책자를 꺼내들고 해당 구역을 살펴보라고 주문한다. 그녀는 해당 페이지를 펼쳤으나 지도를 거꾸로 들고 있다. 그녀는 페이지를 오른쪽으로 돌렸다가 다시 거꾸로 쳐들었다. 이어 아무 말 없이 그 지도를 들여다보기만 했다. 그녀는 물론 지도의 용도가 무엇인지 잘 알고 있다. 하지만 그것을 실제 목적지와 연결시키려면 어려움을 느낀다. 도대체 지도와 실물이 잘 들어맞지 않는 것이다. 그녀는 다시 여학생 시절로 돌아가 지리 수업에 들어온 기분이다. 그 분홍색이나 초록색의 지도 표시물은 도무지 실제 세상과는 아무런 관련도 없는 것처럼 느껴졌던 학창시절 말이다.

때때로 남편과 함께 북쪽을 향해 달려갈 때면 그 경우는 그런대로 지도를 읽을 만했다. 그러나 남쪽으로는 갈 때는 영 지도 읽기가 헷갈렸다. 공교롭게도 오늘은 남쪽으로 가는 중이었다. 그녀는 지도를 다시 한 번 돌렸다. 수초간의 침묵이 흐른 뒤, 레이가 입을 열었다.

"지도를 자꾸만 돌리지 마!"

그가 날카로운 목소리로 말했다.

"하지만 현재 진행 방향과 일치시키려면 아무래도 지도를 이렇게 돌려야…" 루스는 그렇게 말하다가 말끝을 흐린다.

"그건 알겠어. 하지만 그렇게 거꾸로 들고서 어떻게 지도를 읽는다는 거야?" 레이가 소리쳤다.

"지도를 진행 방향과 일치시키는 게 뭐가 어때요? 이렇게 하면 지도하고 도로 표지판하고 일치가 되잖아요!" 루스도 화난 듯 언성을 높이며 말했다.

"그럼, 그렇게 거꾸로 들고서 글자는 어떻게 읽어? 만약 거꾸로 읽어야 한다면 당연히 지도도 거꾸로 인쇄가 되어 있었겠지. 그렇지 않아? 자, 그런 엉뚱한 얘긴 그만두고 어디로 가야 하는지 말해줘!"

"쳇, 내가 목적지를 못 찾아낼 줄 알아!"

루스가 씩씩거리며 대답한다. 그러더니 그녀는 지도를 남편에게 확 집어던지며 소리쳤다.

"당신이 직접 보면 되잖아!"

이러한 부부의 대화가 당신에게 상당히 낯익은 것처럼 들리는가?

이것은 이미 수천 년 전부터 남녀 간에 벌어졌던 흔해 빠진 이야기의 재탕이다. 11세기에 레이디 고다이바는 알몸으로 말을 타고 코벤트리 거리를 달려갈 때 길을 잘못 들었고, 줄리엣은 로미오와 처음 데이트를 한 다음 집으로 돌아가는 도중에 길을 잃었고, 클레오파트라는 해전도 海戰圖를 읽으라고 강요하면 거세시켜 버리겠다고 마르쿠스 안토니우스를 위협했고, 서쪽에 사는 사악한 마녀는 종종 동쪽, 북쪽, 남쪽으로 길을 잘못 들었다.

그게 바로 성차별?

지도를 읽고 현재 있는 곳의 위치를 파악하는 것은 공간 지능을 필요로 한다. 두뇌 스캐닝에 의하면, 남자의 우뇌 앞쪽에 위치한 공간 지능은 남자의 가장 강력한 능력 중 하나이다. 이 지능은 오래전부터 개발되었고, 그 덕분에 사냥꾼이었던 남자들은 사냥감의 속도, 움직임, 거리를 측정할 수 있었다. 뿐만 아니라 목표물을 잡기 위해 얼마나 빨리 달려가야 하는지 파악할 수 있었다. 또 돌이나 창으로 먹이를 죽이는 데 필요한 힘이 어느 정도인지 미리 헤아릴 수도 있었다.

여자의 경우 공간 지능이 뇌의 양쪽에 분포되어 있지만 그 위치가 구체적으로 드러나지 않는다. 그래서 여자의 약 10퍼센트만이 남자들처럼 우수한 공간 지능을 갖고 있다.

| 약 90퍼센트의 여자가 제한된 공간 지능을 갖고 있다.

일부 사람들에게는 이런 연구 결과가 성차별적으로 보일 것이다. 남자들의 뛰어난 힘과 능력만 언급하고 있고 또 생물학적 견지에서 남자들에게만 일방적으로 유리한 활동과 직업을 언급하니까. 하지만 우리는 여자가 더 뛰어난 분야를 나중에 살펴보게 될 것이다.

남자는 행동하는 먹이 추적자

공간 지능은 머릿속에서 물건의 형체, 차원, 좌표, 비율, 움직임, 지리 등을 상상하는 능력이다. 또한 물체의 공간 속 회전을 상상하는 것, 장애물을 피하면서 앞으로 나가는 것, 3차원적 관점에서 물건을 보는 것 등도 공간 지능에 들어간다. 공간 지능의 목적은 목표물의 움직임을 미리 파악하여 그 목표물을 제때에 공격하는 것이다.

아이오와 주립대학의 심리학 교수인 카밀라 벤보는 인간의 공간 지능을 측정하기 위하여 백만 명 이상의 소년과 소녀들을 상대로 두뇌 스캐닝을 했다. 그리하여 남녀 차이는 이미 4세 무렵부터 뚜렷해진다는 결과를 보고했다. 벤보 교수는 또한 이런 사실을 발견했다.

여자아이들은 머릿속에서 2차원적으로 사물을 보는 데 뛰어나고, 남자아이들은 3차원(깊이)을 보는 능력이 뛰어나다. 3차원 비디오 테스트 결과, 남자아이들의 공간 지능은 4 대 1의 비율로 여자아이들을 앞섰고, 학급 내에서 공간 지능이 가장 뛰어난 여학생도 공간 지능이 가장 낮은 남학생을 따라가지 못했다. 남자의 경우, 우뇌 앞쪽에서 공간 지능을 담당하는 특정 영역 네 군데가 발견되었다.

여자의 두뇌에 공간 지능을 담당하는 특정 위치가 없다는 것은 대부분의 여자들이 공간 관련 업무에서 저조한 실적을 내게 된다는 뜻이다. 대부분의 여자는 공간 관련 활동을 즐기지 않으며, 그래서 공간 지능을 필요로 하는 직장이나 오락을 추구하지 않는다.

뇌에 공간 지능을 담당하는 특정 위치가 있는 남자들은 공간 관련 활동을 잘한다. 그리하여 공간 관련 직업이나 스포츠를 추구하게 된다. 이 공간 지능 담당 위치 덕분에 남자들은 이러한 문제 해결 능력이 우수하다.

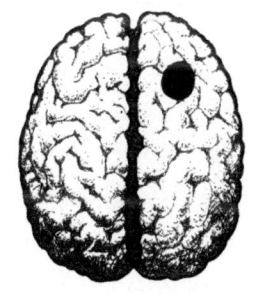

남자 두뇌의 시각-공간 지역의 위치

여자들은 왜 공간 지능이 탁월하지 못할까?

그것은 동물을 쫓아다니면서 먹이를 얻거나 집으로 돌아가는 길을 찾아내는 것 등이 그들의 임무가 아니었기 때문이다. 바로 이런 이유로 많은 여자들이 지도를 읽거나 도로 안내판을 보는 것을 잘하지 못한다.

> 여자들은 남자를 뒤쫓는 것 말고는 뒤쫓는 행위를
> 별로 하지 않았기 때문에 우수한 공간 지능을 갖추지 못했다.

남자가 공간 지능이 뛰어나다는 사실을 입증해주는 과학적 연구는 수천 건이 넘는다. 남자들이 사냥꾼으로 진화해왔다는 사실을 감안하면 이것은 그리 놀라운 일이 아니다. 그러나 현대의 남자들은 더 이상 먹이를 찾아 들판을 헤매지 않는다. 오늘날 남자들은 골프, 컴퓨터 게임, 축구, 다트(화살 던지기), 기타 추적놀이와 겨냥놀이를 하면서 자신의 공간 지능을 발휘한다. 그러나 대부분의 여자들은 다트를 아주 따분한 놀이라고 생각한다. 그러나 여자들도 이런 게임을 잘하게 해주는 우뇌 지역을 갖고 있다면 이 게임을 즐길 뿐만 아니라 또 이길 수도 있을 것이다.

남자들은 다른 사람이 공으로 목표물을 맞히는 걸 보는 것도 아주 좋아한다. 그리하여 골프 선수, 축구 선수, 농구 선수, 테니스 선수 등이 이 세상에서 가장 높은 수입을 올리는 사람 중의 하나가 되었다. 그러니 이제 남들의 존경을 받기 위해 반드시 대학을 졸업해야 할 필요도 없다. 속도, 거리, 각도, 방향을 정확하게 측정할 수 있으면 그것만으로도 충분한 것이다.

왜 남자들은 방향감각이 좋을까?

공간 지능 덕분에 남자들은 머릿속에서 지도를 회전시킬 수가 있고, 어느 방향으로 가야 되는지 금방 짚어낼 수 있다. 한 번 갔던 곳을 나중에 다시 가야 할 일이 생기면, 남자들은 지도가 필요 없다. 그의 두뇌 중 공간 지능을 담당하는 영역에 이미 정보가 저장되어 있기 때문이다.

대부분의 남자들은 북쪽으로 향해 차를 몰고 가면서 지도를 보아도 자기가 이제 남쪽으로 가야 한다는 것을 안다. 마찬가지로, 남자들은 지도를 한 번 보고서 기억에 의거하여 방향을 잡아나갈 줄 안다. 연구 결과에 의하면, 남자의 두뇌는 방향을 바꿀 때 자동적으로 속도와 거리를 측정한다. 대부분의 남자들은 창문이 없는 낯선 방에 들어가 있어도 북쪽이 어디인지를 안다. 먹이 추적자였던 그는 집으로 되돌아가는 길을 늘 마음속에 그리고 있었기 때문에 북쪽이 어딘지 항상 알고 있는 것이다. 이런 방향 감각 덕분에 그는 살아남을 수 있었다.

> 대부분의 남자들은
> 아주 낯선 곳에 와 있어도 북쪽을 가리킬 수 있다.

예를 들어 스포츠 경기장에 와 있다고 생각해보라. 대부분의 남자들은 음료수를 사기 위해 좌석을 떠났다가도 금방 자기의 좌석을 찾아서 되돌아온다. 전 세계 어느 도시를 가도, 네거리에 서서 지도를 이리 돌리고 저리 돌리며 난감한 표정을 짓고 있는 여성 여행자를 만날 수 있다.

또 쇼핑센터의 다층 주차 빌딩을 가보라. 그러면 차를 주차해놓은 곳을 제대로 찾지 못해 쩔쩔 매는 여성 운전자를 얼마든지 만날 수 있다.

왜 남자아이들은 게임방에 자주 갈까?

게임방이나 핀볼 가게에 가보라. 그곳에는 자신의 공간 지능을 활용하며 게임을 즐기는 십대 소년들이 가득 들어차 있을 것이다. 자, 그러면 이제 공간 지능의 문제를 집중 조명하고 있는 과학연구 보고서들을 살펴보기로 하자. 이런 연구들은 3차원 기계장치의 조립을 매개로 하여 공간 지능을 살펴보았다.

예일대학의 한 연구는 여자들 중 22퍼센트만이 이런 일(기계장치의 조립)을 남자들처럼 잘할 수 있다고 보고했다. 또 남자의 68퍼센트는 서면 지시서를 보고서 단 한 번에 VCR이나 기타 유사 장비를 작동시킨 반면, 여자는 16퍼센트만이 그렇게 할 수 있었다. 남자아이들은 오른쪽 눈을 가리고 조립 작업을 했을 때, 더 성과가 좋았다. 왼쪽 눈으로 정보를 수집하면 공간 지능이 위치한 우뇌에 직접 정보가 전달되기 때문이다. 반면 여자아이들은 어느 쪽을 가려도 별반 차이가 없었다. 여자의 두뇌는 양쪽을 이용하여 문제를 해결하려 들기 때문이다. 바로 이런 이유 때문에 여자들은 엔진 기계공, 엔지니어, 비행기 조종사가 되지 못하는 것이다.

카밀라 벤보 교수와 그녀의 동료인 줄리안 스탠리는 한 무리의 영재들을 측정한 결과, 남자아이들이 여자아이들에 비해 13 대 1의 비율로 수학을 더 잘하는 것을 발견했다. 남자아이들은 2차원 평면도를 보고서 블록 빌딩을 구축하는 일을 여자아이들보다 훨씬 잘했고, 각도도 정확하게 측정했으며, 평평한 표면이 일직선인지도 금방 알아보았다.

이처럼 저 원시시대의 사냥꾼 능력을 그대로 간직하고 있기 때문에 남자들은 건축, 화학, 건물, 통계 등의 분야를 장악하게 되었다. 남자아이들은 손과 눈의 통합조정 능력이 뛰어났기에 공놀이도 잘한다. 그러므로 당연히 크리켓, 축구, 미식축구, 농구, 기타 목표물의 거리를 측정하여 공을 던지는 놀이를 좋아한다. 또 그 공간 지능의 우수함 덕분에 전 세계의 게임 방, 핀볼 가게, 스케이트보드 링크 등은 남자아이들로 넘쳐나는 데 비해 여자아이들은 별로 없는 것이다. 이런 장소에 나오는 여자아이들은 대부분 남자아이들의 시선을 끌기 위한 것이 주목적이지, 게임을 하려는 것은 아니다. 십대 소녀들이 이처럼 남자아이들의 관심을 끌려고 하지만 남자아이들은 게임에 더 정신이 팔려 있는 것이다.

남자아이의 두뇌는 다르게 발달한다

남자아이와 여자아이를 둔 부모는 남자아이의 발달 속도가 여자아이와는 아주 다르다는 것을 발견한다. 남자아이의 우뇌는 좌뇌보다 훨씬 빠르게 발달한다. 우뇌 안에서는 활발한 연결망이 형성되지만 정작 좌뇌와는 별로 연결되지 않는다. 여자아이의 경우, 양쪽 뇌가 일정한 속도로 균형 있게 발달하여 훨씬 다양한 능력을 부여받는다. 우뇌와 좌뇌가 두터운 뇌들보에 의해서 연결되어 있기 때문에, 양손잡이는 남자보다 여자에게서 훨씬 많이 나타난다. 그리고 많은 여자들이 왼쪽과 오른쪽을 잘 구분하지 못해 애를 먹는다.

남자의 경우, 테스토스테론 호르몬이 우뇌를 크게 발달시키는 반면, 좌뇌의 발달을 억제한다. 이렇게 해서 남자들에게 사냥에 필요한 공간지능을 듬뿍 제공하는 것이다. 5세에서 18세 사이의 아이들을 조사 연구한 결과에 의하면, 남자아이들은 불빛을 움직여 목표물을 맞히는 능력, 불빛을 바닥에 비추어 무늬를 재생해내는 능력, 다양한 3차원 물체를 조립하는 능력, 수학적 추리를 요구하는 문제의 해결 능력 등이 여자아이들보다 뛰어났다. 이런 모든 능력은 80퍼센트의 남자와 소년들의 우뇌에 위치하고 있다.

다이애나와 부엌 가구

이삿짐 트럭이 다이애나의 새집에 들어갈 가구를 부려놓자, 그녀는 줄자를 가지고 가구의 길이를 재기 시작했다. 그 가구들이 의도한 공간에 제대로 들어갈 수 있을지 미리 확인하기 위해서였다. 그녀가 거실 찬장의 길이를 재고 있는데, 14세 된 아들 클리프가 다가와서 말했다.

"엄마, 그건 안 돼요. 그 가구는 저기다가 넣을 수 없을 거예요. 너무 커요."

다이애나는 공간을 재어보았다. 그랬더니 아들 클리프의 말이 맞았다. 아들은 어떻게 거실 공간과 가구를 딱 한 번 보고서 들어갈지 안 들어갈지 알았을까? 다이애나는 의아한 생각이 들었다. 자, 클리프는 그걸 어떻게 알았을까? 그는 자신의 타고난 능력인 공간 지능을 활용했던 것이다.

공간 지능 테스트

미국의 과학자 웩슬러는 공간 테스트와 관련된 남녀 차이를 제거한, 일련의 IQ테스트를 만들어냈다. 원시부족의 주민부터 거대도시의 시민에 이르기까지 전 세계 문화권의 구성원들을 테스트한 결과, 웩슬러 박사는 다른 연구자들과 마찬가지로 이런 결론에 도달했다. 즉 여자가 남자에 비해 두뇌의 크기가 약간 작지만 일반 지능에 있어서는 3퍼센트 정도 더 우수하다는 것이다. 그러나 미로 수수께끼의 해결에 관해서는 남자가 여자보다 압도적으로 잘했다. 그리하여 높은 점수를 얻은 사람들 중 92퍼센트가 남자였고 여자는 겨우 8퍼센트에 불과했다. 이러한 결과는 그 어떤 문화권이든 동일했다.

비판가들은 이렇게 말할지도 모른다. 여자들은 너무 지능적이기 때문에 바보 같은 미로 수수께끼 게임에는 별 흥미가 없다고. 그러나 이런 비판에도 불구하고 위의 사실은 남자의 우수한 공간 지능을 분명하게 보여준다.

다음의 공간 테스트는 플리머스 대학에서 개발한 것으로써 조종사, 항법사, 공항 관제사 등을 선발할 때 직업적성 테스트용으로 쓰이는 것이다. 이 테스트는 2차원 정보를 이용하여 마음속에서 3차원 대상을 만들어내는 능력을 측정하는 것이다.

테스트 1은 종이 상자를 접는 문제이다. 연결된 라인을 따라 종이를 접으면 겉면에 그림이 그려진 입방체를 만들 수가 있다. 자, 표시가 있는 부분이 오른쪽에 위치하고 검은 동그라미가 왼쪽에 위치하게끔 입방체를 만든다면 최종 모습은 A, B, C, D중 어떤 것이 될까? 지금 즉시 이 문제를 풀어보라.

이 테스트는 이 그림을 3차원으로 상상하여 마음속에서 그 물체를 돌려가며 정확한 각도를 잡도록 요구한다. 이것은 지도나 도로 안내판을 읽는 것, 비행기를 착륙시키는 것, 물소를 뒤쫓는 것과 동일한 기능이다.

정답은 A이다. 자, 다음은 좀 더 더 정교한 공간상의 회전을 요구하는 복잡한 문제이다.

동물학자들이 테스트해본 결과, 포유류 수컷은 암컷보다 공간 지능

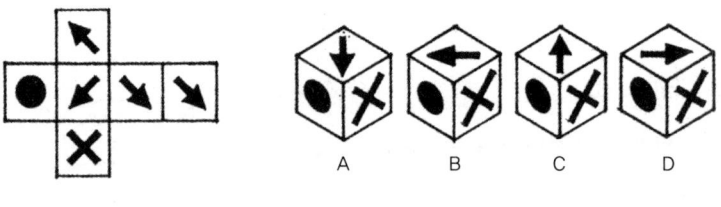

테스트1   테스트1의 가능 답안

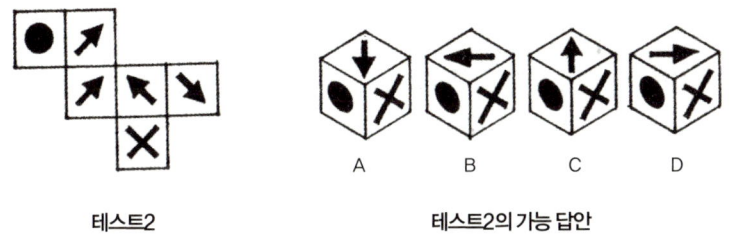

테스트2   테스트2의 가능 답안

이 뛰어났다. 숫쥐는 암쥐에 비해 미로를 빠져나가는 능력이 뛰어났다. 수코끼리는 샘물의 위치를 발견하는 능력이 암컷보다 우수했다.(테스트 2의 정답은 C이다.)

여자는 어떻게 길을 찾는가?

"남자들이 지도를 그런 식으로 만들지 않았다면 우리가 지도를 거꾸로 들고 보는 일도 없을 거예요."

많은 여자들이 터트리는 불평의 말이다.

그러나 영국 지도제작 협회는 회원의 50퍼센트가 여자이며, 또 지도를 디자인하고 편집하는 사람의 50퍼센트가 여자라고 보고했다. 영국의 우수한 지도제작자인 앨런 콜린슨은 이렇게 말했다.

"지도 디자인은 2차원 작업이기 때문에 이 일은 여자들도 남자만큼 잘합니다. 여자들이 제일 어렵게 생각하는 문제는 지도를 보면서 직접 어떤 장소를 찾아가는 일이지요. 이 경우에는 3차원 투시를 할 수 있으면 쉽게 길을 찾습니다. 나는 3차원 투시 지도를 만들고 있어요. 이 지도에는 나무, 산 기타 지형지물이 등장하지요. 여자들이 이런 지도를 보며 길을 찾아가게 되면 훨씬 빨리 목표물을 찾습니다. 우리가 테스트 해본 결과, 남자들은 자신의 마음속에서 2차원 지도를 3차원 지도로 바꾸어놓는 능력이 뛰어납니다. 하지만 대부분의 여자는 그렇게 하지 못하는 것 같습니다."

> 여자들은 3차원 투시 지도를 사용하면
> 길을 찾아가는 능력이 극적으로 높아진다.

또 다른 흥미로운 발견사항으로는 이런 것이 있다.

남자들은 특정 지점에서 새로운 방향을 구두로(말로) 설명해주는 여행 테스트에서도 높은 점수를 얻었다. 그러나 여자들은 구두지시를 받을 때는 테스트 성적이 아주 저조했다. 남자들은 소리 신호를 받아들여서 정확한 방향과 도로를 지시하는 3차원 지도를 마음속에서 신속히 그려낼 수 있다. 이에 비해 여자들은 3차원 투시 지도를 갖고 있을 때, 훨씬 빨리 길을 찾았다.

북쪽을 알 수 없을 때에는

호주의 항해사 케이 코티는 혼자서 보트를 타고 세계를 일주한 최초의 여성이다. 이 정도의 업적을 달성한 여성이라면 적어도 진행 방향만큼은 훤히 알고 있으리라 생각되지만, 실은 그렇지 않은 것으로 밝혀졌다.

최근의 한 모임에서 그녀는 자신도 거리 안내책자를 읽는 데 어려움을 느낀다고 말했다. 우리는 깜짝 놀라며 이렇게 물었다.

"그런데 어떻게 세계 일주를 했습니까?"

"그건 항해하는 거니까 사정이 달라요. 컴퓨터에 프로그래밍을 잘해 넣으면 그게 계속 진행 방향을 가르쳐줘요. 바다를 보면서 '자, 이제 왼쪽으로 가야겠는데…'라고 말할 필요는 없었던 거지요. 이에 비해 도로 안내책자는 직관적인 거예요. 어디로 가야하는지 '감'으로 알아 맞춰야 하는 거죠. 그래서 나는 낯선 도시에 가면 늘 택시를 잡습니다. 몇 번 렌터카를 이용하기도 했지만 그때마다 길을 잘못 들었어요."

보트로 세계 일주를 한 게이 코티는 컴퓨터의 도움이 없었더라면 바다에서 길을 잃어버릴 수도 있었다. 하지만 그녀는 타고난 결단력, 기획력, 용기를 발휘하여 세계 일주에 성공한 것이다. 그러니 설혹 도로 안내 지도를 제대로 읽지 못한다고 해도 실망할 것 없다. 지도를 잘 읽는 사람과 기타 필요한 장비를 동원하면 얼마든지 별 어려움 없이 목적지까지 갈 수가 있다.

날아다니는 지도

우리는 각종 세미나에 참석하기 위해 1년에 아홉 달 정도 전 세계로 여행을 다닌다. 그래서 렌터카를 타고 돌아다니는 경우가 많다. 바바라보다 공간 지능이 뛰어난 앨런이 주로 운전을 하고 바바라는 길 안내역을 맡는다. 바바라는 길 안내 능력이 거의 없기 때문에 그녀와 앨런은 지난 여러 해 동안 외국 여행을 다니면서 싸우기도 많이 싸웠다. 화가 난 바바라가 길 안내책자와 지도를 앨런에게 집어던진 적이 한두 번이 아니다. 어떤 때는 너무 화가 난 그녀가 지도를 내팽개치고 "그렇게 잘난 당신이 직접 읽으시지!"라고 말하며 차에서 내린 적도 있다. 그럴 때면 그녀는 버스나 기차를 타고 왔다.

> 바바라 피즈는 방향감각이 없고
> 앨런 피즈는 서랍에 든 양말을 제대로 찾지 못한다.

다행스럽게도 우리는 공간 지능을 연구하면서 왜 이런 문제가 발생하는지 그 배경을 알게 되었다. 그것은 결국 여자의 공간 지능이 남자보다 떨어진다는 사실로 귀착되는 것이었다. 그래서 오늘날, 앨런은 차를 몰고 나서기 전에 미리 지도를 읽어둔다. 바바라는 지도를 읽을 필요 없이 앨런이 놓치는 풍경의 인상적 특징들을 얘기해준다. 그래서 두 사람은 여전히 행복한 부부로 남아 있다. 또 날아다니는 지도가 그들 옆을 지나가는 자동차에게 안전사고의 빌미가 되는 일도 없어졌다.

거꾸로 된 지도

1998년 영국에서, 존과 애슬리 심스는 양방향 지도를 펴냈다. 북쪽을 향해갈 때 사용하는 표준지도와 남쪽을 향해갈 때 쓰는 거꾸로 된 지도, 이렇게 두 가지를 실은 것이다. 그들은 한 일간지의 주말 섹션에 회신하는 100명의 독자들에게는 선착순으로 양방향지도를 무료 제공하겠다는 광고를 실었다. 그들은 1만 5000명이 넘는 여자들로부터 회신을 받은 반면, 남자 회신자는 몇 명에 불과했다. 그들이 우리에게 말한 바에 의하면, 남자들은 거꾸로 된 지도를 무의미한 것 혹은 장난으로 생각한다는 것이다. 그러나 여자들은 강한 인상을 받았다. 왜냐하면 공간상의 회선을 불필요한 것으로 만들어주었기 때문이다.

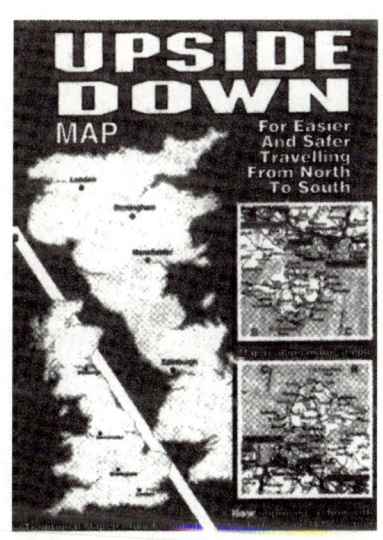

BMW는 최초로 전 세계 방위표시 체계GPS : Global Positioning System라는 시각 항법 장치를 자사 승용차에다 부착했다. 이 장치의 이미지는 자동적으로 차의 진행 방향에 따라 거꾸로 떠오르게 되어 있다. 당연히 이 BMW 차는 여자들에게 커다란 사랑을 받았다.

마지막 테스트

이 테스트는 영국의 인간 자원 연구회사인 새빌 앤 홀즈워드가 개발한 것으로, 항공 관제사 등의 직종에 취업원서를 낸 사람들의 공간추리 능력을 검사하는 테스트이다. 이 문제를 3분 이내에 풀지 못하면, 당신은 탈락이다. 이것은 앞에 나온 두 테스트보다 훨씬 어렵다. 만약 당신이 남자라면 이 문제는 우뇌의 앞쪽 온도를 상승시킬 것이다.

이 테스트에서는 하나의 그림이 주어진다. 이 그림은 여러 면을 평면으로 펴놓은 것인데, 연결된 부분을 접으면 3차원의 상자가 된다. 이 그림을 접을 경우, 문제 1, 2, 3, 4의 A, B, C, D 중 어떤 꼴이 되는지 파악하여 해당 꼴에 동그라미를 치는 것이다. 만약 어떤 꼴도 만들어지지 않는다고 생각하면 동그라미를 칠 필요가 없다.

3분 이내에 이 문제의 정답을 모두 맞힌 사람은 대부분 남자였다. 건축기사나 수학자같이 3차원 직업을 가진 사람들이 잘 맞추었다. 이제 당신은 왜 항공 관제사의 94퍼센트가 남자인지 이해할 것이다. 대부분의 여자는 이런 유형의 문제를 시간 낭비라고 생각한다. 하지만 단 9초

1

A B C D

2

A B C D

3

A B C D

4

A B C D

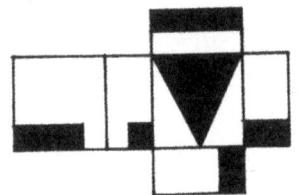

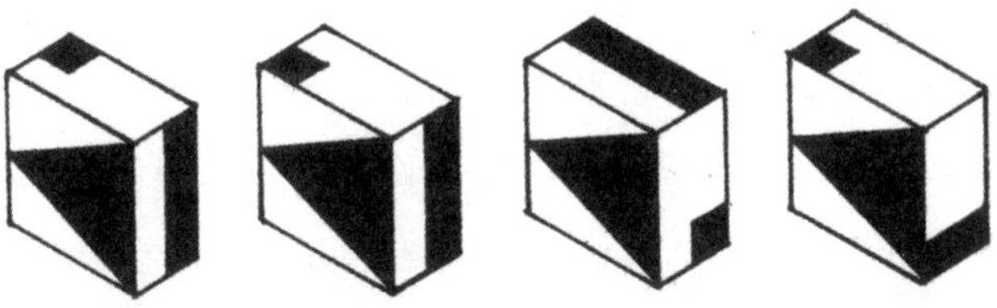

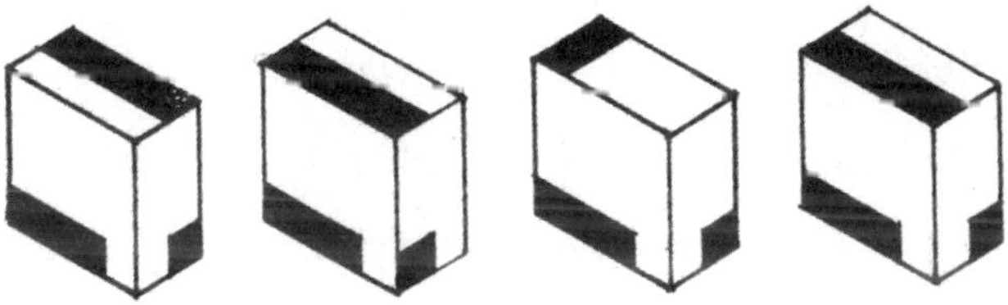

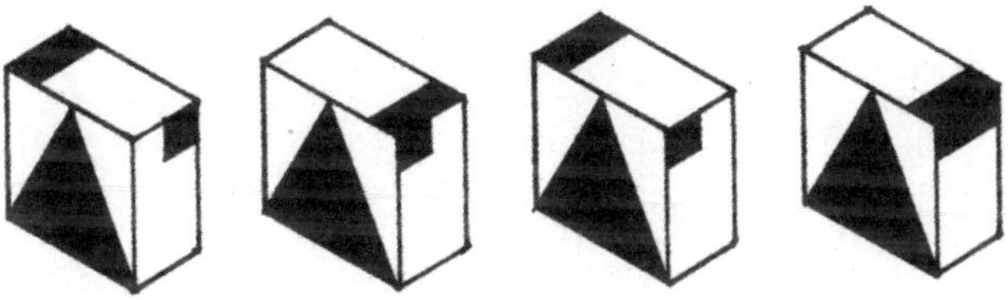

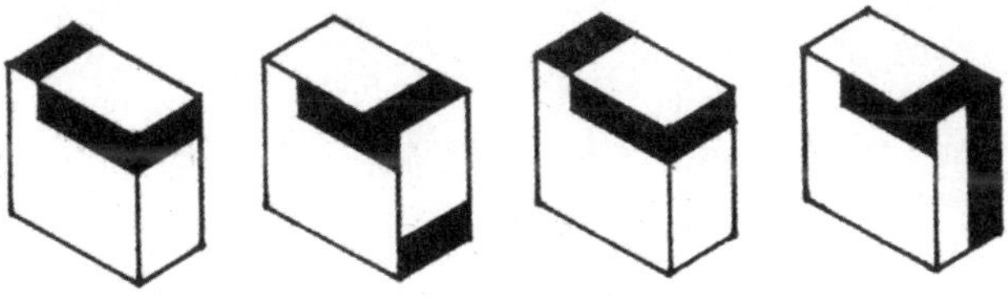

만에 이 문제의 정답을 모두 맞춘 여자도 있었다. 그녀의 직업은 보험 계리인이었다.(정답은 1(B), 2(D), 3(C), 4(없음)이다.)

말다툼을 피하려면

남자들은 구불구불한 길을 빨리 달리기 좋아한다. 자신의 공간 지능을 발휘하여 기어 변속, 클러치와 브레이크의 조합, 코너 돌기에 필요한 속도, 각도, 거리 등, 이 모든 것을 재빨리 계산할 수 있기 때문이다.

현대의 남성 운전자는 운전대에 앉아서 아내에게 지도를 건네주며 길을 일러달라고 말한다. 공간 지능이 제한되어 있는 그녀는 지도를 받아 놓았을 뿐, 그 지도를 공연히 이리저리 돌리면서 불안해한다. 두뇌에 지도를 읽는 특정 영역이 없기 때문에 손바닥에 놓인 지도를 자꾸만 돌리게 된다. 그러나 대부분의 남자들은 이런 사실을 이해하지 못한다. 여자가 차의 진행 방향으로 지도를 돌려놓는 것은 그녀의 입장에서는 아주 타당한 것이다. 따라서 말다툼을 피하고 싶은 남자는 여자에게 지도를 읽어달라고 요구하지 말아야 한다.

> 행복한 부부생활을 영위하는 방법,
> 아내에게 지도나 도로 안내책자를 읽어달라고 하지 말자.

좌뇌와 우뇌 양쪽에 공간 지능의 위치를 갖고 있는 것은 여자의 언어 기능에 방해가 된다. 그래서 여자에게 거리 안내지도를 주면 그녀는 말을 멈추고 계속 지도를 손 위에서 돌리게 된다. 그 지도를 남자에게 줘 보라. 그러면 그가 계속 말을 한다는 것을 발견하리라. 그러나 남자는 라디오를 먼저 끈다. 지도를 보는 기능과 라디오를 듣는 기능을 동시에 운영하지 못하기 때문이다. 그래서 남자는 거실의 전화벨이 울리면 자기가 전화를 받는 동안 모두들 조용히 있으라고 소리치는 것이다.

여자들은 좌뇌만을 이용하여 수학 문제를 푼다. 이 때문에 여자는 계산하는 속도가 느리다. 또 이것은 많은 여자들이 소리를 크게 내면서 수학 문제를 푸는 현상을 설명해준다. 그래서 전 세계 남자들은 신문을 보려다 말고 이렇게 소리치는 것이다.

"쥼, 머릿속으로 계산할 수 없어! 도대체 집중을 할 수가 없잖아!"

운전 중에 벌어지는 부부싸움을 피하려면

아내에게 자동차 운전을 가르쳐주려고 하는 남편은 그게 이혼법정으로 가는 길임을 알아야 한다. 전 세계의 남자들은 아내에게 동일한 지시사항을 내린다.

"왼쪽으로 돌아… 속도를 늦춰!… 기어를 바꿔… 행인들을 잘 살펴봐… 정신을 집중해… 소리치지 마!"

남자에게 운전은 차를 몰고 가면서 자신의 공간 지능을 얼마나 잘 발휘할 수 있느냐의 문제가 된다. 그러나 여자에게 운전의 목적은 A라는 지점에서 B라는 지점으로 이동하는 것을 의미할 뿐이다. 아내가 운전하는 차를 얻어 탄 남자는 눈을 질끈 감고 라디오 소리를 높인 뒤 일체 논평을 하지 않는 것이 가장 좋은 전략이다. 왜냐하면 전반적으로 볼 때, 여자가 남자보다 더 안전하게 운전하기 때문이다. 아내는 착실히 남편을 목적지까지 데려다준다. 단지 시간이 평소보다 더 걸린다는 것만이 좀 불편할 뿐이다. 그것만 의식하지 않는다면 남편은 편안하게 살아서 목적지까지 도착할 수가 있다.

여자는 남자의 난폭한 운전을 비난한다. 자신의 공간 지능만 믿고 여자가 보기에는 위험스러운 결정과 판단을 내리기 때문이다. 만약 남자가 무사고 기록을 갖고 있다면, 여자 역시 느긋하게 앉아서 비판하지 않는 것이 상책이다. 그냥 남자가 하고 싶은 대로 내버려두는 게 좋다.

빗방울이 단 한 방울이라도 차창을 때리면 여자들은 당장 와이퍼를 작동시킨다. 남자들은 여자의 이런 태도를 이해하지 못한다. 남자의 논리적인 두뇌로는 차창에 일정한 양의 빗물이 고일 때까지 기다렸다가 와이퍼를 움직여야 한다. 바꾸어 말하면 그는 이때 공간 지능을 발휘하는 것이다. ·

여자의 돈주머니를 여는 방법

여자에게 "북쪽으로 가라"라든지 "서쪽으로 5킬로미터를 가라" 같은 방향지시를 하지 말라. 이것은 나침반을 읽어내는 능력을 필요로 하는 주문이므로 당연히 여자들은 이해하지 못한다. 그 대신 지형지물을 이용한 방향지시를 하라.

"맥도날드를 지나서 국립은행 간판이 건물 꼭대기에 설치되어 있는 건물 쪽으로 가세요."

여자들은 주변 시야가 넓기 때문에 이런 주문을 잘 소화한다. 전 세계의 건축업자와 건축사들은 여성 결정권자에게 2차원 평면도와 청사진을 제시했기 때문에 수백만 달러의 사업 건수를 놓쳐버렸다. 남자의 두뇌는 평면도를 재빨리 3차원으로 변형하여 완공된 건물의 모습이 어떠리라는 것을 쉽게 상상한다. 그러나 여자들에게 평면도는 무의미한 줄과 선의 집합일 뿐이다. 여자들에게 아파트나 집을 판매하려면 마땅히 3차원 투시 모델이나 컴퓨터 이미지가 있어야 한다. 이런 입체적 정보를 제공하면 여자들은 지도를 들여다볼 때 바보가 된 느낌을 받지 않는다. 지도는 남자들에게나 주라. 그 지도를 읽는 것은 남자들의 일이다.

남자는 주변의 흥미로운 지형지물을 자상하게 말해주는 여자의 설명을 들으며 운전하는 것이 한결 마음 편하다. 당신도 알다시피, 남자는 여자에 비해 언어 능력이 열등하다. 따라서 그에게 탁월한 운전 능력이 있다는 것은 적당한 균형책인 것이다. 그래서 결론은 이렇게 된다.

남자는 새 여자친구의 집까지 가는 길은 귀신같이 찾아낸다. 하지만 막상 그곳에서 여자친구를 만나면 그 다음부터는 할 말이 없다.

평행 주차의 고통

도로면에 평행하게 주차되어 있는 차들을 보면, 당신은 어떤 차를 여자가, 또 어떤 차를 남자가 주차했는지 구분할 수 있는가?

영국의 한 운전학원이 실시한 조사에 의하면, 영국 남자들은 평행 주차시 평균 82퍼센트의 정확성을 보이고, 또 71퍼센트의 남자들이 첫 번째 시도에서 차를 평행 주차시킬 수가 있다. 여자의 평균 정확도는 22퍼센트이고, 첫 번째 시도의 성공률은 23퍼센트였다. 싱가포르에서 실시된 유사한 조사에서, 남자들은 66퍼센트의 정확도에 68퍼센트의 1차 시도 성공률을 보였다. 여자의 경우 정확도는 19퍼센트였고 1차 시도 성공률은 12퍼센트였다.

이러한 조사의 결론은 이렇다.

만약 운전자가 싱가포르 여자라면 재빨리 길에서 비켜나는 것이 좋다!

가장 주차 실력이 좋은 사람은 독일 운전자로, 그들은 1차 시도 성공률이 88퍼센트였다. 운전학원에서 주차 테스트 자료에 의하면, 학원 수강 시에 여자들이 남자들보다 후진 주차 성공률이 더 높았다. 하지만 여자들은 그 후 실제 상황에서는 후진 주차 성적이 남자보다 저조하다. 이것은 왜 그런가 하면, 여자들은 어떤 과제를 학습하여 그것을 성공적으로 반복하는 일은 남자들보다 잘하기 때문이다. 단 이 경우, 그 학습의 환경이나 조건이 일정해야 한다. 그러나 실제 운전 상황에서는 상황에 따라 주차 데이터가 달라진다. 따라서 그때그때 적절히 대응할 수 있어야 하는데, 남자의 공간 지능이 이런 일에는 훨씬 더 적합한 것이다.

대부분의 여자들은 비좁은 데다 평행 주차를 하느니, 좀 더 널찍한 공간에다 주차하고 목적지까지 걸어오는 것을 더 좋아한다.

> 만약 여자들이 지방자치단체를 운영한다면,
> 후진 주차와 평행 주차는 금지될 것이다.

최근 들어 많은 지방자치 단체들이 완전 후진 주차보다 45도 사선 주차를 도입하고 있다. 이렇게 주차를 하면 운전자들이 주차장에서 차를 뺄 때 곧바로 전진할 수 있기 때문이다. 하지만 불운하게도 이런 조치가 여사들의 후진 주차 고민을 별로 덜어주지 못했다. 45도 사선 주차라고 해도 여전히 각도와 거리를 재야 하기 때문이다.

우리는 사선 주차를 도입한 20여 개 지방자치 단체를 조사해보았다. 그랬더니 그 단체의 협의회에는 여성 위원이 단 한 명도 없었다. 위원은 거의, 언제나 남자였다. 만약 그 협의회 위원이 모두 여자라면 후진 주차나 평행 주차는 금지되었을 것이다! 여성 협의회는 그냥 직진하면 되는 스타일의 주차장을 제안했을 것이다. 그렇게 하면 후진할 필요도 없고 각도나 거리를 재야 할 필요도 없는 것이다. 이런 주차장을 설계하면 지금보다 공간을 더 많이 차지하겠지만, 그 대신 접촉 사고는 훨씬 줄어들 것이다.

여자는 잘못 인도되었다!

이런 공간 지능 관련 자료들은 결국 여자에 대해서 무엇을 말해주고 있는가?

선의의 의도를 가진 많은 단체들은 만약 여자들이 남자의 억압과 편견의 사슬로부터 해방되면, 여자가 남성 지배의 모든 직업이나 오락의 정상에 자동적으로 올라갈 것이라고 한다. 하지만 앞으로 살펴보게 되겠지만, 남자들은 공간 지능을 필요로 하는 직업이나 활동에서 거의 독점적인 지위를 누리고 있다. 그러니 수백만의 여자들은 오도誤導된 것이다. 그들은 특정 직업이나 활동에 유리한 자신들의 타고난 성향을 무시하도록 가르침 받고 있는 것이다. 여자들은 두뇌의 지능에 의해 특정 분야에서 자연스럽게 뛰어날 수가 있는데도, 이를 무시하고 있다.

교육 분야의 공간 지능

우리가 지금껏 살펴본 바와 같이, 우리의 생물적 구조는 두뇌 회로와 호환되는 직업, 활동, 오락 쪽으로 우리를 밀어붙이고 있다. 남녀평등의 취업기회를 강조하는 교육 분야를 먼저 살펴보자. 우리는 호주, 뉴질랜드, 영국의 교육 담당 관리들을 인터뷰했다. 그들은 남녀 교사 비율을 50 대 50으로 유지하여 성차별을 철폐했다고 강조했다. 1998년 영국의 경우, 전체 교사의 48퍼센트가 남자이고 52퍼센트가 여자였다. 여자의

과목	교사 수	남자(%)	여자(%)
생물	5100	49	51
상업	6400	50	50
역사	13800	54	46
지리	14200	56	44
사회	11000	52	48
음악	5600	51	49
직업교육	1900	47	53
개인·사회교육	74200	47	53
일반과목	7900	53	47
고전	510	47	53
물리교육	20100	58	42
종교교육	13400	56	44
예술	9400	44	56

1998년 영국의 남녀 교사

과목	교사 수	남자(%)	여자(%)
물리학	4400	82	18
정보기술	10700	69	31
과학	28900	65	35
화학	4600	62	38

공간 지능을 필요로 하는 과목

두뇌는 남자의 두뇌에 비해 교직에 더 알맞다고 할 수 있다. 왜냐하면 여자의 의사소통 능력과 인간 상호관계 능력이 남자보다 우수하기 때문이다. 다음 페이지의 도표는 과목별 남녀 교사의 비율을 보여준다.

이 자료에서 우리는 두 가지 교훈을 얻을 수 있다. 여기에 열거된 학과 목들이 좌뇌나 우뇌의 특별 영역을 필요로 하는 과목이 아니라는 점이다. 높은 공간 지능이 필요하지도 않고 또 좌뇌의 언어 능력이 필요하지도 않다. 따라서 과목별 남녀 교사의 비율은 거의 고르게 분포되어있다.

위의 자료는 공간적으로 사고하는 과목에서는 남자가 압도적으로 많다는 것을 보여준다.

공간 지능이 필요한 직업

다음은 공간 지능이 임무 수행에 필수적이고 또 그런 지능이 없을 경우에 인명에 피해를 줄 수 있는 직업들을 열거한 것이다. 아래 도표의 중요성을 파악하기 위해 당신이 로켓 과학자가 될 필요는 없다. 이 도표는 사냥 능력을 결정짓는 남성의 우뇌와 공간 지능의 관계를 잘 보여준다.

선천적 능력은 아무것도 아니라고 믿는 사람들은 아직도 이렇게 주장한다.

남성의 압제, 남성들의 '남자끼리만' 이란 태도, 전통적인 남성위주의 단체들 때문에 여성들이 그런 직업에서 평등을 획득하지 못했다.

그러나 영국 건축가 연구소는 건축과에 등록하는 여학생이 10퍼센트라고 보고했다. 하지만 정작 졸업 후 실제로 건축가로 활동하고 있는 여학생은 9퍼센트에 불과하다는 것이다. 물론 여기에는 결혼을 하여 전업주부가 된 사람도 있을 것이다. 하지만 그 나머지는 어떻게 된 것인가? 다음으로 회계사 분야를 살펴보자. 현역 영국 회계사 중 17퍼센트가 여성이다. 그러나 당초 회계학 공부를 시작한 여성은 38퍼센트였다.

"왜 비행기 조종사는 여자가 별로 없는 거지요?"

우리는 항공사에 물었다.

"항공학과에 등록을 하지 않아요. 여자들은 비행기를 모는 일에 별로 관심이 없습니다"라고 항공사는 답변했다. 대부분의 항공사 중역들은 비행에서 공간 지능이 중요하다는 것을 몰랐고, 젠더 차이에 대해서 언급하는 것을 곤란하게 생각했다. 조종실 승무원의 90퍼센트가 남자라는 사실이 버젓이 나와 있는데도 묵묵부답이었다.

여기서 한 가지 사실은 분명하다. 여자는 이런 직업에 별로 진출하지 않는다. 아예 초기 과정부터 등록하지 않는다. 여자의 두뇌는 이런 분야에 맞지 않기 때문에 처음부터 흥미를 느끼지 못한다.

직업	인원	남자	여자	남자비 (%)	자료제공
항공 엔지니어	51	51	–	100	안셋 항공사
엔지니어	1608	1608	–	100	엔지니어 협회
자동차 경주	2822	2818	4	99.8	자동차 경주 클럽
핵 엔지니어	1185	1167	18	98.3	핵 엔지니어 협회
조종사	2338	2329	9	99.6	콴타스
	808	807	1	99.9	안셋
	3519	3452	67	98	브리티시 항공
항공 관제사	1360	1274	86	94	민간항공국
드래그카/오토바이 경주	250	234	16	93.6	드래그카 협회
건축가	30529	27781	2748	91	건축가 협회
조종실 승무원	19244	17415	1829	90.5	정부통계
보험계리인	5081	4578	503	90	보험계리인 협회
당구선수	750	655	95	87	당구 협회
회계사	113221	93997	19224	83	회계사 협회

공간 지능을 필요로 하는 직업의 남녀비율
(영국, 호주, 뉴질랜드의 1998년 수치를 종합한 것)

당구와 핵과학

우리는 조사를 해나가는 과정에서 다수의 프로 당구선수들과 대화를 나누게 되었다. "여자 프로 당구선수는 남자처럼 생각하고 행동해요."라고 전 당구 세계 챔피언이 말했다. "그들은 우리들처럼 말을 하고 또 옷을 입습니다. 양복에 나비넥타이를 매지요." 여자 당구선수들은 남자만큼 연습하면 여자도 얼마든지 남자처럼 성적을 올릴 수 있다고 생각했다. 많은 여자들이 남자들의 위압적인 태도가 여자를 억압하는 주된 요인이라고 느꼈다.

"하지만 공간 지능이라는 게 있지 않습니까? 당구공들의 상대적 속도와 각도, 공과 포켓의 거리, 하얀 공을 놓아야 하는 위치 등을 파악하려면 공간 지능이 뛰어나야 할 텐데요."

우리가 물었다.

"그런 얘기는 처음 듣는데요"라고 그들은 대답했다.

그들은 여자 챔피언이 안 나오는 것과 여자 당구선수가 전반적으로 부족한 것은 오로지 남자들의 태도 때문이라고 비난했다.

핵 엔지니어 협회의 한 임원은 우리에게 다음과 같이 말했다.

"우리는 남녀 모두에게 공평한 기회를 제공하고 있습니다. 하지만 채용은 남녀평등이 아니라 실력을 근거로 하고 있습니다."

핵 엔지니어의 98.3퍼센트가 남자이다. 흥미롭게도 핵 엔지니어 협회는 여자 엔지니어가 알파벳을 잘 다루는 반면, 남자 엔지니어는 숫자를 더 잘 다룬다는 사실을 밝혀냈다. 이것은 타당한 얘기이다. 알파벳은 삶, 인간관계, 언어 능력 등에 관련되는 반면, 숫자는 사물들 사이의 공간관계에 더 관련되기 때문이다.

역사를 한번 살펴보라. 장기(체스), 작곡, 로켓 과학 등 공간 지능과 수학적 추론이 요구되는 분야에서 여자의 활동이 두드러진 사례는 별로 없다.

어떤 사람들은 남존여비적인 남자들의 독재가 여자들을 이런 분야로부터 축출했다고 주장하리라. 그러나 오늘날의 남녀평등 기회의 사회를 한번 돌아다보라. 공간 지능이 필수인 분야에서 여자가 남자를 제압한 경우는 아주 드물다. 이것은 왜 그럴까? 그 대답은 여자의 두뇌 회로에 있다. 그들은 남의 둥지를 공격하는 것보다 자신의 둥지를 수호하는 일에 더 관심이 많은 것이다.

여자는 예술적 연수 교식, 인간 자원 및 문학 등 창조적 분야에서 뛰어나다. 이런 분야는 추상적 추론을 필수적으로 요구하지 않는다. 그래서 남자는 장기를 두고, 여자는 춤을 추거나 장식을 하는 것이다.

컴퓨터 산업

컴퓨터 과학은 대체로 수학에 의존하고 있고, 수학은 공간 지능을 필요로 하는 것이기 때문에, 결국 남자들의 지배 영역이라고 할 수 있다. 컴퓨터 과학 중 일부 분야, 가령 프로그래밍이나 사용자-인터페이스 디자인은 수학보다는 인간의 심리를 더 잘 알아야 하기 때문에, 여기에는 여자들이 많이 진출해 있다.

《컴퓨터 분야의 미국 직업여성》이라는 잡지는 여성 인력의 진출현황을 조사했다. 그랬더니 1993년과 1998년 사이에 정보기술 분야의 직장에 들어오는 여자의 숫자가 꾸준히 줄어들고 있는 것을 발견했다. 이 잡지는 그런 감소의 주된 이유로 여자들이 이 분야에 흥미를 잃어 관련 공부를 하지 않는다는 사실을 들었다. 또한 이 연구 조사는 여자들이 직장에서 컴퓨터를 사용하는 빈도가 남자들보다 두 배나 더 높았다고 밝혔다. 84퍼센트의 여자는 컴퓨터를 일하는 수단 혹은 창조적 자유를 제공하는 도구로 보았는데, 이에 동의하는 남자들은 겨우 33퍼센트였다. 나머지 67퍼센트의 남자들은 컴퓨터의 계산 능력보다는 컴퓨터의 기술을 운영하는 행위나 프로그램 및 액세서리를 가지고 노는 행위를 더 중시했다. 그리고 이런 태도에 동의하는 여자는 16퍼센트에 그쳤다.

수학과 회계학

공간 지능 관련 활동이나 직업에 진출하는 남자들은 계속 그 분야에서 활동하면서 그 분야를 지배한다. 물론 이 과목에서의 젠더 격차가 좁혀지고 있기는 하지만, 대부분의 수학 교사는 여전히 남자이다. 1998년 영국 수학 교사의 56퍼센트가 남자인 반면, 여자는 44퍼센트였다.

그렇다면 수학 과목에서 여교사가 늘어나는 현상을 우리는 어떻게 설명해야 할까? 우선 여자가 교직에 잘 맞는다는 적성을 들고 싶다. 그들은 사람들 사이의 상호작용을 중시하고, 집단을 잘 조직하고 또 남자들보다 기본을 충실히 배우고 지키는 일을 잘한다. 여자들은 같은 자료를 반복 학습시키는 일에 능하기 때문에 수학을 포함한 대부분의 과목에서 교직 업무를 잘 수행하고 있다. 바로 이런 이유로 인해, 회계사 분야에서도 여자들의 진출이 눈에 띄게 두드러진다. 회계사의 일은 고객에게 친근하게 대해야 하는 세일즈 역할을 포함하고 있다. 이런 고객 서비스를 앞세울 경우, 회계 기능은 뒷전으로 밀릴 수도 있다. 대형 회계법인에서는 여성 회계사들이 적극적으로 고객 유치활동을 벌이고 있는 것이다. 그리하여 수학적 회계일은 관리부에서 근무하는 젊은 후배 회계사에게 위임한다. 그러나 일의 성격이 공간 지능과 수학적 추론을 필요로 하는 것이라면, 그 분야는 여전히 남자가 압도하고 있다. 가령 보험변리사의 91퍼센트, 모든 엔지니어의 99퍼센트가 남자라는 사실이 이를 잘 증명해준다.

모든 조건이 동일하다면……

호주의 경우, 엔지니어 인력 중에 겨우 5퍼센트만이 여자이다. 그러나 그들은 평균적으로 남자 엔지니어보다 14퍼센트 더 많은 소득을 올리고 있다. 이것은 동일한 공간 지능을 갖고 있을 경우, 여자가 남자보다 일을 더 잘한다는 증거이다. 프로 자동차 경주에서는 자동차가 발명된 이래 여자 챔피언이 단 한 명도 나오지 않았다. 그러나 드래그 레이싱 drag-racing의 경우에는 참가선수와 우승자의 10퍼센트 정도가 여자이다. 왜? 드래그 레이싱은 속도, 각도, 코너, 기어 변속 등의 공간 지능을 필요로 하지 않기 때문이다. 드래그 레이서는 일직선으로 가장 빨리 차를 몰고 가기만 하면 되는데, 특히 초록 신호에 빨리 반응할 수 있어야 한다. 이런 능력은 여자가 남자보다 우수한 것으로 나와 있다.

| 동일한 공간 지능을 갖고 있을 경우, 여자가 남자보다 일을 더 잘한다.

두뇌 회로 테스트 Brain-Wiring Test에서, 대부분의 여자 드래그 레이서는 보통 여자에 비해 남성적 두뇌 성향을 가지고 있는 것으로 나온다. 사정이 이런데도 그들은 여전히 드래그 레이싱의 매력이 관계 지향적인 점에 있다고 한다. 그들은 이렇게 말한다.

"모두들 도와줘요. 그래서 우리는 좋은 친구예요."

하지만 남자 레이서는 다른 생각을 갖고 있다. 그들은 드래그 레이싱의 매력적인 점으로 우승 트로피를 얻는 것, 멋진 자동차 사양 specification을 갖는 것, 그들이 간신히 모면한 자동차 사고에 대해서 허풍떨 수 있는 것 등을 들었다.

남자아이들과 장난감

남자아이들은 장난감을 좋아한다. 바로 이 때문에 모든 특허의 99퍼센트가 남자들이 출원하고 있다. 여자아이들도 장난감을 가지고 노는 것을 좋아하지만, 소녀로 성장하는 열두 살 무렵이면 장난감에 대한 관심이 확 줄어든다. 남자는 비실용적이고, 공간관계적인 장난감에 대한 사랑을 평생 유지한다. 또 장난감을 만들거나 구입하는 데 엄청난 시간을 투입한다. 그들은 소형 포켓 텔레비전, 자동차같이 생긴 휴대용 전화, 컴퓨터와 비디오게임, 디지털 카메라, 복잡한 소형 물건, 목소리로 켰다 끄는 전등, 엔진을 가진 모든 장난감을 좋아한다. 만약 그 장난감이 삐삐거리나, 깜빡거리거나, D셀 배터리가 여섯 개 들어가는 것이라면, 모든 남자들은 사고 싶어 하는 것이다.

여자들은 어떻게 생각할까?

이 책에서 언급한 젠더 차이에 대하여, 페미니스트들과 정치적 균형 운동가들은 말도 안 되는 소리라며 호통을 칠 것이다. 이런 논의가 일상생활의 모든 국면에서 남녀평등을 외쳐온 그들의 주장을 상당 부분 훼손한다고 생각할 것이다. 사회의 편견이 남녀의 고정적 행동 패턴을 강화하고 또 악화하는 것은 사실이지만 이런 고정 패턴(근본적인 불평등)이 그런 차별적 행동의 원인이 되는 것은 아니다. 남녀의 근본적인 생물학적 구조와 두뇌 회로의 차이, 이것이 주된 원인인 것이다.

많은 여자들이 남성 우위의 분야를 정복하지 못했기 때문에 자신을 실패작이라고 생각하고 또 나아가서는 여자 전체를 싸잡아서 실패작이라고 생각한다. 하지만 이것은 전혀 사실이 아니다. 여자는 실패한 것이 아니다. 남성 우세 분야는 남성 두뇌가 더 유리한 분야이기 때문에 그런 현상이 나타난 것이고, 여자들은 단지 구조적으로 그런 분야에 진출하는 것이 불리한 것이다.

> 여자는 실패한 것이 아니다.
> 그들은 남자처럼 되는 일에 실패한 것뿐이다.

여자가 사회에서 성공하지 못했다는 생각은 타당하지 않다. 이런 생각 남자에게 해당되는 성공 기준이 모든 사람에게 적용되어야 한다는 가정 아래에서만 타당한 것이다. 대기업의 회장이 되는 것, 점보제트 비행기를 조종하는 것, 우주왕복선의 컴퓨터를 프로그래밍 하는 것 등이 궁극적인 성공의 기준이라고 말한 사람은 도대체 누구인가?

그건 남자들이다. 그건 그들의 성공 기준일 뿐, 모든 사람의 성공 기준은 아닌 것이다.

공간 지능을 향상시킬 수 있을까?

한 마디로 가능하다. 여러 가지 대안이 있다. 당신은 자연적 진화가 이루어지기를 기다릴 수도 있다. 그리하여 당신의 두뇌 회로가 충분히 준비될 때까지 공간 지능 활동을 계속 연습할 수도 있다. 하지만 이 방법은 굉장히 오랜 시간이 걸린다. 생물학자들은 이 과정이 완성되는 데 몇천 년이 걸린다고 추산한다. 테스토스테론 호르몬을 주입하면 공간 지능을 높일 수가 잇다. 하지만 이것도 흡족한 대안은 아니다. 부작용이 있다. 공격성의 수준이 높아지고, 머리가 벗겨지고, 수염이 나게 되는데, 이런 것들은 여자에게 바람직한 현상이 아니다.

어떤 특정 과제와 관련하여, 연습과 반복을 거듭하면 더 적절한 두뇌 회로를 만들어낼 수 있다. 장난감이 가득 들어 있는 우리에서 자란 쥐들은 그렇지 못한 쥐에 비해 뇌의 부피가 더 크다. 아무것도 안 하기로 작정한 인간은 뇌의 부피를 잃게 되나, 적극적으로 정신적 관심사를 유지한 사람은 원래 수준을 유지하고 때로는 증가시킬 수도 있다. 매일 피아노 연습을 하면 피아노 실력이 좋아지듯이, 지도 읽는 방법을 매일 연습하면 당신의 공간 지능도 향상된다. 하지만 두뇌 회로가 직관적인 피아노 연주에 알맞지 않는 상태라면, 연주자는 일정 수준을 유지하기 위해 많은 양의 규칙적 연습을 해야만 한다. 피아노 연주자나 지도 읽는 사람이 꾸준한 연습을 하지 않는 한, 그런 기술은 금방 퇴보하게 된다. 그래서 원래의 실력을 되찾으려면 타고난 재능이 있는 사람보다 더 많은 시간을 투입해야 한다.

> 여성이 대머리나 턱수염의 위험을 감수해가면서까지
> 공간 지능을 향상시킬 필요는 없을 것이다.

몇 가지 유익한 전략

만약 당신이 아들이나 남편을 둔 여자라면, 그들이 공간 지능은 뛰어나지만 그래도 한 번에 한 가지밖에는 못하는 사람이라는 것을 이해하라. 이렇게 이해하면 여러 모로 유익하다. 대부분의 남자들은 숙제를 하거나, 일기를 쓰거나, 인생을 가지런히 정돈하는 일 등에는 여자의 도움을 필요로 한다. 여자는 타고난 조직 능력을 가지고 있다. 앨버트 아인슈타인은 공간 지능이 뛰어난 천재였지만 다섯 살까지 말도 제대로 하지 못했고 또 조직 능력이나 대인관계의 수완은 별로 없었다. 이것은 그의 부스스한 머리 스타일이 잘 말해주고 있다.

만약 당신이 건물이나 건축 등 공간관계 직업을 가진 남자라면 대부분의 여자가 3차원 투시도를 좋아한다는 것을 이해해야 한다. 따라서 여자를 설득하고자 할 때에는 3차원적으로 나가는 것이 좋다.

> 여자가 어떤 플랜에 동의해주기를 바라고 있는가?
> 그렇다면 그녀에게 그 플랜의 3차원 버전을 보여주라.

엔지니어링이나 보험변리사 등의 공간관계 직업에 여자를 뽑아 쓰려고 하면 이 분야에 적합한 여자는 전체 여성의 약 10퍼센트에 불과하다는 것을 감안하라. 가령, 여자가 전체 인구의 50퍼센트를 차지한다는 사실에 의거하여 필요한 인력을 채용하려 든다면 그것은 무참한 실패작이 될 것이다.

결론

레이와 루스 부부는 이제 여행을 다닐 때도 아주 사이가 좋다. 그는 어느 도로를 타고 갈지 미리 정하고 또 그에 따라 차를 몰고 간다. 루스는 조수석에 앉아서 지형지물을 지적하면서 그 인상적인 특징을 말해준다. 그러면 레이는 아무 말 없이 느긋하게 들어준다. 그녀는 더 이상 그의 운전 습관을 비난하지 않는다. 남편에게 뛰어난 공간지능이 있어서 그녀가 보기에 위험스러운 운행도 별 문제 없다는 걸 알기 때문이다. 남편의 입장에서는 그게 아주 안전한 운행인 것이다.

레이는 온갖 타입의 공간 관련 액세서리가 부착된 3000달러짜리 카메라를 샀다. 루스는 이제 그가 그런 장비를 좋아하는 이유를 환히 알고 있다. 그녀가 그 카메라로 사진을 찍을 차례가 되면 레이는 자상하게 카메라를 미리 조작해주고 또 잘 찍을 수 있는 방법을 가르쳐준다. 전에는 카메라를 들고 쩔쩔매는 루스에게 웃음을 터트리기 일쑤였지만, 지금은 그렇게 하지 않는다.

레이와 루스, 현대판 러브 스토리 |

남자가 여자에게 길 안내를 해달라고 하지 않으면 모든 사람의 삶이 지금보다 더 행복해질 것이다. 여자가 남자의 운전 습관을 비난하지 않으면, 두 사람의 말다툼 횟수는 지금보다 더 줄어들 것이다. 남녀는 서로 다른 분야에서 뛰어난 활동을 벌일 수가 있다. 그래서 당신이 어떤 분야에 서투르다면 그걸 너무 걱정하지 마라. 계속 연습하면 그 분야의 능력을 향상시킬 수 있다. 그렇지만 그런 문제로 당신의 인생 혹은 당신 파트너의 인생을 망치지 말라.

생각, 태도, 정서 그리고 또 다른 재앙의 영역

Why Men don't Listen &
Why Women Can't Read Maps

Why Men don't Listen &
Why Women Can't Read Maps

생각, 태도, 정서 그리고 또 다른 재앙의 영역

부부인 콜린과 질은 낯선 지역에서 열리는 파티에 참석하기 위해 차를 몰고 가는 중이다. 도로 지도에 의하면 20분이면 충분히 갈 수 있는 거리였다. 하지만 벌써 50분이 지났는데도 목적지는 눈앞에 보이지 않는다. 남편 콜린은 툴툴거렸고 질은 암담한 기분이 들기 시작했다. 그들은 이미 같은 주유소 앞을 세 번이나 지나쳤다.

질　여보, 저 주유소에서 우회전을 해야 되는 거 아니었어요? 차를 세우고 방향을 물어봐요.

콜린　아니, 그럴 필요 없어. 나는 이 부근 지리를 그런대로 알고 있어.

질　하지만 우린 이미 반 시간이나 늦었잖아요. 파티가 이미 시작되었을 거라고요. 그러니 차를 세우고 길을 물어봐요.

콜린   이봐, 난 길을 안다니까! 당신이 운전하고 싶다는 거야? 아니면 내가 계속할까?

질   내가 운전하겠다는 얘기는 아니에요. 하지만 이렇게 밤새 이 주위를 뱅뱅 도는 것은 싫어요!

콜린   자꾸 그러지 마. 정 싫으면, 이대로 차를 돌려 집으로 가면 될 거 아니야!

대부분의 부부는 이런 대화의 상황을 직접 체험했을 것이다. 아내는 자신이 그토록 사랑하는 남편이 길을 잃었다고 느닷없이 스테로이드 주사를 맞은 '미친 맥스(개)'로 변해버리는 것을 이해하지 못한다. 만약 길을 잃었다면 그녀는 길을 물어볼 것이다. 하지만 남편은 왜 물어보려 하지 않는가? 왜 남편은 자신이 모른다는 사실을 인정하지 않으려 하는가?

> 왜 모세는 사막을 방황하며 40년을 보냈나?
> 그가 길을 물어보지 않았기 때문이다.

여자들은 자신의 실수를 인정하는 걸 두려워하지 않는다. 오히려 그것이 유대관계를 강화하고 신뢰를 구축하는 계기가 된다고 생각한다. 자신이 실수했다는 것을 인정한 마지막 남자는 아마도 카스터 장군(인디언과의 싸움에서 전사한 19세기 미국 장군 : 옮긴이)일 것이다.

서로 다른 남녀의 지각

남녀는 서로 다른 눈으로 이 세상을 지각한다. 남자는 사물과 대상을 보면서 그들의 관계를 공간적으로 해석한다. 마치 지그소 퍼즐Jigsaw puzzle 맞추기 놀이를 하듯 세상을 보는 것이다. 이에 비해 여자들은 넓은 주변 시야 덕분에 이 세상을 문자 그대로 크고 넓게 보면서 동시에 구체적 세부사항을 파악한다. 그러나 퍼즐의 개별적 조각이 그 옆 조각과 맺는 관계에 더 관심이 많고 그 조각의 공간적 위치에 대해서는 소홀하다.

남자의 의식은 결과의 획득, 목표의 성취, 지위와 권력, 경쟁에서의 승리, 효율적인 '이익날성' 등에 집중되어 있다. 여자의 의식은 의사소통, 협조, 조화, 사랑, 공감, 다른 사람과의 관계 등을 더 중시한다. 이러한 대조는 너무나 현격하여 남녀가 부부가 되어 함께 살 수 있다는 것이 이상할 정도이다.

남자아이는 사물을, 여자아이는 사람을 좋아한다

여자아이의 두뇌는 사람과 얼굴에 반응하도록 구축되어 있는 반면 남자아이의 두뇌는 대상과 그 형태에 반응하도록 회로처리 되어 있다. 갓난아기에서 몇 달 되지 않은 아기들을 연구한 결과, 다음과 같은 사실이 밝혀졌다.

남자아이는 사물(물건)을 좋아하고, 여자아이는 사람을 좋아한다.

과학이 증명하는 남녀의 두뇌 구조 차이, 이것 때문에 남녀는 같은 세상을 서로 다르게 보는 것이다. 여자아이는 사람의 얼굴에 관심이 끌리고, 남자아이보다 두세 배 오랫동안 상대방과 눈을 맞춘다. 반면 남자아이는 서로 다른 형태와 무늬를 가진 모빌의 움직임을 쳐다보기 좋아한다.

12주가 되면 여자아이는 가족사진과 낯선 사람의 사진을 구분할 수 있으나, 남자아이는 그렇게 하지 못한다. 하지만 남자아이는 치워버린 장난감을 여자아이보다 더 잘 찾아낸다. 사회적 조건화가 발생하기 이미 오래전부터 남녀의 차이는 확연하다.

취학 전 어린이를 상대로 이런 실험이 실시되었다. 그 실험은 한쪽에는 사물이 보이고 다른 한쪽에는 사람의 얼굴이 보이는 쌍안경을 어린이들에게 주고서 잠시 뒤 무엇을 보았는지 기억하게 하는 실험이었다. 그 결과, 여자아이는 사람들과 그들의 정서를 기억한 반면, 남자아이는 사물과 그 형태를 더 많이 기억했다. 학교에 들어가면 여자아이는 동그랗게 둘러앉아 얘기를 하면서 그룹의 몸짓 언어를 흉내 낸다. 그래서 여자아이의 그룹에서는 지도자를 찾아낼 수가 없다.

| 여자아이는 관계와 협조를 원하지만, 남자아이는 권력과 지위를 원한다.

만약 여자아이가 어떤 집을 짓는다면, 주로 길고 낮은 건물을 짓는데, 그 건물 안에 사람이 들어갈 수 있어야 함을 특히 강조한다. 반면

남자아이는 옆의 아이보다 더 크고 더 높은 건물을 지으려고 애쓴다. 남자아이는 자기 자신을 비행기 혹은 탱크라고 생각하면서 달리고, 점프하고, 씨름한다. 이에 비해 여자아이는 어떤 남자아이가 마음에 들고 또 어떤 애가 바보같이 보인다는 얘기를 한다. 유치원에 새로운 여자아이가 들어오면 여자아이들은 그 아이를 환영하고 또 서로 이름을 알려고 한다.

"그래 이사벨… 정신 나간, 가학주의적 도끼 살인범이라는 건 알겠어…. 하지만 저 사람은 도움을 필요로 하는 정신 나간, 가학주의적 도끼 살인범이란 말이야!"

그러나 남자아이가 새로 들어오면 기존의 남자아이들은 처음에 그 애를 쌀쌀하게 대한다. 그러다가 쓸모가 있다고 판단하면 그 아이를 그룹에 끼워준다. 새로운 남자아이가 들어온 그날이 끝나갈 무렵이 되어도 기존의 남자아이들은 그 애 이름과 구체적인 신변사항을 모르고 넘어간다. 단지 그 아이가 놀이를 잘하는 아이인지 못하는 아이인지만을 기억한다.

여자아이는 다른 여자아이들을 잘 받아들이고 또 장애나 어려움이 있는 아이에게 동정심을 베푼다. 이에 비해 남자아이들은 장애아를 따돌리거나 아니면 희생시킨다.

아들과 딸을 똑같이 키우려는 부모의 정성에도 불구하고, 두뇌 회로의 차이는 기호사항과 행동 차이를 결정한다. 네 살짜리 여자아이에게 테디 곰 인형을 주어보라. 그러면 그 아이는 그것을 자신의 가장 친한 친구로 삼을 것이다. 반대로 네 살짜리 남자아이에게 주어보라. 그 인형이 어떻게 작동하는지 알고 싶어서 그 내부를 뜯어보면서 온통 방 안을 어질러놓을 것이고, 그 다음에는 다른 물건에 정신이 팔릴 것이다.

남자아이는 사물과 사물의 작동구조에 관심이 많고, 여자아이는 사람과 인간관계에 관심이 많다. 나중에 어른이 된 남녀가 자신의 결혼식을 회상할 때, 여자는 결혼식 광경과 참석 손님들의 동정에 대해서 말하는 반면, 남자는 결혼 전야의 남자들만의 파티 stag night에 대해서 더 많이 말한다.

남자아이는 경쟁하고, 여자아이는 협조한다

여자아이들의 그룹은 서로 협조적이기 때문에 사실상 지도자를 발견할 수가 없다. 여자아이들은 대화를 통해 친화적 관계의 수준을 높이고 또 보통은 자신의 비밀을 털어놓을 수 있는 가장 친한 친구 하나쯤 가지고 있다. 여자아이들은 권위를 휘두르려는 여자아이를 따돌려버린다. 이렇게 말하면서.

"쟤는 저 혼자 잘났다고 하는 애야."

"괜히 잘난 척하면서 언니 노릇 하려고 들어."

반면 남자아이들의 그룹은 지도자가 있고 서열이 분명하다. 지도자는 으스대거나 뻐기는 말투 혹은 몸짓 언어를 사용하기 때문에 금방 알아볼 수 있다. 그리고 그룹에 속해 있는 남자아이들은 높은 지위를 차지하려고 애를 쓴다. 남자아이들의 그룹에서는 권력과 지위가 제일 중요하다. 권력과 지위는 남자아이의 다양한 능력이나 지식, 강인하게 말하는 능력, 도전자들을 싸워 물리치는 투지 등으로 결정된다.

여자아이들은 교사와 친구들과 따뜻한 인간관계를 맺는 것을 좋아하지만 남자아이들은 교사에게 질문을 던지고, 이 세상의 공간적 관계를 탐구하고, 또 가능하면 혼자서 그런 일을 하려고 든다.

남녀는 화제가 다르다

전 세계 방방곡곡의 남녀 그룹들이 하는 말을 들어보라. 남녀의 두뇌 회로 차이로 인해 그들이 같은 것을 서로 다르게 말하는 것을 들을 수 있을 것이다.

여자들은 누가 누구를 좋아하고, 누가 누구에게 화가 났다는 등등의 얘기를 하기 좋아하고, 소규모 집단을 이루어 함께 놀고 또 친화관계의 한 형태로 다른 여자들과 '비밀'을 나누는 것을 좋아한다. 십대 소녀들은 남자친구들, 체중, 옷, 다른 여자친구 등에 대해서 얘기한다. 어른이 되면 여자들은 다이어트, 개인적인 인간관계, 결혼, 자녀, 애인, 성격, 의상, 남들의 행동, 직장의 인간관계, 사람과 관련된 화제 등을 얘기한다.

남자는 사물과 행동에 대해서 얘기한다. 누가 무엇을 했고, 누가 무엇을 잘하고, 일이 어떻게 돌아가고, 물건이 어떻게 작동하는지 등등 십대 소년들은 스포츠, 기계 물건의 작동 여부 등에 대해서 말한다. 나중에 성인이 되면 남자들은 스포츠, 직장, 뉴스, 그들이 한 일과 방문한 곳, 기술, 자동차, 기계 부속 등에 대해서 얘기한다.

현대의 남녀가 원하는 것

최근에 서구 5개 국가에서 한 연구가 행해졌는데, 여기서 현대의 남녀들에게 그들이 생각하는 이상적 인간형에 대해서 물어보았다. 남자들은 이상적 인간(남자)을 지칭하는 형용사로 과감한, 경쟁적인, 유능한, 지배적인, 공세적인, 존경받는, 실용적인 등을 열거했다. 반면 여자들은 이상적 인간(여자)의 전형적 형용사로 따뜻한, 사랑하는, 관대한, 동정적인, 매력적인, 우호적인, 베푸는 등을 열거했다. 여자의 가치관에서는 남에게 도움이 되고 흥미로운 사람을 만나는 것이 상위 순번을 차지했고, 반면 남자들은 위신, 권력, 사물의 소유 등을 중요하게 생각했다.

이것만 봐도 여자는 인간관계를 중시하고 남자는 사물을 높게 친다는 것을 알 수 있다. 남녀의 두뇌 차이가 이렇게 서로 다른 선호사항을 만들어내는 것이다.

두뇌의 정서 위치

캐나다의 과학자인 샌드라 위틀슨은 두뇌의 정서 위치를 알아내기 위해 남녀를 대상으로 실험을 했다. 사람의 감정(정서)을 불러일으키는 그림과 소리를 먼저 왼쪽 눈과 귀에 제시하여 우뇌에 정보가 흘러가게 하고, 이어 오른쪽 눈과 귀에 제시하여 좌뇌에 흘러가게 하는 실험이었다. 실험 결과 위틀슨은 남자의 경우, 정서 위치가 주로 우뇌에, 그리고 여자의 경우에는 양뇌에 전반적으로 분포되어 있다고 결론지었다.

남자의 경우, 정서의 위치가 주로 우뇌에 분포되어 있는데, 이것은 다른 두뇌 기능과 별도로 작동될 수 있음을 보여주는 것이다.

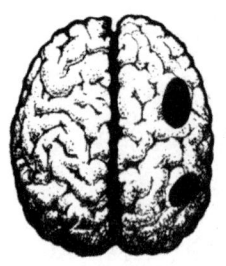 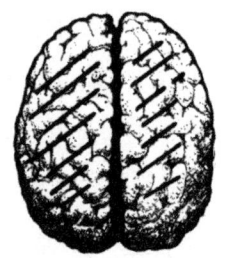

남자의 정서 위치   여자의 정서 위치

　예를 들어, 논쟁을 할 때 남자는 논리와 단어(좌뇌 담당)를 구사하다가, 그 문제에 대하여 아무런 정서적 느낌 없이 공간 해결(우뇌 앞쪽)로 넘어갈 수 있다. 마치 정서는 아무런 공간도 가지고 있지 않은 것처럼 뇌가 작동하는 것이다. 또 남자 두뇌의 뇌들보가 협소하기 때문에, 정서는 다른 기능들과 함께 동시다발적으로 작동할 가능성이 떨어진다.

　반면, 여자의 경우에는 정서 위치가 양쪽 뇌에 넓게 퍼져 있고 또 두뇌의 다른 기능과 함께 동시다발적으로 작동할 수 있다. 따라서 여자는 정서적인 문제를 토론하다가 정서적이 될 수 있다. 이에 비해 남자는 그렇게 될 가능성이 적을 뿐만 아니라 그런 문제를 토론하는 것을 아예 거부한다. 이렇게 행동함으로써 남자는 정서적이 되는 것을 피할 뿐만 아니라 자신이 상황을 통제하지 못한다는 인상을 피하려 하는 것이다.

　전반적으로 보아, 여자가 정서를 다른 두뇌 기능과 함께 동시다발적으로 작동시킨다는 사실은, 곧 펑크 난 타이어를 갈면서도 울 수 있다는 뜻이 된다. 반면, 남자는 타이어 가는 일을 자신의 문제 해결 능력에 대한 하나의 테스트라고 생각한다. 그래서 타이어를 갈다가 우는 경우가 거의 없다. 설사 그가 한밤중에 비가 억수로 쏟아지는 한적한 길을 지나가다가 타이어에 펑크가 나더라도 그는 트렁크에서 조용히 잭을 꺼내올 뿐, 울지는 않는다.

정서적인 남자는 파충류처럼 욱 하면서 공격한다.
이에 비해 정서적인 여자는 '자신의 느낌'을 말로 표현하는 걸 좋아한다.

펜실베이니아대학의 신경심리학 교수인 루벤 거는 위틀슨과 유사한 실험을 수행하고 다음과 같은 결론을 내렸다.

남자의 두뇌는 고도로 구획화되어 있기 때문에 좀 더 근본적인(동물적인) 수준에서 정서를 처리하고(가령 악어의 느닷없는 공격), 여자는 '차분히 앉아서 자신의 정서를 말로 표현한다.' 여자가 어떤 정서에 대해서 말할 때, 그녀는 얼굴 신호, 몸짓 언어, 언어 패턴 등을 다양하게 구사한다. 감정이 격앙된 남자는 파충류의 행동 양태를 보이면서 거침없이 욕설을 퍼부어대거나 공격적인 행동을 감행한다.

여자는 인간관계를, 남자는 일을 중시한다

현대 사회는 인간의 진화라는 스크린에 비춰볼 때 하나의 점에 불과하다. 지난 수십만 년 동안 남녀는 서로 전통적인 역할을 해오면서 살아왔다. 이 때문에 남녀는 서로 다른 두뇌 회로를 갖게 되었고, 이것이 현대의 남녀관계에 여러 가지 문제와 오해를 일으키는 것이다.

남자는 언제나 자신의 일과 업적을 가지고 자신의 정체성을 규정했고, 여자는 인간관계의 수준으로 자신의 정체성을 확립했다. 남자는 먹이 추적자이면서 문제 해결자였다. 생존을 위해서는 이것이 그의 첫 번째 과업이 되어야 했다. 반면 여자는 둥지 수호자로서 다음 세대들이 무사히 자라날 수 있도록 보살피는 것이 주된 임무였다. 1990년대에 들어와 남녀의 가치관을 조사한 모든 연구는, 전 세계 남자의 70~80퍼센트가 자신의 일을 가장 소중하게 여긴다는 것과, 여자들의 70~80퍼센트가 가정을 제일 소중하게 여긴다는 것을 알아냈다.

> 여자는 대인관계에서 불행하면 자신의 일에 집중할 수가 없다.
> 만약 남자가 자신의 일에서 불행을 느낀다면,
> 그는 대인관계에 집중할 수가 없다.

그 결과, 스트레스를 받거나 고통을 받는 여자는 남편과 얘기하면서 시간 보내는 것을 하나의 해결책으로 생각한다. 그러나 남자는 그런 대화가 문제해결 과정에 방해만 될 뿐이라고 생각한다. 여자는 말을 하면서 다정하게 포옹을 받고 싶어 하지만, 남자는 자신의 바위에 걸터앉아 멍하니 화로의 불빛을 들여다보고 싶어 하는 것이다.

이 경우, 여자는 남자를 무심하고 둔감한 사람이라고 생각할 것이고 반대로 남자는 여자를 성가시고 간섭하는 존재라고 생각할 것이다. 이렇게 사태 파악방식이 다른 것은 남녀의 두뇌구조 차이에서 비롯되는 것이다. 바로 이 때문에 여자는 인간관계가 그 무엇보다도 중요하다고 생각하고 또 실생활에서도 그것을 실천한다. 이런 남녀 간의 차이를 이해한다면 부부는 배우자의 짐을 크게 덜어줄 수 있고 또 상대방의 행동을 가혹하게 비판하지도 않게 된다.

왜 남자는 일을 해야 하나?

남자의 두뇌는 대상(사물)을 이해·평가하고, 사물들 사이의 관계를 파악하고, 공간적 관계를 인식하고, 사물이 작동 방식과 해결 방안을 발견하도록 구조화되어 있다. 남자의 두뇌는 인생의 문제와 관련하여 "어떻게 하면 그것을 해결할 수 있을까?"라는 화두로 프로그램되어 있다. 남자는 자신이 하는 모든 일에 이 '문제해결' 기준을 적용한다.

한 여성은 우리에게 이런 말을 해주었다. 그녀는 남편에게 좀 더 사랑스러운 태도로 자신(그녀)을 대해 달라고 했다. 그러자 남자는 마당에 나가 잔디를 깎더라는 것이다. 말하자면, 그런 행위를 애정의 표시라고 생각하더라는 것이다. 그녀가 그래도 미흡하다고 말하자, 남편은 다시 주방의 페인트를 다른 색깔로 바꾸어 칠했다. 그러나 그 방법도 통하지 않자, 남편은 그녀를 축구장에 데려가겠다고 말했다. 뭔가 행동으로 표현하려고만 할 뿐 차분히 앉아서 얘기를 나눌 생각은 전혀 하지 못하더라는 것이다. 여자는 마음이 어지러우면 자신의 친구들을 찾아가거나 불러 모아 정서적으로 대화를 나눈다. 그러나 심란한 남자는 자동차를 분해, 조립해보거나 아니면 고장 난 수도꼭지를 고친다.

> 그녀에 대한 자신의 사랑을 증명하기 위해 그는 최고 높은 산을 올라갔고, 가장 깊은 바다를 헤엄쳤고, 가장 넓은 사막을 건너갔다.
> 그러나 그녀는 그를 떠났다. 그가 집에 있지 않았기 때문이다.

여자가 사랑과 로맨스를 꿈꿀 때 남자는 더 빠른 차, 더 좋은 컴퓨터, 보트, 오토바이 등을 꿈꾼다. 이런 물건들은 남자가 즐겨 사용하는 것이고 또 그들의 공간 지능 및 '뭔가 저지르려는 충동'과 관련되어 있다.

왜 남녀는 헤어지나?

남자는 생물학적으로 여자를 보호하고 좋은 환경을 제공하려는 본능을 가지고 있다. 또 여자가 그런 본능을 인정해주면 그걸로 남자는 자신이 성공했다고 생각한다. 여자가 행복하면 그도 성취감을 느끼는 것이다. 만약 그녀가 행복하지 못하면 그는 자신을 실패작이라고 생각한다. 자신이 충분히 해주지 못했기 때문에 그런 반응을 보인다고 판단하는 것이다. 남자들은 끊임없이 친구들에게 이렇게 말한다.

"난 아무리 해도 그녀를 행복하게 해줄 수가 없어."

이런 절망은 남자로 하여금 다른 여자를 찾아 떠나게 하는 충분한 사유가 된다. 그는 자신이 제공하는 것만으로도 만족할 수 있는 여자를 찾고 싶은 것이다.

여자가 남자를 떠나게 되는 것은 남자가 제공하는 것이 부족해서가 아니라 정서적으로 충만감을 느끼지 못하기 때문이다.

여자는 사랑, 로맨스, 대화를 원한다. 남자는 여자로부터 '당신은 성공한 사람'이라는 말을 듣고 싶어 한다. 당신(남자)이 제공하는 것으로 만족한다는 말을 간절히 기다린다. 그러나 여기에 한 가지를 더 추가해야 할 필요가 있다. 남자는 지금보다 좀 더 로맨틱해져야 한다. 무엇보다도 여자가 얘기를 할 때 불쑥 문제 해결안을 제시하려 들지 말고 묵묵히 들어주는 지혜가 있어야 한다.

왜 남자는 틀렸다는 지적을 그토록 싫어할까?

왜 틀렸다는 지적을 아주 싫어하는지 그 이유를 알려면 그 태도가 유래한 내력을 이해하는 것이 중요하다. 가령 이런 광경을 한번 상상해보라.

동굴 속에 사는 한 가족이 모닥불 주위에 웅크리고 앉아 있다. 남자는 동굴 입구에 앉아서 밖을 내다보며 지평선 위에 뭔가가 움직이지 않는지 살핀다. 여자와 아이들은 벌써 며칠째 밥을 굶은 상태이다. 날씨가 좋아지면 그는 쏜살같이 밖으로 나가 먹을 것을 구해오지 않으면 안된다. 이것이 그의 역할이고 그의 가족은 그것을 기대하고 있다. 그들은 배가 고프지만 과거에 늘 그랬던 것처럼 이번에도 그가 먹을 것을 가져오리라고 확신한다. 그러나 정작 그 자신은 속이 울렁거리면서 내면에 공포심이 어른거린다.

과연 이번 사냥에도 성공할 수 있을까? 혹시 내 가족이 굶어죽은 것은 아닐까? 다른 남자들이 내가 굶어서 힘이 없다고 나를 죽이려드는 것은 아닐까?

남자는 멍한 표정으로 동굴 입구에 앉아 있다. 하지만 바깥에 대한 경계는 늦추지 않는다. 그는 가족이 낙담할 것을 알기 때문에 자신이 겁먹고 있다는 표시를 조금도 하지 않는다. 그는 강인한 인상을 풍겨야 하는 것이다.

> 남자는 자신의 잘못을 시인하는 것은 곧 자신을
> 실패작으로 인정하는 것과 같다고 본다.
> 그것은 일을 제대로 해내지 못했다고 인정하는 것이라고 생각한다.

이렇게 하여 지난 수백만 년 동안 자신이 실패작으로 비춰져서는 절대 안 된다는 의식이 남자의 두뇌에 그대로 새겨졌고, 그것이 현대인의 남자 두뇌에 유전된 것이다. 대부분의 여자들은 그들의 남편이 혼자 차를 타고 갈 때는 가끔 길을 물어본다는 것을 알지 못한다. 그러나 아내를 차에 태우고 가는 상황에서는 결코 길을 물어보지 않는다. 그렇게 하면 자신이 혼자 힘으로 목적지까지 갈 수 없는 사람, 즉 실패작인 것처럼 아내에게 보이기 때문이다.

가령 여자가 이렇게 말했다고 하자.

"길을 물어보도록 해요."

그러면 남자는 그 말을 이렇게 듣는 것이다.

"당신은 무능해요. 이런 길도 제대로 몰라요?"

또 여자가 이렇게 말했다고 해보자.

"주방의 수도꼭지가 새요. 배관공을 불러야겠어요."

그러면 남자는 이렇게 해석한다.

"당신은 이런 것도 하나 못 고치는 군요? 난 다른 사람을 불러서 시키겠어요!"

바로 이런 이유 때문에 남자들은 "미안해"라는 말을 잘 못한다. 그들은 그 말이 곧 잘못했음을 시인하는 것으로 본다. 잘못했다는 것은 곧 실패인 것이다.

이러한 문제점을 적절히 다루기 위해, 여자는 남자와 함께 문제점들을 의논할 때 남자가 뭔가 잘못되었다는 느낌을 갖지 않도록 세심하게 신경 써주어야 한다. 심지어 남자의 생일날에 처세책을 선물해도 남자는 그것을 "당신은 처세가 시원치 않아요"라고 해석하기 십상이다.

> 남자들은 비판을 싫어한다.
> 바로 그 때문에 그들은 처녀와 결혼하기를 바란다.

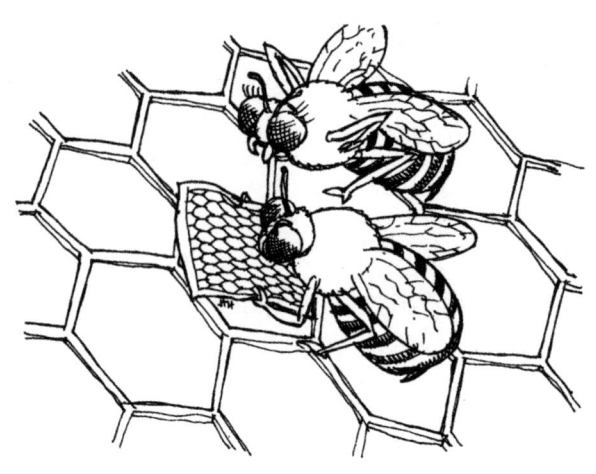

네이던, 벌써 다섯 번째예요….
제발 멈추고서 길을 물어봐요!

남자는 여자의 일차적 목적이 그(남자)를 추궁하려는 것이 아님을 알아야 한다. 여자는 남자를 도와주려는 것뿐이다. 또 여자가 어떤 문제에 대해 얘기하는 것은 전혀 남자의 개인적인 문제를 빗대어서 얘기하려는 것이 아니다. 그녀는 단지 자기가 사랑하는 남자의 자질을 향상시키려는 것뿐인데, 남자는 그것을 비난으로 해석하는 것이다. 남자는 자기가 잘못을 인정하면 여자가 자기를 사랑해주지 않을 거라고 생각하기 때문에 잘못을 시인하지 않는 것이다. 그러나 사실은 그와는 정반대이다. 여자는 남자가 솔직히 잘못을 인정할 때, 그 사실로 인하여 더욱 그를 사랑하게 되는 것이다.

왜 남자는 감정을 숨기는가?

현대의 남자들은 씩씩해야 하고 또 허약함을 내비쳐서는 안 된다는 유전자를 아직도 간직하고 있다. 전 세계의 여자들은 이렇게 말한다.

"왜 그는 늘 그렇게 강하기만 해야 하는 거죠? 왜 그는 내게 자신의 감정을 솔직히 털어놓지 않는 거죠?"

"그는 화가 나거나 당황하면 입을 꼭 다물어버려요. 그래서 아주 딴사람이 된 것 같아요."

"그가 갖고 있는 문제점을 함께 의논할라치면, 마치 생니 뽑는 것처럼, 그렇게 어려워요."

남자는 의심 많고, 경쟁적이요, 전제적이고, 또 수비적인 존재로 타고났다. 그리고 자신의 상황을 완진히 장아하고 있는 것처럼 보이고자하며, 또 자기의 감정을 숨기기 위해 혼자서 일처리 하기를 좋아한다. 남자는 감정을 내보이는 것이 허약함의 표시라고 생각한다. 거기다가 사회적 관습이 "남자처럼 행동하라" "용감하게 대처하라" "남자는 울지 않는다" 등등을 가르침으로써, 남자들의 이런 태도를 더욱 강화했다.

반면 둥지 수호자인 여자의 두뇌는 개방적이고, 신뢰적이고, 협조적으로 구조화되어 있다. 그래서 여자들은 자신의 취약함을 스스로 드러내고, 감정 표시를 하고, 늘 자신의 생활을 장악해야만 하는 것은 아니라고 생각한다. 바로 이런 이유로, 남녀가 머리를 맞대고 문제를 의논할 때, 상대방의 반응에 당황하게 되는 것이다.

왜 남자는 남자들끼리 어울리는 것을 좋아할까?

인류가 아직 동굴에서 살던 시절, 커다란 먹이는 인간보다 덩치가 더 크고 힘이 더 세었다. 그래서 인간들은 서로 힘을 합쳐 떼사냥을 나서야만 되었다. 그들은 영리한 머리를 이용하여 사냥 전략을 수립했다.

이 떼사냥의 구성원은 전원이 남자였고 먹이를 향해 창을 던지는 일도 '남자의 일'이었다. 한편 늘 임신상태였던 여자들은 아이를 돌보고, 과일을 주워오고, 집 안을 정리하고, 둥지를 보호하는 '여자의 일'을 했다. 떼사냥을 하고 싶어 하는 남자의 욕망은 수백만 년에 걸쳐 남자의 두뇌에 새겨진 것이기 때문에, 아무리 훈련을 많이 한다고 해도 단시일 내에 그런 욕망을 제거할 수는 없다. 그래서 현대의 남자들은 술집이나 클럽 같은 데서 떼사냥의 일원으로 만나 농담을 주고받고 또 그들의 사냥 활동에 대해서 얘기를 나눈다. 그리고 집으로 돌아가서는 대부분 조용히 앉아 벽난로의 불빛만 멍하니 쳐다보는 것이다.

왜 남자는 충고를 싫어할까?

남자는 자신의 문제는 혼자 힘으로 풀어야 한다고 생각한다. 그래서 그 문제를 남들과 의논하는 것은 부담 주는 일이라고 판단한다. 그래서 가장 친한 친구한테도 자신의 문제점을 털어놓아 부담 주는 걸 싫어한다. 물론 그 친구에게 더 좋은 해결안이 있다면 선선히 의논하겠지만.

> 남자가 요구하지 않는 한 그에게 충고를 하지 말라.
> 오히려 "당신 스스로 해결할 능력이 있다고 믿는다"라고 말하라.

여자가 남편이나 애인에게 문제점을 털어놓으라고 말하면, 그는 한사코 거부한다. 여자가 나를 비난하려는 생각은 아닐까, 나를 무능하다고 보는 건 아닐까, 혹은 나보다 더 좋은 해결안을 가지고 있는 건 아닐까 하고 생각하기 때문이다.

그러나 여자는 결코 그런 생각을 갖고 있지 않다. 여자의 진짜 목적은 그의 기분을 좋게 해주려는 것이다. 또 여자가 보기에, 충고를 해준다는 것은 인간관계의 신뢰감을 쌓아올리는 우호적인 행위이다. 결코 자신의 약점을 드러내는 계기가 아닌 것이다.

왜 남자는 해결안을 제시할까?

남자는 논리적이고, 문제를 해결하려는 마음을 가지고 있다. 남자는 어떤 회의장이나 레스토랑에 처음 들어서면, 주위를 살펴보면서 고쳐야 할 물건, 바로 걸어야 할 그림, 더 좋은 방 배치 등을 생각한다. 그의 두뇌는 24시간 작동하는 문제 해결의 기계이다.

설혹 그가 병동에 누워 오늘내일하면서 죽음을 기다리는 병자라고 할지라도, 채광을 좋게 하고 밝게 하기 위한 병동 배치 방안을 머릿속에서 구상할 것이다.

> 여자가 자신의 문제를 발설하는 것은 발설 그 자체가
> 하나의 스트레스 해소책이기 때문이다. 그러므로 그녀는 남이
> 자신의 말을 들어주기를 바랄 뿐, 해결을 바라는 것은 아니다.

여자가 자신의 문제를 털어놓으면 남자는 계속하여 여자의 말에 끼어들면서 해결안을 제시한다. 그는 그렇게 생겨먹었다. 두뇌가 그렇게 회로 처리되어 있는 것이다. 그녀에게 해결안을 제시하면 그녀의 기분이 한결 좋아질 거라고 생각하는 것이다. 하지만 그녀는 그게 아니다. 단지 얘기를 해서 속을 후련하게 하려는 것이므로 돌연한 남자의 해결안이 성가시기만 하다. 여자가 이렇게 반응하면 남자는 자신이 무능력자가 된 느낌, 혹은 실패자가 된 느낌을 갖게 된다. 그러고는 한 발 더 나아가서 여자가 문제를 털어놓는 것은 그 문제의 원인이 나(남자)라는 얘기가 아닐까 하고 생각하기 시작한다.

그러나 이건 사실이 아니다. 여자는 해결안을 원하는 게 아니다. 단지 자신의 문제점과 속마음을 털어놓고 싶은 것이다. 그럴 때 남자는 묵묵히 들어주기만 하면 된다. "그래, 맞아" "나도 그 기분 이해해" 하면서 말이다.

왜 스트레스 받는 여자는 말을 하려 할까?

스트레스 상황이나 압력 상황에 놓이면 남자의 두뇌 기능 중 공간

지능과 논리 기능이 활발하게 작동한다. 반면 여자는 언어 기능이 활발하게 작동되어 말을 하기 시작한다. 때로는 거의 쉬지 않고 말을 해 버린다. 따라서 여자는 열을 받거나 스트레스를 느끼면 들어줄 사람을 찾아 나서고 그 사람을 앞에 놓고 한없이 얘기를 한다. 친구들을 상대로 몇 시간에 걸쳐 문제점을 말하는가 하면 구체적인 사항을 낱낱이 말해준다. 그러고도 부족하여 또 다른 사람을 상대로 같은 말을 재탕한다. 그녀는 현재의 문제, 과거의 문제, 장래의 문제, 밑도 끝도 없는 문제들을 쉴 새 없이 말한다. 이렇게 말하는 그녀는 분명 해결안을 찾으려는 게 아니다. 그렇게 말하는 과정 그 자체가 하나의 위안이요 격려인 것이다. 그녀의 말은 뼈대가 없고 여러 가지 주제를 동시다발, 다중 트랙으로 말하는 것이기 때문에 결론을 내리기가 곤란한 것이다.

> 여자는 자신의 문제를 친구와 의논하는 것을
> 신뢰와 우정의 표시라고 생각한다.

남자는 여자의 장황한 설명을 듣고 앉아 있는 것이 여간 고역이 아니다. 그녀가 생각나는 대로 막 말하는 것을 듣고 있는 남자는 '저런 많은 문제를 나보고 다 해결해달라고 하는 것이로구나' 하고 생각한다. 바꾸어 말하면, 남자는 그런 문제를 듣고 앉아 있기보다는 곧바로 행동으로 돌입하기를 바라는 것이다. 남자는 "그래, 그 말의 요점은 뭐지?" 하고 여자의 말을 무질러놓게 될 가능성이 많다.

그런데 이 상황에서 정말 요점이 되는 사항은, 실은 요점이 없다는 점이다. 남자가 이 상황에서 배울 수 있는 가장 좋은 교훈은 그저 들어주기만 해도 도움이 된다는 것이다. 가끔 "흐음" 소리를 내거나 머리를 끄덕거리면서 말이다. 하지만 해결안은 제시하지 말아야 한다.

그러나 남자에게 이런 일은 참으로 해괴한 일이다. 왜냐하면 그는 제시해야 할 해결안이 있을 때만 입을 열어야 한다고 생각하기 때문이다.

> 당황하고 있는 여자를 상대할 때에는
> 해결안을 제시하거나 그녀의 감정을 무시하는 발언을 하지 말라.
> 단지 당신이 정성껏 들어주고 있다는 것을 표시하라.

여자가 남자의 해결안을 거부할 때, 남자는 그녀의 문제를 최소화하려는 전략으로 나가려고 한다. 가령 다음과 같은 말을 하는 것이다.
"그건 그리 심각한 문제가 아니야."
"당신이 과민반응을 하는 건지도 모르지."
"그건 잊어버리는 게 좋을 거 같아."
"그건 뭐 법석을 떨 문제가 아니구만."

그런데 묘하게도 이런 발언이 여자의 상한 감정을 더욱 악화시킨다. 그녀는 남자가 자기 말을 잘 들어주지 않는다는 낌새를 눈치 채고서, 정말 남의 고통에 눈곱만치도 신경 쓰지 않는 무정한 남자라고 생각한다.

왜 스트레스 받는 남자는 입을 다물까?

여자는 자신의 생각을 머리 밖으로 말해버린다. 바꾸어 말하면 당신은 그녀의 말을 들을 수 있다. 그러나 남자는 머릿속에서 말을 한다. 그는 두뇌에 언어 담당 영역이 따로 없기 때문에, 이렇게 하는 것이 그의 적성에 맞는다. 그래서 문제가 발생하면 남자는 혼자서 생각하는 데 비해, 여자는 다른 사람에게 그 문제를 말해버린다.

바로 이런 이유로 압박이나 스트레스를 받는 남자는 입 다물고 말을 하지 않는 것이다. 그는 자신의 우뇌를 이용하여 문제를 해결하거나 해결안을 찾으려고 애쓴다. 그는 남의 말을 듣거나 자신이 말을 하려고 할 때에는 좌뇌의 사용을 중시한다. 이렇게 볼 때, 남자의 두뇌는 '한 번에 한 가지씩' 만 할 수 있다. 그는 문제를 풀고, 남의 말을 듣고, 자신의 말을 하는, 그러한 동시다발, 다중 트랙의 행동이 불가능하다. 남자의 이러한 침묵은 여자에게 고통스럽고 또 겁나는 것이다. 여자들은 남편, 아들, 오빠에게 이렇게 말한다.

"자, 그러지 말고 시원하게 털어놔봐요! 그러면 기분이 한결 좋아질 거예요!"

그녀는 이 방법이 자신에게는 통하기 때문에 진정으로 그렇게 말한다. 하지만 남자는 그저 조용히 혼자 있으면서 벽난로의 불빛만 들여다보고 싶어 한다. 자신의 힘으로 해결안이나 답안을 만들어낼 때까지 입을 다문다. 그는 현안에 대해서 그 누구와도 얘기하고 싶어 하지 않고 특히 언어치료사라면 딱 질색으로 여긴다. 그는 남을 찾아가서 상담하는 것을 자신의 허약함을 대문짝만하게 드러내는 짓이라고 생각한다.

로댕의 저 유명한 조각 '생각하는 사람'은 자신의 문제를 깊이 숙고하는 남자를 상징한다. 그는 자신의 바위에 앉아서 해결안을 생각해내야 하기 때문에 혼자 있고 싶어 한다. 여기서의 키워드는 '혼자서'이다. 아무도 그와 함께 바위 위에 올라가서 안 된다. 가장 친한 친구라도 이 경우에는 사절이다. 사실, 그의 남자 친구들은 그런 경우 함께 올라가서 사색하겠다고 나서지도 않는다. 하지만 여자는 그와 함께 바위 위로 올라가서 위안을 해주고 싶어 한다. 그러나 정말로 그렇게 했다가는 큰일 난다. 남자가 그녀를 거칠게 밀어낼 것이고, 그러면 그녀는 커다란 충격을 받을 것이기 때문에!

> 남자는 문제를 해결하기 위해 바위 위로 올라간다.
> 남자를 따라간 여자는 발길질만 당한 채 그 바위에서 내려오게 될 것이다.

만약 로댕이 여자를 주제로 하여 그 조각을 만들었더라면 그 제목은 아마도 '말하는 사람'이 되었을 것이다. 여자는 남자가 바위 위로 올라가고 싶어할 때 그냥 내버려두고 또 혼자 생각하도록 분위기 조성을 해주어야 한다. 많은 여자들이 남자의 침묵을 오판하여 그가 자기(그녀)를 사랑하지 않는다, 자기에게 화가 났다고 생각한다. 여자들이 동일한 상황에서 말을 하지 않으면 그것은 분노나 당황을 의미하는 것이기 때문에, 남자들도 그런 줄 아는 것이다. 만약 여자가 바위 위의 남자에게 비스킷 곁들인 차 한 잔을 가져다주고 그를 혼자 내버려둔다면 모든 일이

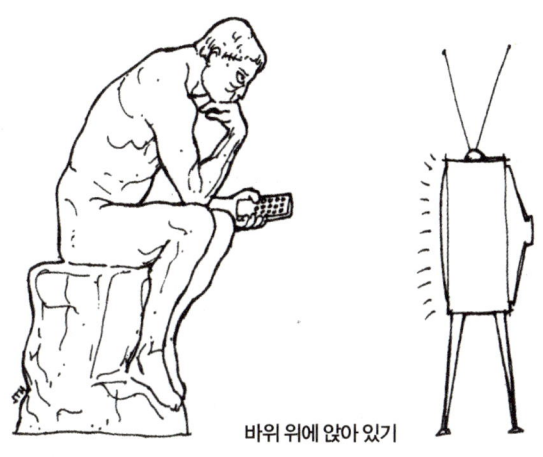
바위 위에 앉아 있기

순조로울 것이다. 남자는 마침내 문제를 해결하면 스스로 바위에서 내려올 것이다. 그리고 그는 행복한 마음으로 자기가 먼저 입을 열 것이다.

문제를 풀기 위해 공간 지능을 활용한다

남자의 '바위에 올라가기'는 여러 가지 다른 형태를 취한다. 가령 신문이나 잡지를 읽는 것, 스쿼시를 하는 것, 낚시 가는 것, 테니스, 골프, 뭔가를 수리하는 것, 텔레비전을 보는 것 등이 그 다른 형태이다. 스트레스를 받는 남자는 다른 남자를 초청하여 골프를 칠 수도 있다. 그들은 골프를 하면서 말은 거의 하지 않는다. 고민이 있는 남자는 우뇌 앞면의 공간 지능을 이용하여 골프도 치면서 또 자신의 문제에 대한 해결안을 곰곰 생각한다. 이처럼 공간 지능을 자극하면 문제 해결 과정이 촉진되는 듯하다.

왜 남자는 텔레비전 채널을 자주 바꿀까?

리모컨을 들고 앉아서 텔레비전 채널을 자꾸 바꾸는 남자의 모습은 여자들이 미워하는 꼴불견의 하나이다. 그는 좀비(뇌가 없는 귀신)처럼 소파에 앉아서 속절없이 채널만 바꿔댄다. 거기서 나오는 프로그램에는 전혀 신경 쓰지 않으면서, 남자가 이런 행동을 할 때는 실은 '바위 위에 올라가 있는' 것이다. 그래서 화면에서 뭐가 나오든 잘 보이지 않는다. 그는 단지 스토리의 결론만 추구하고 있는 것이다. 채널을 획획 돌림으로써 자신의 문제를 잊어버릴 수 있고 다른 사람들의 문제에 대한 해결안을 찾아낼 수도 있다.

한편, 여자는 채널을 돌리지 않는다. 그들은 프로그램을 보면서 스토리의 전후 관계를 따지고, 그 스토리에 등장하는 사람들의 감정과 인간관계를 추적한다. 어떻게 보면 남자들의 신문 중독증도 이런 채널 돌리기와 비슷한 것이다.

여자들은 남자들의 이런 상태를 이해해주어야 한다. 남자들이 이런 행동을 하는 경우, 그들은 아무것도 들을 수가 없고 또 기억할 수가 없다. 그러니 그들과 대화하려는 것은 아무래도 무리이다. 그 대신 미리 약속을 하고 그에게 의제를 먼저 제시하라. 그들의 선조들이 지난 수백만 년 동안 바위 위에 혼자 앉아서 지평선을 바라다보며 생각에 잠긴 역사가 있음을 기억하라. 남자들이 이런 태도는 아주 자연스러운 것이다. 그는 그렇게 행동하면서 편안함을 느끼는 것이다.

아들에게 말을 시키는 요령

전 세계 방방곡곡의 어머니들은 남자아이(아들)가 통 말이 없는 사실을 안타깝게 여긴다. 딸들은 학교 갔다 집에 오면 중요한 일이든 사소한 일이든 가리지 않고 모두 털어놓는다. 반면 남자아이들은 '뭔가 하도록' 프로그램 되어 있다. 그래서 남자아이들에게 말을 시키려면 이 핵심적인 사실을 이용해야 한다. 아들과 좀 더 많은 대화를 하기 위하는 어머니는 아들과 함께 어떤 행동을 해야 한다. 가령 그림 그리기, 운동, 컴퓨터 게임 등을 함께하면 자연스럽게 대화를 유도할 수 있다.

> 남자아이들은 눈을 너무 자주 마주치는 것을 싫어한다.
> 그러나 어머니들은 그걸 좋아한다.

이렇게 어떤 구체적 행동을 가지고 유도를 하면, 아들은 잦은 눈 마주침을 자연스럽게 피할 수가 있다. 물론 대화가 끊어질 수도 있다. 아들이 어머니의 질문에 대답하기 위해 하던 행동을 멈추어야 할 테니까 말이다. 아들은 한꺼번에 두 가지 일을 하기가 참으로 어렵다. 하지만 여기서의 주된 목적은 아들에게 말을 시키자는 것이다. 이런 전략이 남편에게도 그대로 먹혀든다. 하지만 전구를 갈아 끼우는 등, 결정적인 순간에는 남편에게 말을 걸지 않는 것이 좋다!

남녀 모두 스트레스를 받을 때

신경이 날카로운 남자는 술을 마시고 다른 나라로 쳐들어간다. 신경이 날카로운 여자는 초콜릿을 씹어 먹고 쇼핑센터로 쳐들어간다. 스트레스를 받으면 여자는 깊은 생각 없이 말하고, 남자는 깊은 생각 없이 행동한다. 바로 이 때문에 교도소에 있는 사람의 90퍼센트가 남자이고, 치료사를 만나러 가는 사람의 90퍼센트가 여자이다.

남녀 모두 스트레스를 받는다면 그것은 아무도 감당하지 못하는 감정의 지뢰밭이 된다. 남자는 말을 하지 않고 여자는 그것을 걱정한다. 여자는 말을 많이 하고 남자는 그걸 감당하지 못한다. 남자의 기분을 좋게 하기 위해 여자는 그에게 문제를 털어놓으라고 요청하지만, 실은 그게 최악의 요청이다. 그는 여자에게 조용히 내버려달라고 버럭 소리를 지른 다음 다른 곳으로 침잠해버린다.

> 남자는 여자가 스트레스를 받을 때
> 말로써 풀려고 한다는 것을 알아야 한다. 따라서 이 경우
> 남자는 해결안을 제시하려 들지 말고 그냥 들어주어야 한다.

그녀 자신도 스트레스를 받고 있기 때문에, 그녀는 자신의 문제에 대해서 말하려 하고, 그것은 남자를 더욱 좌절시킨다. 그가 자신의 바위로 물러가자 여자는 무시당하고 버림받았다는 느낌을 갖게 된다. 그리하여 친정어머니, 여동생, 친한 친구들에게 계속 전화를 돌려대는 것이다.

숨고 싶은 남자, 찾고 싶은 여자

남녀가 스트레스에 대처하는 방식은 서로 다른데, 사람들은 이것을 잘 이해하지 못한다. 남자는 엄청난 스트레스를 느끼거나 심각한 문제에 대한 해결안을 찾으려 할 경우, 모든 사람과의 관계를 완전히 봉쇄해 버린다. 정서를 담당하는 두뇌 영역을 완전 차단하고 문제 해결에 나서면서 입을 다물어버린다. 남자가 이처럼 완전 봉쇄를 하고 나오면 여자는 아주 당황한다. 그것은, 여자의 경우, 감정이 상했거나 거짓말로 피해를 당했거나 어처구니없는 학대를 당했을 때 취하는 조치인 것이다. 여자는 남자도 그런 줄로만 아는 것이다. 그리하여 자신이 남자의 감정에 상처를 입혔기 때문에 남자가 더 이상 자신(여자)을 사랑하지 않는다고 생각해버린다. 그녀는 계속하여 남자에게 말을 시키려고 들지만 남자는 거절한다. 이때 남자는 여자가 자신(남자)의 문제 해결 능력을 불신하여 저토록 말을 시킨다고 생각한다.

여자가 감정이 상하여 입을 다물면, 반대로 남자는 여자가 저만의 호젓한 공간이 필요한 걸로 생각한다. 그래서 그는 친구들과 함께 술집으로 가거나 차의 카뷰레터를 청소한다. 만약 남자가 입을 완전히 다물어버리면, 여자인 당신은 그냥 내버려두라. 그는 별 문제가 없는 것이다. 만약 여자가 입을 완전히 다물어버리면 그것은 험난한 파도의 조짐이니 남자인 당신은 서둘러 그녀와의 대화에 나서야 한다.

남자는 어떻게 여자를 소외시키는가?

남자는 여자가 스트레스를 받거나 문제 사항이 있다고 생각하면, 그런 상황에 놓인 다른 남자들을 대하듯 한다. 그는 멀찍이 사라져줌으로써 여자가 스스로 문제를 해결할 공간을 제공하는 것이다. 그는 이렇게 말한다.
"여보, 아무 일 없지?"
"네… 아무 일도…."
이렇게 대꾸하는 여자는 실은 속으로 이렇게 말하고 있는 것이다.
'만약 당신이 나를 정말 사랑한다면 나의 문제점을 자세히 물어볼 거예요.'
그러나 남자는 여자의 표면적인 대답만 듣고서 "그거 잘 되었군" 하고는 자신의 컴퓨터 작업을 하러 가버린다. 그러면 그녀는 '참으로 야박하고 무정한 남자야' 라고 생각하면서 친구들에게 전화를 걸어댄다. 그러면 여자친구들은 그녀의 감정을 이해한다고 대답하면서 남자들은 정말 무심한 존재들이라고 함께 비난한다.

과거 전통시대에 남자들은 현대의 남자들이 겪는 이러한 문제를 경험하지 않았다. 아내와 가족에게 사랑을 보여주기 위해서 남자는 자신의 일을 평소처럼 하면 되었다. 그는 일하러 나가서 '먹이를 가져오면' 되었던 것이다. 지난 수천 년 동안 남자들은 이런 방식으로 살아왔고 또 그것이 대부분의 남자들에게는 자연스러운 것이었다.

오늘날 대부분의 나라에서 노동력의 50퍼센트가 여자이다. 따라서 더 이상 남자만이 가족을 부양하지는 않는다. 이러한 상황에 놓인 현대의 남자들은 이제 가족들과 원만한 의사소통을 해야 한다. 물론 이런 의사소통의 기술은 남자들에게 친숙한 것이 아니다. 하지만 좋은 뉴스가 있다. 의사소통의 기술도 잘 배우면 충분히 자기 것으로 할 수 있는 것이다.

왜 남자는 화난 여자를 다루지 못할까?

여자는 당황하거나 감정이 상하면 와락 울어버리거나 팔을 흔들거나 쉴 새 없이 말을 하면서 자신의 울분을 토로한다. 이때 자신의 감정을 표현하기 위해 온갖 형용사가 동원된다. 그녀는 위로를 얻고, 보살핌을 받고, 사정을 하소연하고 싶은 것이다. 그러나 남자는 자신의 우선사항에 입각하여 여자의 행동을 해석한다. 남자는 여자의 말을 이렇게 번역한다.

'나를 구해줘요. 내 문제를 해결해줘요!'

그래서 남자는 위안과 격려를 해주는 것이 아니라 조언을 해주려고 한다. 해결안을 찾기 위한 날카로운 질문을 던지면서 여자에게 너무 당황하지 말라고 말한다.

"울지 마!"

남자는 겁먹은 표정으로 말한다.

"당신은 너무 과민하게 반응하고 있어! 사태는 그렇게 절망적이지 않다구!"

그는 어머니처럼 여자를 위로해주는 것이 아니라 엄정한 비판가(아버지)의 입장을 취하는 것이다. 그는 자신의 아버지와 할아버지가 문제를 그런 식으로 해결하는 것을 보면서 커왔고 그것은 인간의 수컷이 나무에서 내려온 이래 늘 해오던 방식이었다.

여자에게 감정을 표현하는 것은 의사소통의 한 형태이다. 그녀는 그런 감정을 곧 극복하고 쉽게 잊어버릴 수 있다. 하지만 남자는 그처럼 슬퍼하는 여자에게 어떤 해결안을 마련해주어야 한다고 강박적으로 생각하면서 그런 것을 마련해주지 못하면 자신을 실패작이라고 치부한다. 바로 이 때문에 여자가 감정이 상해 있을 때면, 남자는 당황하거나 화를 내면서 그만 뻐치라고 버럭 소리를 지르는 것이다. 남자는 여자가 일단 울기 시작하면 저 울음이 계속되면 어쩌나 하고 겁을 먹는 것이다.

남자도 때로는 운다

여자는 남자보다 더 많이 운다. 남자는 과거에 진화해온 방식이 있기 때문에 잘 울지 않는다. 특히 사람들이 있는 곳에서는 더욱 그러하다. 사회적 조건화가 이런 태도를 강요했던 것이다. 가령 남자아이가 축구를 하다가 고통스러운 부상을 당하여 비명을 지르며 운동장에 쓰러지면, 코치는 눈알을 부라리며 이렇게 소리친다.

"일어나! 상대팀에게 부상 사실을 알리지 마! 사나이답게 훌훌 털고 일어나!"

그러나 감수성이 예민한 '뉴에이지 남자'는 이제 아무 때, 아무 곳에서나 울 수 있다. 치료사, 상담원, 잡지 기사 등이 그에게 마음껏 울어 버리라고 권유한다. 또한 깊은 숲 속의 리조트 캠프로 휴가를 떠난 남자들은 모닥불 주위에 모여 서로 얼싸 안으며 포옹을 하기도 한다. 현대의 남자들은 적당한 기회에 '속마음을 털어놓지' 않으면 냉정한 사람, 기능 부전인 사람으로 비난을 받는다. 한편 여자는 두뇌구조상 정서를 다른 두뇌 기능과 손쉽게 연결할 수 있기 때문에, 대부분의 상황에서 잘 울고 또 감정적(정서적)으로 대응한다.

진짜 남자도 울 때가 있다.
그때는 우뇌의 정서 영역이 총동원되는 때이다.

진짜 남자는 우뇌의 정서 영역이 총동원되는 때, 눈물을 흘린다. 그러나 사람들이 보는 데에서는 결코 울지 않는다. 그러므로 사람들 앞에서 툭 하면 우는 남자는 일단 수상스러운 사람이라고 할 수 있다.

여자는 남자에 비해 탁월한 감각적 능력을 가지고 있다. 또한 더 자세한 정보를 확보하고 자신의 감정을 정서적으로 혹은 언어적으로 표현할 수가 있다. 여자는 모욕을 당하면 눈물을 흘린다. 모욕은 통상적으로 정서를 불러일으키기 때문이다. 그러나 남자는 자신이 모욕을 당했는지 어쨌는지 의식하지 못할 때가 많다. 그런 일은 문자 그대로 남자에게는 별 게 아닌 것이다.

외식

여자는 외식을 하나의 사회적 행사라고 생각한다. 인간관계를 돈독히 하고, 문제를 토론하고, 친구들을 도와주는 그런 계기로 생각하는 것이다. 이에 비해 남자들은 외식을 아주 논리적으로 파악한다. 요리를 하지 않아도 되고, 식료품 구입이나 설거지 등이 면제된다는 것을 먼저 생각한다. 외식을 할 때, 여자들은 만나는 사람들의 퍼스트 네임(이름)을 부르며 인간관계를 돈독히 한다. 만약 바바라, 로빈, 리사, 피오나가 함께 점심 식사를 하러 갔다면 그들은 서로 바바라, 로빈, 리사, 피오나라고 부른다. 만약 레이, 앨런, 마이크, 빌이 술을 한잔 마시러 나간다면, 그들은 서로를 대머리, 호색한, 골통, 식충이 등으로 부른다. 이렇게 불러대는 것은 친밀함의 표시를 애써 피하기 위해서이다.

음식 대금 청구서가 나오면 여자들은 계산기를 꺼내서 각자 얼마씩 낼 것인지를 계산한다. 남자들은 재빨리 50달러를 테이블 위에 내놓는다. 자기가 대금을 계산하여 각광을 받고 싶은 것이다. 그러면서 잔돈 따위는 신경 쓰지 않는다는 태도를 취한다.

쇼핑, 그녀의 즐거움이자 그의 공포

여자에게 쇼핑은 말하기와 같은 것이다. 쇼핑은 구체적 목표가 있는 게 아니다. 그것은 몇 시간에 걸쳐 아주 비구조적인 방식으로 전개된다. 또 구체적 결과를 반드시 달성해야 하는 것도 아니다. 여자들은 물건을 사든 사지 않든 쇼핑을 느긋하고 슬거운 경험이라고 생각한다. 이런 유형의 쇼핑은 남자에게 20분 이내에 뇌출혈을 안겨준다. 남자는 힘이 솟구치는 기분을 느끼려면 뚜렷한 목표, 맞추어야 할 타깃, 일목요연한 시간표가 있어야 한다. 결국 그는 먹이 추적자이고 그게 그의 임무이다. 그는 사냥감을 재빨리 죽여서 집으로 가져오고 싶어 한다.

> 대부분의 남자들은 여자의 의상 쇼핑을 따라나섰다가
> 20분 이내에 혈압 상승을 경험한다.

옷가게에 여자를 따라간 남자는 불안과 좌절을 동시에 느낀다. 여자는 이 옷 저 옷 입어보고 그에게 논평을 요청하다가 결국에는 옷을 사지 않는다. 여자가 다양한 옷을 이리저리 입어보기를 좋아하는 것은 그것이 여자의 두뇌 패턴과 일치하기 때문이다. 여자는 다양한 정서와 느낌을 동시에 느끼려는 무드를 갖고 있는데, 이 옷 저 옷 입어보는 것이 그런 무드와 어울리는 것이다. 반면 남자의 옷은 남자의 두뇌 구조를 반영한다. 예측 가능하고, 보수적이고, 결론 지향적인 것이다.

때때로 여자에게 자신의 옷을 고르게 하는 남자를 볼 수가 있다. 옷을 잘 입고 다니는 남자는 대체로 여자에게 옷 고르기를 시키는 남자이거나 아니면 게이(동성애자)이다. 남자 8명 중 1명은 청색, 적색, 녹색을 구분하지 못하는 색맹이고 대부분의 남자는 무늬와 디자인을 서로 배합시키는 능력이 없다.

남자를 쇼핑에 데리고 나서려면 그에게 분명한 기준을 제시해야 한다. 색깔, 크기, 브랜드(상품명), 스타일 등을 일러주고 또 어느 가게에서 몇 분 정도 쇼핑할 것인지도 알려주어야 한다. 이런 분명한 목표(설혹 여자인 당신이 적당히 꾸며낸 것일지라도)가 제시되면, 남자도 쇼핑에 의욕을 발휘한다. 틀림없으니 당신이 직접 시험해보도록 하라.

여자를 진정으로 칭찬하려면

여자가 새 옷을 입고서 남자에게 물어본다.
"나 어때요?"
그러면 대부분의 남자는 "좋구만" "새 옷이네"하고 퉁명스럽게 한 마디 하고는 그만이다. 이렇게 대답해서는 여자에게 좋은 점수를 얻기는 다 틀린 일이다. 좋은 점수를 따려면 무엇보다도 여자들이 반응하는 방식 그대로 반응해야 한다. 바꾸어 말하면 구체적으로 대답해 주어야 한다.

> 어떤 남자들은 구체적으로 대답하는 것을 아주 질색으로 여긴다. 하지만 큰맘 먹고 그런 식으로 대답하면 여자에게 좋은 점수를 따게 된다.

가령 이렇게 대답하는 것이다.
"와우! 정말 멋진 선택이야! 한번 빙 돌아봐. 당신 등을 한번 보자구. 그 색깔, 정말 당신에게 잘 어울리는데. 끝내줘! 재단도 당신의 몸매를 한결 돋보이게 하구 말이야. 그리고 그 귀고리는 정말 그 옷과 잘 어울리는군. 당신, 정말 매력적이야."
이런 대꾸에 황홀해하지 않는 여자는 없을 것이다.

알 수 없는 화학 변화

Why Men don't Listen &
Why Women Can't Read Maps

"굿틴 부인, 다시 한번 정리해보죠.
당신은 지금 PMT(월경전 긴장증세)로 고통을 겪는다고 말했어요.
그리고 남편한테 리모컨으로 자꾸 채널을 돌리는 걸 그만두지 않으면
총으로 머리통을 박살내겠다고 말했어요. 그때 남편은 어떻게 반응했나요?"

Why Men don't Listen &
Why Women Can't Read Maps

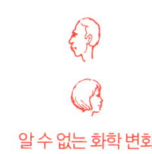

알 수 없는 화학 변화

피터는 폴라를 저녁식사에 초대했고 둘은 재미있는 시간을 보냈다. 둘은 너무 죽이 잘 맞아 계속 데이트를 하기로 결정했다. 그렇게 교제한 지 1년쯤 된 어느 날…. 그들은 영화를 보고 집으로 돌아오는 길이었다. 폴라는 피터에게 만난 지 1주년 되는 날을 어떻게 기념할 것이냐고 묻는다.

"피자를 주문하고 TV로 골프나 보는 거지 뭐!" 피터가 대답한다.

폴라는 갑자기 말이 없어진다. 피터는 뭔가 잘못되었다는 것을 눈치채고 슬쩍 말을 바꾼다.

"피자가 싫다면, 중국 음식을 시킬 수도 있어."

"좋아요." 하고 폴라가 대답은 했지만, 곧 입을 다물어버린다. 피터

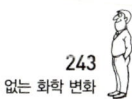

는 계속 생각한다.

'벌써 1년이라니! 그래, 데이트를 처음 시작한 게 1월이었고, 이 차를 산 것도 1월이었지. 그러니 차량 무상 서비스 기간인 12개월이 곧 끝나겠군. 계기판에 저 깜빡거리는 급유등을 정비사가 고쳐준다고 했는데, 그리고 아직도 부드럽게 돌아가지 않는 이 기어박스도 한번 손보아줄 거라고 했는데….'

한편 폴라는 이렇게 생각한다.

'1주년 기념일에 피자를 먹으면서 TV를 보겠다니 저 남자는 우리의 관계를 대단치 않게 생각하는 게 틀림없어…. 그런 다음에는 남자친구들을 불러내겠지. 난 촛불 켜놓은 정중한 저녁식사를 하고 그 다음엔 느린 춤을 추면서 우리의 장래에 대해서 얘기하고 싶어. 하지만 우리의 관계는 나만 소중하게 생각했지, 저 남자는 별로인 게 틀림없어. 오히려 우리 관계를 부담스럽게 생각하고 있어. 난 좀 더 강력한 약속의 말을 받아내고 싶어. 하지만 저 남자는 위협을 느끼는 거야…. 이 문제를 곰곰 생각해보니, 좀 더 넓은 공간을 바랐던 이유가 있는 것 같아. 그래야 친구들과 더많은 시간을 보낼 수 있을 테니까. 우리의 관계가 어떻게 끝날 것인지 좀 더 깊이 생각해봐야겠는걸…. 그러니까 내 말은 말이야, 우리가 도대체 어디로 향해 가고 있냐는 거야. 우리는 그저 이렇게 데이트만 하다가 말 것인지, 아니면 결혼을 할 것인지? 애라도 낳을 건지? 또는 뭘 할 건지? 내가 정말로 이런 깊숙한 관계를 맺기를 원하는 걸까? 정말 저 남자와 평생을 함께할 생각인가?'

피터는 급유등이 다시 깜빡거리는 것을 내려다보며 인상을 쓰다가 생각에 잠긴다.

'정비공장의 바보 같은 놈들은 저 급유등을 고쳐주겠다고 했어. 그런데 이제 차량 무상 보증기간이 거의 끝나가고 있으니, 이를 어쩐다!'

폴라는 피터를 쳐다보더니 또 다른 생각의 흐름을 엮어간다.

'저 봐, 저 남자는 얼굴을 찌푸리고 있어…. 행복하지 않은 거야…. 내가 너무 뚱뚱하니까 살을 빼서 나의 옷맵시를 고쳐야 한다고 생각하는 거야. 물론 화장을 덜 하고 운동을 더 많이 해야 한다는 걸 나도 알아. 내 친구 캐리의 날씬한 몸매를 좀 보라고 했었지. 그러면서 캐리랑 헬스장에 다니라고 했어. 난 이 문제를 친구들이랑 의논해봤어. 친구들은 피터가 있는 그대로의 나를 사랑해주어야 한다고 했어. 나를 자꾸 바꾸려고 하는 것은 곤란하다는 거였어. 그래 내 친구들 말이 맞는 거야!'

그러나 피터의 생각은 아주 엉뚱한 방향으로 달리고 있다.

'정비공 녀석들에게 당장에 고쳐내라고 해야겠어! 말만 하지 말고 지금 당장 말이야.'

폴라는 계속 피터의 얼굴을 쳐다보며 생각한다.

'저 남잔 이제 아주 당황하고 있어…. 저 얼굴에 그렇게 씌어 있어. 긴장감이 느껴질 정도야. 내가 저 남자의 마음을 잘못 읽고 있는 건지도 몰라. 저 남자는 나에게서 좀 더 확실한 약속을 얻어내려는 건지도 몰라. 저 남자는 내가 앞날을 다소 불안하게 생각하고 있다는 걸 눈치 챘을 거야. 그래, 바로 그거야! 그 때문에 저 남자는 나한테 말을 안 하는 거야. 내가 자기를 거절할지도 몰라서 나한테 자신의 마음을 열어

보이지 않는 거야. 난 저 남자의 눈빛에서 고통을 읽을 수 있어.'

피터는 이렇게 생각한다.

'정비공장 녀석들, 이번에는 결코 간단히 넘어가지 않을 테다! 내가 급유등에 문제가 있다고 하니까 그 녀석들이 뭐라고 했었지? 자동차 회사 타령만 했어. 만약 급유등이 무상 수리 대상이 아니라고 뻔뻔하게 나온다면 녀석들 큰코다칠 줄 알아! 내가 이 차를 사기 위해 돈을 얼마나 많이 들였는지 알아? 이번에는 무슨 일이 있어도 고치고 말 테다…'

"피터?" 폴라가 말한다.

"뭐라고?" 피터는 자신의 생각이 끊기는 것에 짜증을 내며 언짢은 목소리로 대꾸한다.

"제발 자기 자신을 그렇게 괴롭히지 말아요. 이렇게 생각하는 내가 잘못되었는지 몰라요. 아, 나는 너무 기분이 안 좋아서요. 난 시간이 좀 더 필요한지도 모르겠어요. 내 말은 인생이 이처럼 까다로워서는 곤란하다는 얘기예요."

"그건 나도 동감이야!" 피터가 대꾸했다.

"당신은 내가 너무 바보 같다고 생각하지요?"

"아니." 피터가 헷갈리는 표정을 지으며 대답한다.

"그건 단지… 난 더 이상 뭐가 뭔지 모르겠어요. 난 헷갈려요. 이 문제를 생각하려면 시간이 좀 걸리겠어요." 그녀가 말한다.

피터는 속으로 이렇게 생각한다.

'도대체 이 무슨 뚱딴지 같은 소리야? 뭔지는 모르지만, 무조건 오케

이라고 대답해야지. 그녀는 내일이면 기분이 다시 좋아질 거야. 그녀는 혹시 생리 전인지도 모르지.'

"고마워요 피터. 당신은 이게 나한테 얼마나 소중한지 모를 거예요." 폴라가 말했다.

그녀는 피터의 눈을 들여다보며 그가 아주 특별한 사람임을 다시금 깨닫는다. 그러고서 피터와의 교제를 좀 더 심각하게 생각해야겠다고 마음을 다잡는다.

그렇게 해서 피터와 헤어진 폴라는 밤새 잠도 제대로 못 자고 뒤척이다가 그 다음날 아침 친한 친구인 캐리에게 전화를 건다. 어제의 그 문제를 의논하기 위해서이다. 두 여자는 점심때 만나기로 약속을 했고, 만나서는 그 문제를 의논한다.

한편 집으로 돌아간 피터는 맥주를 한 병 꺼내와 소파에 앉은 채로 텔레비전을 켠다. 그는 폴라에게 약간의 문제가 있다고 생각한다. 아마도 PMT Pre-Mentrual Tension(월경 전 긴장증세)인지도 모른다.

폴라와 캐리는 그 다음 날에도 만나서 밤늦게까지 얘기를 나눈다. 며칠 뒤 피터는 캐리의 남자친구인 마크를 만난다. 마크는 이렇게 말을 꺼낸다.

"그래, 폴라와 무슨 문제가 있다며?"

피터는 이제 완전히 헷갈려버린다.

"무슨 문제? 도대체 폴라가 무슨 얘기를 하는지 모르겠는 걸. 그건 그렇고 이 급유등을 좀 봐. 이걸 어떻게 고쳐야 할까?"

호르몬의 위력

과거에는 호르몬이 두뇌가 아닌 신체에만 영향을 주는 것으로 생각되었다. 그러나 과학이 발달하여, 이제 호르몬이 출산 전 태아의 두뇌를 프로그램하고, 그리하여 우리의 생각과 행동을 통제한다는 것이 밝혀졌다. 십대 소년의 경우, 체내 테스토스테론의 분비량이 같은 십대 소녀에 비해 15~20배 더 많다. 그리고 이 호르몬의 체내 흐름은, 신체의 필요에 따라, 두뇌가 통제하고 또 조정한다.

사춘기에 이르면, 테스토스테론이 소년의 체내에서 급격히 분비되어 그를 부쩍 크게 만들고 또 15퍼센트 지방과 45퍼센트 단백질의 신체비율을 형성시킨다. 십대 후반기에 이르면 그의 신체는 먹이 추적자답게 날씬하고 강건한 생물적 특징을 갖추게 된다. 남자아이들은 호르몬 분비상 폐활량이 큰 신체로 만들어졌기 때문에 스포츠를 잘한다. 또 적혈구를 통해 원활한 산소공급을 받기 때문에 달리기, 점프하기, 씨름하기 등을 잘한다. 스테로이드는 근육을 키워주는 남성 호르몬이다. 이 호르몬은 운동선수들에게 추가의 '사냥' 능력을 부여해주고 또 스테로이드를 섭취하지 않는 사람에 비해 훨씬 유리한 입장에 서도록 해준다.

여성 호르몬은 십대 소녀에게 다른 영향을 미친다. 이 호르몬은 남성 호르몬처럼 통제되지 않고 그 대신 28일 주기(사이클)로 커다란 파도처럼 밀려온다. 이 호르몬의 분비에 따라서 여자는 커다란 감정의 기복을 경험하기 때문에 자칫하면 재앙을 겪을 수도 있다. 여성 호르몬은 소녀의 신체를 지방 26퍼센트에 단백질 20퍼센트의 비율로 형성시킨다. 여자가 남자보다 지방이 더 많은 것은 수유授乳에 추가 에너지를 주고 또 음식이 떨어지는 어려운 때를 대비시키려는 것이다. 여성 호르몬은 신체를 비만하게 하기 때문에, 가축을 사육하는 데에도 사용된다. 반면, 남성 호르몬은 지방을 감소시키는 대신 근육을 강화하기 때문에 동물 사육에는 부적당하다.

'사랑에 빠지는' 메커니즘

당신은 방금 아주 특별한 사람을 만났다. 당신의 가슴은 두근거린다. 손에서는 땀이 나고 속은 울렁거리고 온몸이 화끈거린다. 당신은 그 사람과 함께 저녁 식사를 하러 갔고 마치 공중에 뜬 연처럼 기분이 두둥실 날아간다. 저녁 데이트가 끝난 뒤 그 사람은 당신에게 키스를 했고 당신은 온몸이 녹아내리는 것만 같다. 그 후 며칠 동안 당신은 거의 밥을 먹지 않았지만 그렇게 기분이 좋을 수가 없었다. 심지어 당신의 감기가 저절로 나은 것을 발견했다.

신경과학적 증거에 의하면 '사랑에 빠지는' 현상은 두뇌 속에서 벌어지는 일련의 화학적 반응이다. 이것 때문에 신체적, 정신적 반응이 일어나는 것이다. 두뇌의 의사소통 연결망을 형성하는 뉴런은 약 1000억 개가 있는 것으로 알려졌다. 미국 국립보건원의 캔디스 퍼트는 뉴로펩티드를 발견한 선구자이다. 뉴로펩티드는 일종의 아미노산인데 신체를 떠돌다가 그것을 반기는 수용체와 결합한다. 현재까지 약 50개의 뉴로펩티드가 발견되었는데, 이것이 신체의 수용체와 결합할 때 신체내에서 정서적 반응이 촉발된다. 다르게 말해서 우리의 모든 정서, 즉 사랑, 슬픔, 행복 등이 생화학적 현상이라는 것이다.

영국 과학자 프랜시스 크릭과 미국 과학자 제임스 왓슨이 유전자의 DNA코드를 해독하여 노벨상을 탔을 때, 크릭은 이렇게 말하여 온 세상을 놀라게 했다.

"당신, 당신의 즐거움, 슬픔, 기억, 야망, 정체성, 자유의지, 사랑 등은 거대한 신경세포 집합체의 행동에 불과하다."

당신에게 사랑이라는 황홀한 신체적 느낌을 주는 주된 화학 성분은 PEA(페닐에틸라민Phenylethlamine)인데, 이것은 암페타민과 관련되어 있고 초콜릿에서도 발견된다. 이것이 당신의 가슴을 두근거리게 하고, 손에 땀나게 하고, 눈썹을 파딱거리게 하고, 속을 울렁거리게 만들었던 여러 화학성분들 중 하나인 것이다. 아드레날린 또한 분비되어 당신의 가슴을 뛰게 하고, 정신을 맑게 하고, 황홀한 기분을 느끼게 해준다. 또한 엔돌핀도 분비된다. 이것은 당신의 면역체계를 구축해주고 또 감기를 낫게 해준다.

두 연인이 키스를 하면, 그들의 두뇌는 재빨리 서로의 타액을 화학적으로 분석하여 두 연인의 유전적 호환성을 결정한다. 여자의 두뇌는 또한 남자의 면역체계 상태에 대한 화학적 판단을 한다.

이런 화학적 반응을 바탕으로 하여 연인들은 건강을 유지하게 되고 또 보통 사람들에 비해 병에 걸리지 않을 확률이 더 높아지는 것이다. 이렇게 볼 때, 사랑에 빠지는 것은 당신의 건강을 위해서 좋은 일이다.

다양한 호르몬의 작용

에스트로겐은 여자에게 만족과 평안의 느낌을 주는 여성 호르몬으로서 여자의 둥지 수호자적 행동에 중요한 역할을 한다. 이 호르몬은 사람을 진정시키는 효과가 있기 때문에, 교도소에서 난폭한 행동을 보이는 공격적 재소자에게 투여되기도 한다. 에스트로겐은 기억을 돕기도 한다. 이 때문에 에스트로겐 수준이 저하되는 폐경 직후에 많은 여자들이 기억력 저하를 경험하게 된다. 또 호르몬 대체 요법_{HRT : Hormone Replacement Therapy}을 받는 사람들은 기억력이 평소보다 높아진다.

프로게스테론은 부모 됨의 느낌과 양육의 느낌을 주는 호르몬인데, 여자가 아이를 성공적으로 양육하도록 격려하는 것이 주된 임무이다. 그래서 여자는 아이를 보면 이 호르몬이 분비된다. 또 연구 결과에 의하면, 어린아이의 모습을 한 물체를 보아도 역시 이 호르몬이 분비된다. 아기는 짧고 통통한 팔다리, 통통한 상체, 지나치게 큰 머리, 커다란 눈 등이 특징이다. 이런 특징은 프로게스테론의 분비를 촉진시키는 '촉진제'이다. 이런 특징에 대한 반응은 너무 강력하여, 여자들은 아이를 닮은 인형을 보기만 해도 프로게스테론이 저절로 분비된다. 바로 이런 이유 때문에, 테디 베어와 새끼 동물 같은 장난감이 여자에게 그토록 인기가 높은 것이다. 반면 길쭉하고 날씬한 장난감은 별로 인기가 없다. 여자나 소녀는 테디 베어를 집어 들고 이렇게 소리친다.

"아, 정말 너무 귀여워요. 이런 것만 보면 정말 미치겠어요."

이것은 그녀의 혈류 속으로 스며든 프로게스테론의 작용 때문이다.

1. 아기　　　　2. 테디 베어　　　　3. 홀쭉한 장난감

　대부분의 남자들은 프로제스테론이 결핍되어 있기 때문에 여자들이 값비싼 장난감에 그토록 열광하는 현상을 이해하지 못한다. 이러한 현상은 어머니형의 여자들이 키 작고 뚱뚱하고 뺨이 통통한 남자들과 결혼하는 이유가 되기도 한다.

　위의 세 그림을 보라. 아기가 여자의 체내에 프로제스테론을 분비시키는 것처럼, 그림 2의 테디 베어도 동일한 효과를 낸다. 하지만 그림 3은 촉진자의 특징이 없기 때문에 프로제스테론의 분비를 촉진하지 않는다.

　그래서 지금껏 가장 잘 팔리는 장난감은 통통한 어린아이 모양이거나 동물 새끼 모양인 것이다.

왜 금발은 출산율이 높을까?

금발은 높은 에스트로겐 수준의 표시이며 그래서 남자들은 금발에게 강한 매력을 느낀다. 그것은 높은 출산성의 표시이고 동시에 '멍청한 금발'이라는 숙어를 설명해준다. 멍청한 금발은 아이는 잘 낳는데 수학적 머리는 젬병이라는 농담이 있다. 연구 조사에 의하면, 임신중 남성 호르몬을 투입한 어머니의 십대 딸은 다른 소녀에 비해 학업성적이 뛰어나고 대학 시험에 합격할 가능성이 더 높다. 그러나 이런 소녀는 성품이 여성적이지 못하고 신체에 털이 많다.

금발 여자가 첫아이를 낳으면 그녀의 에스트로겐 수준이 떨어지기 때문에, 금발이 검게 된다. 두 번째 아이를 낳으면 더욱 검어진다. 출산을 거듭할수록 에스트로겐 수준이 저하되기 때문에, 30세를 넘긴 여자 중에는 천연 금발이 별로 없다.

PMT와 성 충동

월경 전 긴장증세 PMT는 현대 여성에게는 중대한 문젯거리지만 과거의 할머니들은 겪어보지 못한 문제였다. 최근까지만 해도 여성은 늘 임신한 상태였다. 따라서 보통 여성은 평생 10~20번만 월경 관련 문제를 겪으면 되었으나, 현대 여성은 1년에 12번씩 이 문제를 감당해야 되는 것이다.

만약 현대 여성이 평균 2.4명의 자녀를 둔다면 그녀는 12세부터 50세까지의 기간에 평균 350~400번 PMT증상을 겪어야 한다. 만약 아이가 없는 여성이라면 평생 약 500회, 이러한 증상을 감당해야 한다.

> 왜 걸프 전쟁에 PMT 증상이 있는 여자를 그토록 많이 파견했을까?
> 그들은 동물처럼 싸웠고 나흘 동안 소변을 보지 않았기 때문이다.

1950년대에 들어와 피임약이 나오지 전까지, 아무도 여자의 감정적 기복을 눈치챌 수가 없었다. 월경 후 첫 21일 동안, 에스트로겐 호르몬은 평안의 느낌을 불러일으키고 또 대부분의 폐경 직전 여자에게는 행복한 느낌과 적극적인 태도를 가져다주었다. 성 충동도 서서히 증가하여 여자는 월경 시작 후 13~17일째 기간에 가장 임신이 잘되는 것으로 알려져 있다. 이때는 또한 여자의 테스토스테론 수치가 가장 높은 시기이기도 하다.

자연은 참으로 현명하여 일정한 시간표를 가지고 있다. 그래서 모든 동물의 암컷이 가장 잘 임신이 되도록 성적 매력이 왕성한 시기를 마련해놓았다. 가령 말을 예로 들면, 발정하는 암말은 수말을 흥분시켜 못살게 굴지만, 자신의 난자가 가장 수태하기 좋은 바로 그때까지는 수말과의 교접을 거부한다. 물론 여자에게도 이런 시간표가 있다. 단지 그녀가 그 시간표와 생리적 반응을 알지 못할 뿐이다.

바로 이 때문에 어떤 여자가 파티에서 금방 만난 남자와 하룻밤을 지내고 다음 날 아침 자신이 왜 그런 충동적인 일을 저질렀는지 이해하지 못하는 현상이 벌어지는 것이다. 그녀는 친구에게 이렇게 털어놓는다.

"어쩌다가 그런 일이 벌어졌는지 모르겠어. 그를 파티에서 처음 만났는데, 잠시 뒤 그와 함께 침실로 들어가 버렸지 뭐야! 전에는 이런 일이 한 번도 없었는데!"

다른 동물의 암컷과 마찬가지로, 이 여자는 수태가 되기에 가장 이상적인 시점에서 그 남자를 만난 것뿐이다. 그 남자의 유전적 구성, 그의 면역체계 상태, 기타 남성적 특징 등이 그 여자의 두뇌에 의해 잠재의식적으로 해독된 것이다. 이러한 남성적 특징이 가상적인 아버지의 수준을 통과하면 그 다음부터는 자연이 모든 것을 알아서 해주는 것이다. 이러한 충동적 섹스의 경험이 있는 여자는 자신이 왜 그렇게 했는지 설명하지 못한다. 그래서 많은 여자가 '운명의 손실' 혹은 '자석과 같은 이상한 매력' 등으로 설명을 대신한다.

하지만 알고 보면 그녀의 호르몬이 그날 밤의 일을 주관했던 것이다. 바로 이런 순간이 느닷없이 들이닥치는 바람에, 많은 여자가 전혀 어울리지 않는 남자를 남편으로 받아들여 평생 허우적거리며 살아가고 있는 것이다. 반면 대부분의 남자들은 여자의 호르몬 꼭짓점이 언제인지 알아내기 위해 필사적으로 노력한다!

여자를 미치게 만드는 호르몬

월경 후 21~28일 사이에 여자의 호르몬 수치는 급격히 떨어져서, 흔히 PMT라고 불리는 격심한 위축 증상이 일어난다. 많은 여자들에게 이 증상은 암울함, 어두움, 우울증, 심지어 자살 충동까지 불러일으킨다. 여자 25명 당 1명꼴로 호르몬 불균형에 의한 고통을 당하고 있으며, 이런 증상은 성격의 변화를 수반하기도 한다.

> PMT 여인과 테러리스트의 차이는 무엇인가?
> 테러리스트와는 협상이 가능하다.

여러 연구 조사에 의하면, 폭행이나 절도 같은 대부분의 여성 범죄는 월경 후 21~28일 기간에 벌어진다. 여성 교도소의 조사 결과, 여성의 살해 및 폭행사건 중 50퍼센트는 PMT를 앓고 있는 여자가 저질렀다. 이 기간 동안에 여자들이 정신과 의사, 상담원, 점성술사 등을 방문하는 빈도가 부쩍 높아진다. 그리고 많은 여자들이 '통제 상실' 혹은 '발광 직전'을 경험한다. 여러 가지 연구에 의하면, PMT를 앓고 있는 여자가 운전대나 조종간을 잡으면 자동차 사고나 비행기 추락 사고가 발생할 확률이 네다섯 배 높아진다. 그러니 당신이 예약해놓은 비행기의 조종사가 여자라면 그때는 차라리 표를 물리고 기차를 타고 가도록 하라.

여성 호르몬은 공격적인 사람(상습적인 사람)을 진정시키는 데 사용되어왔다. 일부 국가에서는 폭행 혐의로 기소된 여자들에 대해 선고할 때 판사들이 PMT를 정상참작 요인으로 감안한다.

40대 후반 혹은 50대 초반에 폐경에 도달하면, 여자는 다양한 심리적, 정서적, 호르몬적 변화를 겪게 된다. 그 변화의 정도는 여자에 따라 다르다.

> 중년의 위기를 겪는 남자와 서커스 광대와의 차이는 무엇인가?
> 서커스 광대는 자신이 웃기는 옷을 입고 있다는 것을 알고 있다.

그러나 남자의 폐경기는 그 예후가 균일하게 예측 가능하다. 그는 항공사 선글라스나 운전용 가죽장갑을 사거나, 모발 이식 수술을 받거나, 오토바이나 빨간 스포츠카를 사들이거나, 웃기는 옷을 입고 돌아다닌다.

테스토스테론, 축복인가 저주인가?

남성 호르몬, 특히 테스토스테론은 공격형 호르몬으로 남자들로 하여금 사냥을 하고 먹이를 죽이는 기능을 맡도록 한다. 테스토스테론은 남자에게 먹이를 잡아오고 공격자를 물리치는 힘을 주어 인간의 생존에 크게 기여했다. 그것은 또한 남자에게 턱수염, 대머리, 묵직한 목소리를 주는 힘이며 또 공간 지능을 향상시키는 힘이다. 저음의 바리톤 남자는 테너 남자에 비해 주간당 두 배 이상의 사정射精을 경험한다. 그리고 테스토스테론을 주입한 사람들은 지도를 읽고 거리 안내판을 읽는 데 별다른 어려움을 겪지 않는다. 더욱 흥미로운 것은 왼손잡이와 천식도 테스토스테론과 관련이 있다는 사실이다. 또한 술, 담배를 과도하게 하는 사람은 혈중 테스토스테론 수치가 급격히 떨어진다는 사실이 발견되었다.

현대의 남성에게 테스토스테론이 불리하게 작용하는 경우도 있다. 이 호르몬은 주로 신체적 출구를 통해 표출되기 때문에, 공격심을 강화하여 반사회적인 문제를 조장한다. 12세와 17세 사이의 소년들은 체내에 테스토스테론이 솟구침에 따라 가장 범죄율이 높은 시기로 들어서게 된다. 수동적인 남자에게 테스토스테론을 주입하면 그의 원기를 북돋아 적극적이고 자신감 넘치는 사람으로 만들어준다. 동일한 양의 테스토스테론을 여자에게 주입하면, 비록 그녀의 공격성 수치를 높이기는 하지만 남자의 경우와 동일한 화학적 변화는 일어나지 않는다. 남자의 두뇌는 테스토스테론에 반응하도록 사전 회로 조치가 되어 있지만 여자는 그렇지 않은 것이다. 이것이 왜 이런지는 아직 확실하게 밝혀지지 않았지만 공간 지능과 관련된 것만은 확실하다.

> 왼손잡이, 대머리, 턱수염을 기른 회계사이면서
> 바리톤 목소리를 가지고 있고,
> 지도를 읽으면서 동시에 재채기를 하는 남자.
> 여자는 이런 남자를 조심해야 한다.

50대와 60대에 들어서면, 남자는 테스토스테론 수치가 저하되면서 덜 공격적이 되고 또 그만큼 관용적이 된다. 여자의 경우에는 이와는 반대 현상이 벌어진다. 폐경 이후, 에스트로겐 수치가 줄어들면서 테스토스테론 대 에스트로겐 비율이 역전되는 것이다. 바로 이 때문에 45~50세 사이의 여자가 갑자기 공격적으로 되고 또 자신감이 넘치게 되는 것이다. 그러나 나쁜 점도 있다. 이 경우 여자는 얼굴에 털이 전보다 더 많이 나고 스트레스에 시달리며 뇌졸중을 앓을 가능성이 더 높아진다.

그릇이 날아다닐 때에는

이 책의 공저자인 바바라 피즈는 자신이 복용한 최신 피임약이 높은 수치의 테스토스테론을 함유하고 있다는 것을 몰랐다. 그녀의 남편 앨런은 바바라의 PMT 기간 동안 갑자기 날아오는 그릇과 기타 비행 물체를 재빨리 피하는 기술을 습득하지 않으면 안 되었다. 또 자신이 어릴 적에 닦아두었던 단거리 육상 실력이 도움이 된다는 것도 알았다. 흥미롭게도 그녀의 평행 주차 능력 혹은 그 능력의 결핍이 더 이상 논쟁거리가 되지 않았다. 이 피임약을 복용하고 나서는 그 능력이 놀랍게 향상된 것이다.

혈액 검사 결과, 바바라는 과다한 테스토스테론 수치를 보였고 그래서 그 호르몬을 함유하지 않은 다른 피임약으로 바꾸었다. 한 달 사이에 그녀의 무드 스윙(갑작스러운 분위기의 변화)은 사실상 멈추었다. 그러나 이번엔 앨런은 수녀가 되고 싶어 하는 사서司書 같은 여자와 살지 않으면 안 되었다. 그래서 또 다른 피임약으로 바꾸었는데 이번에는 그녀의 테스토스테론 수치가 적정한 균형을 유지하여 두 사람의 결혼생활이 더욱 원만해졌고 또 집안의 그릇이 날아다니는 일은 없게 되었다.

왜 남자는 공격적일까?

테스토스테론은 성공, 성취, 경쟁의 호르몬이다. 그러나 엉뚱한 사람의 손(혹은 고환)에 들어가면 남자와 수컷을 위험한 존재로 만들어버린다. 대부분의 부모들은 어린 아들이 폭력영화를 정말로 좋아한다는 것을 안다. 또 십대의 아들이 잔혹한 공격 장면을 아주 구체적으로 기억하고 또 묘사한다는 사실도 의식한다. 소녀들은 이런 유형의 영화에는 별로 관심이 없다.

시드니대학의 한 연구 결과에 이런 것이 있다. 학교 내의 싸움 같은 공격적 갈등이 벌어지면, 74퍼센트의 소년들이 문제해결을 위해 언어폭력이나 신체적 폭력을 사용하는 반면, 소녀들의 78퍼센트는 그 상황을 재빨리 벗어나거나 아니면 협상하려 든다는 것이다. 교통 신호등 앞에서 경적을 울리는 사람의 91퍼센트가 남자이고 절도범의 96퍼센트, 살인범의 88퍼센트가 또한 남자이다. 실제적으로 거의 모든 성적 변태자는 남자이고, 성적 변태인 여자는 높은 남성 호르몬 수치를 보였다.

남자의 공격성은 남자가 인류를 지배하는 사실과 깊은 관련이 있다. 우리는 소년들에게 공격성을 가르치지 않는다. 오히려 그것에서 벗어나라고 사회적으로 조건화시킨다. 그러나 공격성은 그런 조건화에 의해 순치되지 않는 남성적 특징이다.

운동선수를 상대로 한 여러 연구는, 운동 전보다 운동 후에 테스토스테론 수치가 높다는 것을 보여주었다. 이것은 경쟁이 공격성의 수위를 높인다는 것을 증명한다. 뉴질랜드 스포츠팀은 경기 시작 전에 마오리 전사의 춤인 하카 춤을 춘다. 이것은 두 가지 목적이 있다. 하나는 상대방에게 공포심을 주기 위한 것이고, 다른 하나는 경기자의 테스토스테론 수치를 높이기 위한 것이다. 전 세계 어디서나 운동 경기장이면 볼 수 있는 응원팀도 같은 목적에 봉사한다. 그들은 경기자와 응원자의 테스토스테론 수치를 높이려 하는 것이다. 여러 연구 결과, 응원단이 동원된 경기에서는 집단 폭력의 수위가 높아진다는 것이 확인됐다.

왜 남자는 그렇게 열심히 일을 할까?

조지아 주립대학의 제임스 대브스 교수는 기업 지도자, 정치가, 운동선수, 성직자, 범죄자의 타액 샘플을 채취했다. 그는 각 분야의 최고 성취자가 밑바닥 성취자보다 더 높은 테스토스테론 수치를 갖고 있음을 발견했다. 이 호르몬 수치가 가장 낮은 사람은 성직자였는데, 이것은 그의 비지배적, 비성욕적 생활을 잘 보여주는 것이다. 대브스 교수는 또한 변호사나 세일즈 분야에서 발군의 실적을 거둔 여자는 보통 여자보다 테스토스테론 수치가 높다는 것을 발견했다. 그는 추가로 다음과 같은 사실도 발견했다. 테스토스테론은 고도의 성취 결과를 가져다주고 또 이러한 성취가 더 많은 테스토스테론을 분비시킨다는 것이다.

우리는 아프리카에서 보르네오의 정글에 이르기까지 동물의 행태를 관찰했다. 그 결과 과학자들이 몇 년에 걸쳐서 연구한 사실을 직접 목격할 수 있었다. 즉 가장 높은 수치의 테스토스테론을 가진 동물 수컷이 그 동물의 세계를 지배한다는 것이다. 점박이 하이에나와 같은 일부 동물의 테스토스테론 수치는 너무나 높아서, 태어날 때 아예 이빨을 갖고 태어난다. 또 너무나 공격적이어서 새끼들끼리 서로 잡아먹기도 한다.

| 가장 높은 수치의 테스토스테론을 가진 동물이 동물의 왕국을 지배한다.

개, 고양이, 말, 염소, 원숭이 중에서 우두머리의 지위를 차지하는 동물은 가장 높은 수치의 남성 호르몬을 가진 수컷이다. 인간도 높은 테스토스테론 수치를 가진 남자가 역사상 인류를 지배해왔다. 따라서 역사상 뛰어난 업적을 남긴 여성 지도자, 가령 보아디케아(이세니의 왕비로서 로마의 지배에 저항하다가 서기 62년 사망함 : 옮긴이), 마가렛 대처, 잔 다르크, 골다 메이어 등은 6~8주의 태아 단계에서 다량의 남성 호르몬을 흡수했다고 보면 틀림없을 것이다.

그러나 연소시키지 못한 테스토스테론을 일정 수준으로 계속 유지한다는 것은 심각한 위험을 야기한다. 최근 미국의 한 연구는 이에 대한 섬뜩한 사례를 내놓았다. 미국에서는 18명의 법학과 학생들을 상대로 '미네소타 다중 인성 측정'을 실시했고 그 후 30년에 걸쳐 그 학생들의 삶을 추적했다. 가장 높은 적대성 및 공격성 수치를 가진 학생들은 그 30년 동안 사망할 가능성이 다른 학생들에 비해 네 배나 높았다. 이러한 사례를 놓고 볼 때, 남성들은 어릴 적부터 정기적으로 운동을 하는 습관을 들여야 한다. 운동으로 불필요한 테스토스테론을 태워 없애야 하는 것이다.

테스토스테론과 공간 지능

현명한 독자는 남성적 속성의 하나인 공간 지능이 테스토스테론과 연관된다는 것을 눈치 챘을 것이다. 제3장에서 우리는 테스토스테론이 태내의 유전적 남자아이 XY의 두뇌를 형성하는 데 결정적인 역할을 하고 또 공간 지능과 관련된 '소프트웨어'를 깔아준다고 설명했다. 따라서 체내에 더 많은 테스토스테론이 분비되면 될수록, 두뇌의 행태는 더욱더 남성 지향적이 된다. 남성 호르몬을 추가로 주입한 숫쥐는 보통의 숫쥐보다 훨씬 빨리 미로를 탈출한다. 암쥐에게 동일한 양의 호르몬을 주입하면 미로 탈출 능력이 좋아지기는 하지만, 수컷의 경우처럼 현저하지는 못하다. 아무튼 암컷과 수컷의 공격성 수치는 높아지는 것이나.

두뇌 회로 조사Brain-Wiring Test에서 -50에서 +50에 해당하는 높은 테스토스테론 수치의 남자는 별 어려움 없이 지도 읽기, 오리엔티어링(지도와 나침반만으로 목적지에 도달하는 크로스컨트리 경기), 비디오게임, 목표물 맞히기 등을 할 수 있었다. 그들은 더 빨리 턱수염이 자랐고, 축구, 당구, 자동차 경주와 같은 '사냥' 스포츠를 좋아했고, 평행 주차를 잘했다. 테스토스테론은 정신집중을 도와주고 피로를 극복하게 해주는 호르몬이다. 연구 결과에 의하면, 테스토스테론을 자발적으로 주입한 사람들은 걷기, 장거리 달리기 같은 신체적 활동에서 지구력을 보였고 또 장시간 동안 정신집중을 할 수 있었다.

너무나 당연한 얘기지만, 레즈비언도 이런 속성을 많이 갖고 있었다. 미국 노화 문제 연구소의 수잔 레스닉은 이런 보고서를 제출했다. 자궁 내의 태아 시절, 다량의 남성 호르몬을 흡수한 여자아이는 그렇지 못한 언니들에 비해 훨씬 뛰어난 공간 지능을 보였다.

왜 여자는 평행 주차를 싫어할까?

테스토스테론이 공간 지능을 향상시킨다면 여성 호르몬인 에스트로겐은 그것을 억제한다. 여자는 남자보다 테스토스테론 수치가 훨씬 떨어진다. 그래서 두뇌가 여성적이면 여성적일수록 공간 지능은 떨어지게 되어 있다. 바로 이 때문에 여성적인 여자는 평행 주차를 잘하지 못하고 또 지도를 잘 읽지 못하는 것이다.

터너 증후군Turner's Syndrome이라는 희귀한 증세가 있다. 이것은 유전적 여자아이 XX가 X염색체가 하나 모자라 XO가 되는 경우인데, 통상 'XO 소녀'라고 한다. 이런 소녀들은 그 행동거지가 초여성적이어서 방향감각이나 공간 능력이 거의 없거나 아예 없다. 이런 XO여인에게 당신의 자동차 키를 절대로 빌려주어서는 안 된다.

중국 남자는 백인 남자에 비해 테스토스테론 수치가 현격하게 떨어지는데, 이것은 그들의 털 없는 얼굴과 대머리 희귀 현상에 의해 증명된다. 중국 사회의 남자들은 백인이나 흑인에 비해 폭행이나 공격적인 범죄로 기소되는 숫자가 비교적 적다. 강간 사건도 백인 사회에 비해 훨씬 드문데, 아마도 중국 남자의 테스토스테론 수치가 낮아서 그럴 것이다. 이것은 아시아 남자들의 평행 수차 능력이 전반적으로 떨어지는 것을 설명해주기도 한다.

수학과 호르몬의 관계

소년은 수학 문제를 풀기 위하여 우뇌 앞부분을 사용한다. 소녀의 공간 지능은 양쪽 뇌에 불규칙하게 퍼져 있다. 그러나 연구 결과에 의하면 많은 여자들이 수학 문제를 풀 때 좌뇌의 앞부분(언어 지능 위치)을 사용하는 것으로 드러났다. 바로 이 때문에 여자들은 큰 소리를 내며 계산을 한다. 또 이 때문에 소녀들은 기본적인 산수가 소년들보다 강하다. 그들은 또 함께 모여서 공부를 하기 때문에 산수나 수학 시험에서 소년들보다 유리한 입장에 놓일 수 있다.

여자아이들의 두뇌는 남자아이보다 일찍 발달한다. 그래서 학년 초기에는 여자아이들의 성적이 더 좋다. 그러나 사춘기에 도달하여 소년들의 체내에서 솟구치는 테스토스테론이 공간 지능을 발달시키면, 남자아이들이 서서히 학업을 따라잡고 또 수학적 추론능력도 더 뛰어나게 된다.

보스턴의 존스 홉킨스 대학은 11세와 13세 사이의 영재들을 상대로 수학 능력 테스트를 했다. 테스트 결과, 문제가 어려우면 어려울수록 남자아이의 능력이 여자아이를 능가하는 것으로 드러났다. 초급 수준에서는 남자 영재가 2 대 1의 비율로 여자를 앞섰다. 그러나 중급 수준에서는 그 비율이 4 대 1로 벌어졌고 고급 수준에서는 무려 13 대 1로 차이가 났다.

1998년 캐나다의 권위 있는 두뇌 학자 도린 기무라 박사는 남자의 테스토스테론 양을 두 배 혹은 세 배로 늘린다고 해서 반드시 수학 능력이 두세 배로 늘어나는 것이 아님을 발견했다. 따라서 초급 내지 중급 사이의 어디엔가 테스토스테론 효과가 최대로 발휘되는 수준이 있다는 얘기가 된다. 바꾸어 말하면 킹콩은 천천히 수염이 자라는 남자에 비해 더 높은 수학적 추론 능력을 갖고 있는 게 아니라는 것이다.

흥미롭게도 테스토스테론을 여자에게 주입했을 경우, 남자보다 훨씬 극적으로 수학 능력이 향상되었다. 따라서 콧수염이 난 여자는 바비 인형처럼 생긴 여자보다는 뛰어난 엔지니어가 될 가능성이 높다. 남자는 테스토스테론 수치가 최고조에 달하는 가을에 지도 읽는 능력이 꼭짓점에 도달했다.

현행 수학 교육 제도는 남자에게 유리하게 설정되어 있다. 왜냐하면 PMT 증세를 겪고 있는 여학생은 이 시기에 평소보다 훨씬 낮은 테스토스테론 수치를 보이기 때문이다.(연구 조사에 의해 확인됨) 한 연구는 다음과 같은 사실을 보여주었다. PMT 증세를 겪은 여학생은 PMT 증세가 없는 여학생에 비해 수학 시험을 14퍼센트나 나쁘게 치렀다. 따라서 여학생들이 생물학적 견지에서 어려움이 없는 시점에 시험을 치를 수 있도록 하는 것이 공평한 전형제도라 할 것이다. 반면 남학생은 아무 때나 테스트를 받을 수가 있다.

현대 남성도 사냥을 한다

현대의 스포츠는 사냥을 대신한다. 대부분의 스포츠 활동은 1800년 이후에 시작되었다. 그 이전에 지구상의 대부분 남자들은 먹이와 오락을 위해 동물을 사냥했다. 그러나 18세기 후반에 들어오면서 산업혁명과 선진화된 영농기술 덕분에 더 이상 먹이를 뒤쫓으며 사냥해야 할 필요가 없게 되었다. 수천 년에 걸쳐 사냥을 해오도록 프로그램된 남자들은 갑자기 활동을 중단할 수밖에 없었다.

이때 스포츠가 그 대안이 되었다. 현대 스포츠가 90퍼센트 이상이 1800년과 1900년 사이에 만들어졌다. 그리고 20세기에 들어와 몇 가지 새로운 스포츠가 생겨났다. 대부분의 스포츠는 달리기, 뒤쫓기, 목표물 맞히기 등으로 구성되어 있는데, 이것만 보아도 스포츠가 사냥의 현대판 버전임을 알 수 있다. 이렇게 하여 높은 테스토스테론 수치를 가진 남자들은 과도한 호르몬을 연소시킬 수 있었다.

연구 조사에 의하면, 운동을 활발하게 하는 소년은 범죄나 공격행위에 가담할 가능성이 아주 낮아진다. 그러나 전과자 소년들은 기록상, 스포츠를 별로 하지 않았다. 이것은 간단히 말해서 호르몬을 경기장에서 태워 없애지 않으면 반사회적 방식으로 표출된다는 것이다. 자동차 전용 도로나 고속도로에서 속도위반을 하는 것은 거의 남자들이다. 남자들은 도로에서 서로 경쟁을 한다. 그러나 여자들은 제때에 도착하기만 하면 된다.

스포츠클럽에 가입하기 전에 그 클럽의 목적, 가치, 역할 모델, 지도자 등을 꼼꼼히 살펴보라. 만약 그 클럽의 주된 목적이 '게임'에 있다면 그 클럽 사람들은 아직도 생물학의 노예라고 할 수 있다. 그렇다면 낚시 클럽으로 바꾸어보는 것은 어떤가. 사람들에게 건강, 휴식, 건전한 인생관, 가치관 등 보람 있는 삶의 원칙을 가르치는 요가 클럽 혹은 무도武道 클럽 같은 것도 있다. 그러나 클럽 구성원들에게 금전적 소득을 올리라고 강조하는 클럽은 피하는 것이 좋다.

왜 남자는 배, 여자는 엉덩이인가?

자연은 중요 핵심 기관의 원활한 기능 수행을 위해 과도한 지방조직이 그 기관 주위에는 달라붙지 않도록 조치해놓았다. 그래서 두뇌, 심장, 생식기 주위에는 자방이 없다. 여자는 이외에 추가의 핵심 기관인 난소를 가지고 있다. 그래서 가임 여성은 배에 살이 찌지 않는다. 남자는 난소를 갖고 있지 않으므로 여분의 지방이 배에 붙게 되고 그리하여 속칭 '똥배'가 나오게 된다. 또 등에도 지방이 붙는다. 바로 이 때문에 남자는 다리에 살이 찌지 않는다.

여자의 과도한 지방은 허벅지, 엉덩이, 팔뚝 등에 축적되어 수유를 위한 영양 공급원 노릇을 한다. 만약 남자도 난소를 갖고 있었다면, 허벅지에 살이 오르고 배는 홀쭉했을 것이다. 자궁절제수술로 난자가 제거되면, 자연은 여자의 잉여 지방을 배쪽으로 돌려놓을 것이다.

남자라고 다 남자는 아니다

Why Men don't Listen &
Why Women Can't Read Maps

"…그리고 어느 날 생물 시간이 끝난 후에 엘리엇은 마침내 자신의 급우들이 머릿속으로 생각한 것이 무엇인지 깨닫게 되었다. 그의 테스토스테론 수치가 정상이 아니었던 것이다."

Why Men don't Listen &
Why Women Can't Read Maps

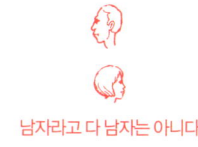

남자라고 다 남자는 아니다

　무엇이 남자를 남자로 만들고 또 여자를 여자로 만드는가? 게이(남성 동성애자)가 되는 것은 그 남자의 임의적인 선택인가? 왜 레즈비언(여성 동성애자)은 여자를 더 좋아하는가? 왜 양성애자 transsexual는 남자와 여자를 동시에 좋아할 수 있는가? 당신의 어머니가 공격적인 사람이었기 때문에, 당시의 아버지가 냉담한 일용직 근로자였기 때문에, 당신이 초등학교 3학년 때 담임선생을 좋아했기 때문에, 당신은 지금의 당신이 되었는가? 당신이 가난한 집에 차남으로 태어나 고아와 다름없이 성장했기 때문에, 전갈자리의 끄트머리에 태어난 사자자리이기 때문에, 혹은 고양이에서 환생한 사람이기 때문에, 당신은 지금의 당신이 되었는가?(양성애자의 원어는 transsexual인데 보통 성도착자로 번역된다. 그러나 이 말은 경멸 혹은 비정상의 뜻을 담고 있으므로 이를 취하지 않았다. 그 대신 가치중립적인 양성애자를 번역어로 선택했고 이하 양성애자로 통일했다. : 옮긴이)

이 장에서 우리는 인간의 태아가 너무 많은 혹은 너무 적은 호르몬을 공급받았을 때 어떻게 되는가를 살펴보겠다.

게이, 레즈비언, 양성애자

연구 결과에 의하면, 인간 태아의 신체와 두뇌의 원판은 구조상 여성이다. 그 결과, 남자는 젖꼭지 같은 여성적 특징의 잔재를 가지고 있다. 남자는 기능은 하지 않지만 때때로 젖을 만들어내는 가능성을 가진 유선乳腺을 가지고 있다. 남자 전쟁 포로의 몸에서 젖이 나왔다는 사례는 수천 건 보고된 바 있다. 극심한 기아가 간 기능을 손상시켜 수유에 필요한 호르몬의 분비를 막아내지 못했기 때문이다.

수태 후 6~8주가 지나면 남자 태아xy는 안드로겐이라는 다량의 남성 호르몬을 공급받는다. 안드로겐의 첫 번째 단위가 고환을 형성하는 데 투입되고, 그 나머지 단위가 여성적 두뇌를 남성적 두뇌로 바꾸는 데 투입된다. 만약 남자 태아가 적절한 시점에 충분한 남성 호르몬을 공급받지 못하면, 다음 두 가지 사항 중 하나가 발생한다.

첫째, 두뇌구조가 여성적인 남자아이가 태어난다. 바꾸어 말하면 이 아이는 사춘기 무렵에 게이가 될 가능성이 많다.

둘째, 이 유전적 남자아이는 완전한 여성적 두뇌와, 일련의 남성 생식기를 갖춘 채 태어난다. 이런 사람은 나중에 양성이 된다. 이 사람은 생물학적으로는 남성에 속하지만 마음속으로 자신이 여성이라고 생각한다.

때때로 유전적 남자아이는 남성과 여성의 생식기를 둘 다 가지고 태어난다. 유전학자 앤 모이어는 개척자적인 저서 《두뇌의 성 Brainsex》에서 이런 유형의 사례를 많이 보고했다. 유전적 남자아이는 태어난 당시엔 여자처럼 보여서 여자로 키워진다. 그러다가 사춘기에 도달하여 느닷없이 페니스와 고환이 '나타나는' 것이다.

이런 유전적 이상은 도미니카 공화국에서 자주 발견되었다. 이런 아이의 부모는 그 아이가 여자인 줄 알고 정성스럽게 여자로 키웠고 여자옷과 여자아이용 장난감을 주면서 전형적인 여자의 행동을 장려했다. 그러다가 사춘기에 도달하여 남성 호르몬이 체내에 왕성하게 분비되면서 여자의 모습은 온데간데없어지고 갑자기 페니스가 발달하고 전형적인 남성적 행동을 보였다. 이러한 성의 변화는, 여자로 만들기 위한 온갖 사회적 조건화와 사회적 압력에도 결국 발생하고 말았다.

이러한 '여자'가 그 후 남자로서 성공적으로 살아갔다는 사실은, 사회적 환경과 양육이 그들의 성인 생활에 제한된 영향밖에 미치지 못했다는 것을 보여준다. 이렇게 볼 때 그들의 생물학적 구조가 그들의 행동 패턴을 만들어내는 핵심 요소인 것이다.

동성애는 역사의 한 부분이다

고대 그리스인들 사이에서는 동성애가 허용되었을 뿐만 아니라 크게 존경을 받았다. 날씬한 소년의 육체는 아름다움의 이상이었고 그런 아름다움을 기념하여 많은 그림과 조각이 제작되었다. 저명한 늙은 남자가 젊은 소년에 대해서 품고 있는 연정을 노래한 시들도 많이 지어졌다. 고대 그리스인들은 남자 동성애가 고상하고 고결한 목적에 봉사한다고 생각했고, 또 그것이 젊은이로 하여금 공동체의 가치 있는 구성원이 되게 한다고 믿었다. 또 젊은 게이들이 전장에 나가 '연인과 어깨를 나란히 하며' 싸울 때 아주 용감한 전사가 된다는 것도 알았다.

> 로마 시대에 율리우스 카이사르는
> '모든 여자의 남자이면서 모든 남자의 여자'로 묘사되었다.

그 후 기독교가 등장하면서 동성애를 매도하기 시작했다. 동성애 때문에 신이 소돔 시에 복수를 가한 것이라고 해석했다. 그리하여 동성애는 금지되었고 벽장 속으로 들어가서 더 이상 대중 앞에 공개적으로 나타날 수 없게 되었다. 그것이 다시 공개적으로 나타나기 시작한 것은 비교적 최근의 일이다.

빅토리아 시대에는 동성애가 존재한다는 사실조차 거부했다. 설혹 존재를 인정했다 해도 악마의 소행으로 치부했고 그래서 엄격한 징벌을 가했다. 현재 대부분의 나이든 세대들은 동성애가 최근에 생긴 현상이고 '부자연스러운' 행위라고 생각한다.

하지만 사실은 그와 다르다.

남자 태아가 충분한 양의 남성 호르몬을 공급받지 못하던 그때부터 동성애는 존재했던 것이다. 영장류 사이에서 동성애적 행태는 동일 집단 구성원의 유대를 강화하는 방법 혹은 힘센 자에게 복종심을 보이는 방법 등으로 이용되었다. 이것은 가축, 수탉, 개 등에서도 그러하다. 레즈비언이라는 말은 B.C.612년 그리스의 레스보스 섬에서 유래했다. 레즈비언은 게이처럼 경멸스럽게 인식되지는 않았다. 아마도 그것은 여자들 사이의 친밀감을 연상시켰기 때문에, '변태'라는 노골적인 딱지가 붙지는 않은 듯하다.

그것은 유전적인가 선택인가?

《몸짓 언어 Body Language》의 저자 앨런 피즈와 유전학자 앤 모이어가 그들의 책 《두뇌의 성》과 《대화 언어 Talk Language》의 판촉을 위해 1991년 영국 텔레비전에 출현했을 때, 앤 모이어는 자신의 연구 결과를 있는 그대로 발표했다. 그러한 연구 결과는 과학자들이 이미 여러 해 전에 알고 있었던 것이었다. 즉 동성애는 유전적인 것이지, 임의적(선택)인 것은 아니라는 것이다.

이처럼 동성애는 타고나는 것이다. 그뿐 아니라 인간의 성장 환경은 사람들의 생각과는 다르게 인간 행태에 별로 영향을 미치지 못한다. 과학자들은 청소년기 혹은 어른이 된 후, 자식의 동성애적 경향을 억압하려던 부모의 노력이 거의 효과를 발휘하지 못했음을 발견했다. 두뇌에 미치는 호르몬의 영향(혹은 호르몬의 부재)이 주범이기 때문에 대부분의 동성애자는 남자인 것이다.

> 성장 환경이 아이의 동성애 여부에
> 영향을 미친다는 주장은 객관적 증거가 없다.

레즈비언(남성적 두뇌를 가진 여성) 1명 당 게이는 8~10명꼴이다. 만약 이런 연구 결과를 받아들여 게이와 레즈비언의 권리주장 운동을 펼친다면, 그리고 이런 발견사항을 학교에서 공개적으로 가르친다면, 동성애자와 양성애자는 이 세상에서 훨씬 더 좋은 대접을 받을 수 있을 것이다. 사람들은 자발적 선택이 아니라 타고난 장애를 가진 사람들에게는 더 너그럽고 더 관용적이다. 가령 탈리도마이드 아기(임신중 임산부가 진정제, 수면제를 과용한 탓에 기형아로 태어난 아기 : 옮긴이), 파킨슨 병(운동 감소 근 경직을 일으키는 질환) 환자, 자폐증 환자, 뇌성마비 환자 등에 대해서는 관대하다. 일반 대중은 임의적이라고 생각되는 동성애자에 비해, 이런 환자들에 대해서는 선천적이라는 이유로 관대하게 대하는 것이다.

우리는 왼손잡이로 태어난 사람, 독서장애증이 있는 사람을 비난할 수 있을까? 또는 파란 눈을 가진 사람, 빨간 머리를 가진 사람을 비난할 수 있을까? 또는 남자의 몸에 여자의 두뇌를 가진 사람을 비난할 수 있을까?

대부분의 동성애자는 자신이 임의로 동성애를 선택했다고 오해하고 있다. 그리고 다른 많은 소수 그룹과 마찬가지로, 공개적 토론 석상에 나와 자신의 '선택'을 과시하고 있다. 이런 행동은 동성애자들에게 근심과 고통을 줄 뿐만 아니라 많은 일반 대중으로부터 부정적 반응을 불러일으키고 있다.

> 그는 독서장애증과 불면증으로 고통받는 불가지론자였다.
> 그는 밤새 잠을 자지 않고 말똥말똥한 상태로
> 과연 이 세상에 개x라는 것이 존재하는지 회의했다.

슬프게도 십대 자살자의 30퍼센트가 게이와 레즈비언이라는 통계자료가 나와 있다. 그리고 3명의 양성애자 중 1명꼴로 자살을 한다. 평생 동안 '엉뚱한 신체' 속에 갇혀 있어야 한다는 사실을 참을 수 없었던 것이다. 자살한 십대 동성애자의 가정환경을 살펴보면, 그들은 동성애에 대하여 증오와 거부감을 표시하는 가정이나 공동체에서 성장했다. 또는 기도와 치료로써 이들 '희생자'를 구제하려고 노력하는 종교권에서 성장했다.

왜 아버지들이 비난을 받을까?

남자아이가 게이라고 판명되면 아버지가 종종 비난을 받는다. 그 아이가 성장하는 동안 남성적 활동을 적극적으로 권장하지 않았고 또 아이를 무자비하게 학대했기 때문이라는 것이다. 이 이론에 따르면, 아들은 아버지에게 복수하기 위해 게이가 되었다. 하지만 이런 이론을 뒷받침하는 과학적 증거는 없다. 아마도 그 아이는 어렸을 적에 축구, 오토바이 타기, 권투경기보다는 여성적 활동에 더 관심이 많았을지도 모른다. 따라서 아이가 씩씩한 남자로 커주기를 바라던 아버지는 그 아이를 심하게 질책하고 꾸짖었을지 모른다. 바꾸어 말하면, 아들의 여성적 성향이 아버지의 비판적·공격적 태도를 유도한 것이지, 그 반대는 아닌지도 모른다.

시드니의 게이 축제

세계에서 가장 큰 동성애자 공개 행사는 '시드니의 게이와 레즈비언의 마르디 그라Mardi Gras'이다. 이 동성애 경축 행사에는 전 세계에서 100만 명의 사람이 몰려든다. 또 전 세계 수백만의 사람들이 텔레비전으로 마르디 그라를 지켜본다. 동성애자 커뮤니티는 이 행사의 개최를 아주 자랑스럽게 생각한다.

그러나 이 행사를 지켜보는 수백만 명의 이성애자들은 "저건 일종의 변태 쇼로군" 하면서 껄껄 웃거나 조롱한다. 시청자 조사에 의하면, 대부분의 사람들이 이 행사 참가자들을 보면서 웃음을 터뜨렸다. 그러면서 역시 동성애자들은 변태라는 평소의 생각을 더욱 굳게 가졌다. 만약 그

호화로운 퍼레이드 카에 올라탄 게이와 레즈비언이 머리끝에서 발끝까지 무슬림 신자의 복장을 하고 있다면, 사람들은 그 행사를 별로 시청하지도 않았을 것이고 직접 참석하지도 않았을 것이다.

마찬가지로, 만약 이성애자들이 속옷 차림으로 시드니 시가지를 행진하는 이벤트를 계획한다면, 아무도 참가하지 않을 것이고 또 설혹 참가한다고 하더라도 풍기문란으로 잡혀갈 것이다!

> 발생 빈도로 따져 볼 때 붉은 머리와 주근깨와 동성애는 비슷한 빈도를 갖고 있다.

모든 동성애자는 아니더라도 대부분의 동성애자가 선천성이라는 과학적 증거를 일반 대중이 믿어준다면 게이 대회에 더 많은 관심이 집중될 것이다. 붉은 머리나 주근깨 많은 사람들의 동우회와 비슷한 관심을 끌 것이다. 사실 유전적 현상인 붉은 머리와 주근깨는 동성애와 비슷한 발생 빈도를 갖고 있다.

일반 대중이 좀 더 관심을 가지고 동성애 문제를 포용해준다면, 수많은 게이와 레즈비언이 정체성과 자존심의 문제로 고민하지 않아도 될 것이고 또 지금보다 더 품위 있는 대접을 받게 될 것이다. 또 조롱을 당하거나 배척당하지 않을 것이다. 현재는 양측의 무지가 양측을 아주 멀찍이 떼어놓고 있다.

'선택'은 바꿀 수 있을까?

게이와 레즈비언은 이성애자들과 마찬가지로 자신의 성적 성향을 임의로 선택한 것이 아니다. 과학자와 인간 성욕 전문가들은 동성애가 변경 불가능한 정향orientation이라는 데 동의한다. 연구 조사자들은 이렇게 믿고 있다. 대부분의 동성애적 성향은 자궁 속에서 발달하고, 동성애적 패턴은 다섯 살 무렵에 고착되어서 당사자의 통제권 밖으로 나가버린다. 지난 수백 년 동안 가슴 절단, 거세, 약물 치료, 자궁 적출, 전두엽 절제, 정신치료, 전기충격 치료, 기도회, 영적 카운슬링, 엑소시즘 등 동성애적 성향을 제거하기 위한 여러 가지 억압 조치들이 실시되었다. 그러나 이런 조치는 그 어느 것도 성공을 거두지 못했다. 기껏 해봐야 양성애자를 어느 한 성에 국한시키거나, 일부 동성애자들을 죄의식과 공포 속에 가두어 평생 독신생활을 하도록 하거나, 많은 사람들을 자살로 내몬 것이 전부였다.

> 과학자들은 동성애가 변경 불가능한 정향이라고 입증했다.
> 그것은 후천적인 선택이 아니다.

이 책을 읽고 있는 독자들은 90퍼센트 이상이 이성애자이다. 그런 독자들은 동성에게 성적 매력을 느끼는 현상을 이해하기 어려울 것이다. 따라서 제내에 그런 소질이 없다면 그렇게 되지 않을 것이라고 주장하게 될 것이다. 만약 동성애가 많은 사람이 주장하듯, 후천적 선택이었다면, 제 정신 박힌 사람 치고 그 누가 적개심, 편견, 차별 등으로 얼룩진 험난한 생활방식을 일부러 선택하겠는가? 단지 호르몬이 원수이지, 인간의 선택은 아닌 것이다.

일란성 게이 쌍둥이

태어난 시점에서 헤어져 다른 가정과 환경 속에서 자란 일란성 쌍둥이에 대하여 많은 연구가 수행되었다. 특정한 인간적 특징이 유전적인 것인지 아니면 사회적 조건화에 의한 것인지를 가려내기 위해 무수한 테스트가 시행되었다. 이러한 유형의 조사들은 신경증, 우울증, 내성적·외향적 수준, 제압, 스포츠 능력, 첫 성적 활동의 연령 등 많은 인간적 특징들이 유전된다는 것을 보여주었다.

가령 동성애가 선택사항이고 남자 인구의 5퍼센트가 게이라고 해보자. 태어날 때부터 따로 떨어져 자란 남자 쌍둥이 100쌍을 분석한다면, 이들 중 게이는 5퍼센트만 나와야 마땅하다. 그러나 남자 쌍둥이를 연구한 모든 조사는 이와는 다른 결론을 내놓았다. 함께 자란 남자 형제들의 성적 정향을 연구한 보스턴 대학의 리처드 필라드와 노스 웨스턴대학의 마이클 베일리 팀의 조사 결과는 다음과 같은 결론을 내리고 있다.

형제가 동성애가 될 가능성은 :
- 일란성 쌍둥이가 아닐 경우, 22퍼센트
- 쌍둥이가 아닌 형제 혹은 입양된 형제인 경우, 10퍼센트
- 동일한 유전자를 가진 일란성 쌍둥이일 경우, 52퍼센트

태어날 때부터 헤어진 일란성 게이 쌍둥이에 대한 집단적 연구는, 이들 헤어진 쌍둥이가 게이가 될 가능성이 50퍼센트가 넘는다는 것을 보여주었다. 연구 조사자들은 또한 다음의 사항에도 일반적으로 동의했다. 즉 이성애자라고 주장하는 쌍둥이의 10~20퍼센트는 아마도 동성애자(너무도 완벽하게 자기 자신을 숨겨서 그것을 시인하지 않으려는)이거나, 이성애자라고 하는 양성애자일 것이다. 이렇게 되면 일란성 게이 쌍둥이가 아주 어릴 적부터 서로 다른 환경에서 자라도 결국 게이가 될 가능성은 60~70퍼센트가 된다. 바꾸어 말하면, 세 명 중에 두 명이 게이가 된다는 사실은 대부분의 동성애가 자궁 속에서 만들어진다는 주장을 강력하게 뒷받침하는 것이다. 또한 양육 환경이 성적 정향에 거의 영향을 미치지 않는다는 것을 보여준다.

문제는 유전자 때문이다

게이가 자궁에서 만들어진다는 이론을 그대로 받아들인다고 해도, 여전히 이런 의문이 남는다. 모든 일란성 게이 쌍둥이가 게이가 될 가

능성이 높다면, 위의 60~70퍼센트 가능성 바깥에 있는 30~40퍼센트는 어떻게 된 것인가?

유전자는 '삼투도$_{penetrance}$'라는 속성을 갖고 있다. 이 삼투도는 유전자가 힘을 발휘하여 지배적 유전자가 되는 정도를 말한다. 가령 헌팅턴 병을 일으키는 각종 유전자는 삼투도가 100퍼센트인 반면, 타이프 1당뇨병을 만들어내는 유전자는 삼투도가 30퍼센트이다. 만약 어떤 일란성 쌍둥이가 헌팅턴 병에 걸릴 확률은 100퍼센트인 반면, 당뇨병은 30퍼센트가 되는 것이다.

'게이 유전자'는 삼투도가 50~70퍼센트이기 때문에, 일란성 게이 쌍둥이라고 하더라도 둘이 모두 게이가 되지는 않는 것이다. 모든 남자의 약 10퍼센트가 게이 유전자를 갖고 있는데 이들 중 절반이 게이 유전자의 50~70퍼센트 삼투도 때문에 게이가 된다. 쥐와 원숭이를 상대로 실험을 해본 결과 이들 중에서도 이런 결과가 발생한다는 것이 입증되었다. 인간을 상대로 성을 바꾸는 실험은 비윤리적이라고 하여 금지되어 있지만, 이런 실험이 러시아에서 수행되어 동일한 결론이 나왔음을 우리는 알고 있다.

게이 유전자

미국 국립 암연구소의 딘 헤이머는 40쌍의 게이 형제의 DNA를 비교하여, 33쌍의 쌍둥이가 X염색체의 X928지역(게이 유전자가 위치한 지역)에 동일한 유전적 표시를 가지고 있음을 발견했다. 그는 레즈비언 자매 36쌍의 DNA를 비교해보았지만, 동일한 패턴을 발견하지 못했다. 이 연구 결과는 또한 동성애가 주로 남자에게 영향을 미치는 조건이고 또 거의 확실하게 유전적이라는 것을 보여주었다. 게이 유전자가 침투할 가능성은 대체로 수태 후 6~8주 기간에 테스토스테론 호르몬이 있느냐에 달려 있다. 반면, 사회적 조건화를 포함하는 기타 요인들이 조기(다섯 살 전)에 게이 유전자를 가동시킬 가능성은 별로 없는 것으로 나타났다.

게이 지문

1998년 캐나다의 개척자적인 연구 조사자인 도린 기무라는, 사람의 손가락 지문 중 특정 포인트 사이에 존재하는 다수의 봉우리를 연구했다고 발표했다. 왼쪽 손가락에 봉우리 수가 많은 사람은 '여성적' 일을 더 잘한다는 것이다.

손가락 지문의 봉우리 수

그녀는 대부분의 사람이 오른쪽 손가락에 봉우리가 많다는 것을 발견했다. 그러나 여자와 게이는 왼쪽 손가락에 봉우리가 더 많았다.

게이의 가족

미국 국립 암연구소가 수행한 게이에 대한 또 다른 연구에 의하면, 동성애는 집안의 내력이다. 게이 114명의 가족 구성원에 대하여 수집한 자료는 게이의 형, 아저씨, 사촌, 부모가 역시 게이일 가능성이 보통 사람보다 세 배나 높다는 것이다. 가족 구성원 중 게이인 사람은 외가 쪽에 많았고 친가 쪽에는 별로 없었다. 이것은 유전적 영향으로써, X염색체에 특별한 유전자가 있음을 보여주는 것이다. 이 염색체는 어머니만 제공할 수 있는데(어머니는 x를 두 개 가지고 있다), 남자 동성애의 유전 가능성을 입증하는 것이다.

게이 쥐를 만들려면

쥐는 다음 두 가지 이유로 과학적 연구에 적합한 동물이다.
첫째, 쥐는 인간과 마찬가지로 호르몬, 유전자, 중추신경계를 가지고 있다.
둘째, 쥐의 두뇌는 인간과는 달라서 자궁 속에서 자라지 않는다.

출생 후에 자라기 때문에 우리는 쥐의 두뇌에 어떤 일이 벌어지고 있는지 관찰할 수 있다. 숫쥐를 거세하면, 그 쥐는 자기가 암컷이라고 생각하고 사교적이면서 둥지 수호적인 쥐가 된다. 새로 태어난 암쥐에게 테스토스테론 호르몬을 주입하면 자기가 수컷이라고 생각하여 공격적이 되며 다른 암쥐를 올라타려고 한다. 카나리아 암컷은 노래를 부르지 못한다. 그러나 어릴 때 테스토스테론을 주입하면, 수컷처럼 노래를 부를 수 있다. 이것은 테스토스테론이 두뇌의 회로에 영향을 미치고 나아가 그들이 능력을 바꾸어놓기 때문이다.

이처럼 성을 바꾸어놓는 결과를 얻으려면 태胎의 상태에서 두뇌를 바꾸어야 한다. 다 큰 쥐, 새, 원숭이를 상대로 유사한 호르몬 실험을 해보았으나 그들의 성을 바꾸어놓지는 못했다. 두뇌가 태의 단계에서 '사전 결정' 되기 때문이다. 따라서 늙은 쥐나 나이든 인간이나 두뇌의 상태를 바꿀 수는 없다.

러시아에서 순회 세미나를 하던 도중 우리는 현지 대학의 두뇌 외과학 교수를 만났다. 그는 러시아에서 인간을 상대로 두뇌를 바꾸는 실험이 은밀하게 진행된 적이 있다고 밝혔다. 그 결과는 쥐 실험과 똑같았다.

자궁 속에 들어 있는 태아에게 남성 호르몬을 주입함으로써 남자아이를 여자아이로, 여자아이를 남자아이로 바꾸어놓았다는 것이다. 또 그들만의 게이, 레즈비언, 양성애자를 만들어냈다는 것이다. 그 러시아 교수는 이런 말도 해주었다. 태아에게 충분한 남성 호르몬을 주입하지 않거나 호르몬을 엉뚱한 발달 단계에서 주입한 경우도 있다. 그 중 한

　결과는 남녀 생식기를 모두 갖춘 남자아이가 태어난 것이다. 이러한 유전적 사고는 자연 중에서도 가끔씩 발생한다. 가령 도미니카 공화국의 사례가 그러하다. 이것은 여자처럼 보이던 아이가 청소년기에 느닷없이 남자가 되는 현상을 설명해준다.
　이러한 연구는 과학자들이 그동안 알고 있었으나 논의하기를 꺼렸던 사항을 확인해준다. 적시에 호르몬을 주입하여 두뇌의 성을 통제함으로써 출생 전에 태아의 성을 바꿀 수 있는 것이다. 그러나 이것은 도덕적, 윤리적 문제를 불러일으키기 때문에 과학자들은 선뜻 논의하기를 꺼리는 것이다.

게이는 어떻게 만들어질까?

만약 임신 초기에 남자인 태아의 체내에서 테스토스테론이 억압된다면, 여성적인 남자아이 혹은 게이 남자아이가 태어날 가능성이 아주 높아진다. 이 경우, 여성 호르몬이 그 아이의 두뇌를 구축하는 데 동원되기 때문이다.

1970년대에 독일에서 행해진 한 연구에 의하면, 임신 초기에 심각한 스트레스를 받은 임산부는 게이 아들을 낳을 가능성이 여섯 배나 높다. 노스 다코다 주의 마이넛 주립 대학의사회학과 교수인 리 엘리스는 스트레스 많은 임신은 곧 게이 아들을 의미한다고 밝혔다. 만약 태아가 여자라면 그 아이는 초여성적인 아이 혹은 공간 지능이 형편없는 아이가 될 가능성이 높다. 바꾸어 말하면 이 여자아이는 모성 본능이 강하고 양육을 잘하지만 평행 수차와 북쪽 찾기는 제대로 하지 못할 것이다. 노스 다코다 주립대학의 브라이언 글래듀는 이성애 남자가 게이보다 공간 지능이 더 우수하고 또 레즈비언이 이성애 여자보다 공간 지능이 뛰어나다는 걸 보여주었다. 왜? 더 많은 남성 호르몬이 두뇌의 회로를 설치하는 데 투입되었기 때문이다.

그렇다면 테스토스테론을 억압하는 것은 무엇인가?

주범은 스트레스, 질병, 일부 약제 등이다.

매달 내야 할 주택할부금이 너무 높을 때, 친한 친구나 친척이 죽었을 때, 당신이 스트레스 시수는 높아진다. 따라서 당신이 임신 초기에 많은 스트레스를 받는다면 게이 아들이나 초여성적인 딸을 낳을 위험은 그만큼 더 높아진다.

만약 당신이 심한 독감에 걸렸거나 테스토스테론 억제 약제를 복용한다면, 역시 위험이 높아진다. 고대 중국에서 왕비가 임신을 하면 불쾌한 일은 보지도 듣지도 말하지도 못하게 했다. 욕설도 해서는 안 되었고 나쁜 생각을 해서도 안 되었고 병들거나 우울한 사람을 만나서도 안 되었다. 뱃속에 든 왕자에게 혹시 피해가 미칠까 우려했던 것이다. 현대의 여러 연구 결과는 이러한 태교의 현명함과 필요성을 확인해주고 있다.

우리는 알코올과 니코틴이 태아에게 아주 해롭고, 반면 적절한 음식과 스트레스 없는 생활이 태아에게 이롭다는 것을 알고 있다. 런던 첼시 병원의 비베트 글로버 박사 같은 전문가들이 수행한 새로운 연구에 의하면, 스트레스를 많이 받는 임산부는 스트레스 상황을 잘 건디지 못하는 아이를 낳을 가능성이 많다. 런던 정신의학 연구소의 글렌 윌슨은 이 분야를 집중적으로 연구한 끝에 이렇게 결론 내렸다. "특정 화학약제는 테스토스테론 기능에 관여를 하고 그 결과 게이 남자아이를 낳게 만든다."

> 만약 임신을 할 계획이라면, 스트레스 없는 장소에서 오랫동안 휴가를 보내면서 아픈 사람이나 부정적인 사람을 피하도록 하라.

만약 당신이 임신을 계획하고 있다면, 느긋한 휴식을 취하라. 이어 불필요한 스트레스를 줄 수 있는 주변 환경을 정리하도록 하라. 또 의사를 찾아가 당신이 현재 복용하고 있는 약제가 호르몬 수준을 억압하거나 증가시키지 않는지 점검하도록 하라.

레즈비언은 왜 생겨날까?

태아가 유전적 여자아이 xx이고 두뇌가 남성 호르몬으로 넘쳐흐른다면, 그 결과는 남성적 두뇌 회로에 여성적 신체가 된다. 소녀 시절 이런 아이는 '톰보이'라는 별명으로 불리운다. 이들은 보통 여자아이들에 비해 난폭하고 거칠게 행동한다. 또 사춘기에 이르면 몸과 얼굴에 털이 많이 난다. 이들은 손을 놀리고 공을 다루는 기술이 뛰어나다. 어른이 되어서는 '사내 같은 여자'라는 소리를 듣는다. 이들 중 상당수가 레즈비언이 된다. 임산부가 피임약, 당뇨병약 등 높은 수치의 남성 호르몬을 함유한 약제를 복용하면 우연찮게 태아에게 다량의 남성 호르몬이 흘러 들어가게 된다.

| 레즈비언이란 무엇인가? 남자의 일을 하려고 드는 여자이다.

1950년대와 1960년대에 당뇨병이 있는 임산부를 조사한 한 연구에 의하면, 상당히 높은 비율의 여자아이가 청소년기 이후에 레즈비언이 되는 것으로 밝혀졌다. 이들은 두뇌가 발달하는 중요한 태아 단계에서 당뇨병 억제에 함유된 다량의 남성 호르몬을 공급받았던 것이다.

마찬가지로 같은 시기, 에스트로겐이 임신에 좋다는 얘기를 듣고 그 호르몬을 많이 복용한 임산부는 보통 임산부에 비해 게이 아이를 낳을 가능성이 5~10배나 더 높아진다. 한편 일부 아이들이 십대에 이르러서야 진짜 성이 확실해지는 것은, 십대의 체내에 솟구치는 다량의 호르몬 영향으로 두뇌 회로가 변경되기 때문이다.

미국의 킨제이 연구소의 연구도 이러한 발견사항에 동조하는 자료를 내놓았다. 임신 중에 남성 호르몬을 많이 주입한 임산부는 자신감과 자부심이 높은 딸을 낳는 것으로 알려졌는데, 이런 딸은 킥복싱이나 축구 같은 공격적 스포츠를 좋아하게 된다. 임신 중에 여성 호르몬을 많이 주입한 어머니들은 딸이라면 아주 '여성적'인 딸을 낳게 되고, 아들이라면 또래보다 훨씬 부드럽고 점잖은 아이를 낳게 된다. 이런 남자아이는 남에게 의지하려는 마음이 강하고 또 신체를 많이 움직이는 행동을 좋아하지 않는다.

양성애자

양성애자는 어릴 때부터 자신이 엉뚱한 성의 몸으로 태어났다고 생각한다. 인간의 성적 행동에 필수적인 두뇌 부분은 시상하부인데, 이 부위는 여자가 남자보다 훨씬 작다. 네덜란드 두뇌연구소의 연구원인 딕 슈와브 팀은 1995년에 남자 양성애자의 시상하부는 여자의 크기와 같거나 그보다 작다는 것이다. 이것은 젠더 정체성이 두뇌의 발달과 성호르몬 사이의 상호작용에서 비롯된다는 것을 보여준다. 이 이론은 독일의 과학자인 군터 되르너가 처음 제안했다. 되르너 박사는 게이 남자의 시상하부가 여성 호르몬을 주입시킨 여성의 시상하부와 똑같은 방식으로 반응한다는 것을 발견했다. 한편 딕 슈와브는 이렇게 보고했다.

"우리는 유전적인 남자 양성애자에게서 여자의 두뇌구조를 최초로 발견했습니다."

바꾸어 말하면 그 두뇌는 남자의 몸에 갇힌 여자의 두뇌라는 것이다.

> 여자를 남자로 바꾸어 놓는 새로운 수술이 있다.
> 그 이름은 add-a-dic-to-me(나에게 페니스를 주세요)라는 것이다.

양성애자의 정신의학적 특징은 그들이 '젠더 정체성 장애'로 고통을 받고 또 그들의 20퍼센트가 성전환 수술을 받는다는 것이다. 이렇게 하자면 고환을 제거해야 하고 페니스를 길이대로 절반 잘라서 그 안의 조직을 제거해야 한다. 요도는 재조정해야 하고 페니스의 껍질은 접어서 외과적으로 체내에 수렴하여 인공 질을 만든다. 어떤 경우, 페니스의 귀두 부분은 클리토리스가 되고 오르가슴도 느낄 수 있다. 비극적이게도 양성애자의 자살률은 보통 사람보다 다섯 배나 높다. 양성애자 다섯 명 중 한 명이 자살을 시도하는 것이다.

우리는 생물학의 노예인가?

과학자들은 자궁 속에 든 쥐와 원숭이의 성을 바꾸는 방법을 알고 있다. 일부 단체는 남녀 모두 의지와 선택으로 우리의 좋고 나쁨을 통제할 수 있고, 또 남녀 모두 손쉽게 평행 주차도 할 수 있고, 또 도로 안내

지도를 읽을 수 있다고 주장한다. 그러나 과학자들은 이런 주장이 비현실적이라는 것을 안다. 토끼는 날지 못하고, 오리는 잘 달리지 못하고, 대부분의 여자는 지도를 잘 읽지 못하고, 남자는 신문을 보고 있으면 잠시 귀머거리가 된다는 사실은, 과학자가 아니어도 누구나 다 알고 있는 것이다. 두뇌 구조의 차이를 이해하면 우리는 상대방에 대해서 더 관용적일 수 있고, 또 우리의 운명을 더 잘 통제할 수 있으며, 우리의 성향과 선택에 대해서 더욱 적극적일 수 있다.

인간의 지능은 그동안 꾸준히 발달해왔다. 그리하여 다른 동물들에 비해 감정을 잘 조절하고 또 선택안을 명석하게 생각해낼 수 있다. 다른 동물들은 그렇게 하지 못하고 그때그때 상황에 반응할 뿐이다. 바로 이 때문에 동물들은 생물학의 노예가 되는 것이다. 우리의 생물적 구조는 때때로 우리가 서서히는 불합리한 선택의 배후이다. 비록 우리가 나른 동물에 비해 우리 자신을 잘 통제하고 있지만, 우리의 생물적 구조를 완전히 장악하지는 못하는 것이다. 대부분의 사람들이 직면하고 있는 가장 큰 장애는 우리가 똑똑한 두뇌를 가진 또 다른 동물이라는 사실을 거부한다는 것이다. 이런 거부감 때문에 그들은 오히려 생물학의 희생자가 된다.

왜 게이와 레즈비언은 섹스에 몰두할까?

시상하부는 테스토스테론에 반응하는 두뇌의 섹스 중추이다. 남자들의 시상하부는 여자보다 크고 그들의 테스토스테론 수치는 여자보다 10~20배 더 높다. 바로 이 때문에 남자는 거의 언제나 섹스가 가능하지만 여자들은 일반적으로 그렇지 못한 것이다.

| 높은 테스토스테론 수치는 동성애자에게 욕정의 불을 붙인다.

대부분의 게이 남자는 이성애 남자와 비슷한 성 충동을 가지고 있다. 일반적으로 알려진 스테레오 타입(고정관념)과는 다르게 소수의 게이만이 스테레오 타입의 여성적 행동을 보인다. 따라서 두 남자의 성 충동이 결합하므로 게이 남자가 성에 몰두하는 현상은 이해할 만하다. 둘 다 체내에 남성 호르몬이 솟구치고 있기 때문에 섹스를 마다하지 않는 것이다. 그래서 게이 남자가 평생 수백, 수천의 파트너를 상대하는 것은 그리 이례적인 일도 아니다.

레즈비언은 이성애 여자보다 테스토스테론 수치가 높다. 그리하여 레즈비언은 이성애 여자보다 성 충동이 더 강하다.

왜 일부 게이는 알아보기 어려운가?

간단히 말해서 동성애적 행동과 관련하여 두 가지 중추가 있기 때문이다. 그 하나는 '짝짓기 중추'이고 다른 하나는 '행동 중추'이다. 이 가운데 어느 한쪽에서는 분명 게이인데 다른 한쪽에서는 게이가 아닐 수도 있는 것이다.

'짝짓기 중추'는 시상하부에 위치해 있고 어떤 성에 매혹될 것인지 여부를 결정한다. 남자의 경우, 다량의 남성 호르몬을 받아들여 이 부분을 남성적 기능으로 바꾸어놓는다. 그러면 남자는 여자에게 매혹되게 된다. 만약 남성 호르몬을 불충분하게 공급받으면 그 기능이 여성적으로 되어서 남자이면서도 다른 남자에게 끌리게 된다.

그러나 두뇌의 '행동 중추'는 충분한 남성 호르몬을 공급받아서 남성적 행동, 언어, 몸짓 언어 등을 만들어낸다. 만약 남성적 형질에 필요한 호르몬을 충분히 받지 못한다면, 그 남자의 행동은 아주 여성적이 된다.

짝짓기 중추와 행동 중추가 서로 다른 양의 남성 호르몬을 공급받는 과정은 아직도 수수께끼이다. 그러나 이 과정은 왜 모든 여성적 남자가 게이가 되지 않고, 모든 남성적 남자가 이성애자가 되지 않는지를 설명해준다.

왜 레즈비언은 알아보기가 더 어려운가?

만약 여자 태아의 두뇌에 우연찮게 추가의 남성 호르몬이 흘러 들어가면, 그것은 짝짓기 중추를 남성화시킬 수 있다. 이렇게 되면 그 여자아이는 나중에 커서 다른 여자에게 성적 매력을 느끼게 된다. 만약 행동 중주 역시 남성화된다면, 그녀는 남성적 행동 언어, 몸짓 언어 등을 취하게 될 것이다. 그리하여 '남자 같은 여자butch'라고 불리게 될 것이다.

한편 그녀의 행동 중추가 남성 호르몬에 의해서 바뀌지 않았다면 그녀는 행동은 그대로 여성적인 모습을 취하게 된다. 그렇지만 성적으로는 여전히 여자에게 끌리는 것이다. 이러한 결과는 암쥐와 원숭이를 상대로 한 실험에서도 얻어졌다.

버치butch 레즈비언은 그들의 생물적 구조 때문에 누구나 금방 알아볼 수 있지만, 오늘날 많은 사람들은 여자 레즈비언이 생물학의 필연적 결과라는 아이디어를 거부한다. 그들은 여자가 의식적으로 동성애를 선택했다고 말한다. 왜냐하면 레즈비언 여자는 도무지 레즈비언 같아 보이지 않기 때문이다. 많은 남자들이 아주 여성적인 레즈비언을 보면, 이렇게 말한다. "난 그녀의 마음을 바꾸어 놓을 수 있다고 생각해."

그러나 이런 여자들은 '버치' 레즈비언이든, '마초macho(남성적)' 혹은 여성적 동성애자든 자신의 운명에 대해서 별로 선택권이 없는 것이다. 여자 동성애 분야는 남자 동성애 분야처럼 결정적인 연구가 이루어지지 않았다. 그러나 대부분의 과학자들은 레즈비언의 외모에 상관없이 다른 여자에게 성적으로 이끌린다는 사실에 동의한다.

남자, 여자 그리고 섹스

Why Men don't Listen &
Why Women Can't Read Maps

"나는 솔직함, 정직함, 일부일처제를 원해요.
나는 게임을 벌이려는 남자와는 사귀지 않겠어요!"

Why Men don't Listen &
Why Women Can't Read Maps

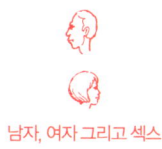

남자, 여자 그리고 섹스

스텔라와 노만은 친구의 파티에서 만났다. 두 사람은 첫눈에 서로 이끌렸으며 그리하여 급속하게 죽고 못 사는 관계로 발전했다. 그들은 벼락을 맞은 듯한 사랑(첫눈에 반한 사랑)에 빠졌고 육체적으로 아무리 탐닉해도 부족한 기분이었다. 그들의 주특기는 집에서 하는 섹스였다. 거실, 침실, 주방, 목욕탕, 계단, 차고 등 집 안 어디든 가리지 않고 섹스를 했다. 노만은 그 섹스가 아주 흡족했고 스텔라야말로 자기를 위한 여자라고 생각했다. 스텔라도 그런 섹스 생활이 싫지 않았다. 그래서 자신이 깊은 사랑에 빠졌다고 생각했다. 그들은 천 년 만 년 그렇게 살 수 있을 것 같았다.

그렇게 2년이 지났지만 그들의 섹스 생활은 여전히 급속하고 맹렬했다. 그러나 스텔라는 1주에 2회 정도의 섹스면 충분하다고 생각했다. 그러나 노만은 매일 섹스할 것을 요구했다. 그가 이것을 위해 자유로운 독신 생활을 포기했기 때문에, 그 정도의 요구는 타당하다고 생각했다. 그러나 그가 섹스를 요구하면 할수록 그녀는 흥미가 반감되었다. 그리하여 그들은 이제 침실에서만 섹스를 하게 되었다. 그들은 곧 사소한 일로 다투기 시작했고 키스와 포옹은 그들의 일상생활에서 사라졌다. 그들은 이제 상대방의 단점들이 보이기 시작했다. 심지어 서로 다른 시간대에 침실에 들면서 서로 얼굴 보는 것을 피하기까지 했다. 이제 그들이 나누는 섹스는 복도의 섹스 Hallway Sex뿐이었다. 그들은 복도를 서로 지나치면서 "Screw You!"라고 말로 섹스를 할 뿐이었다.(영어의 screw는 엿 먹이다. 성교하다 등의 속어로도 쓰임 : 옮긴이) 노만은 자신이 홀대받는다는 느낌이 들었다. 그가 섹스 얘기를 꺼낼 때마다 그녀는 거부했다. 어느 외로운 밤, 그들 중 한 사람은 친구의 파티에 갔다가 누군가를 만난다. 그들은 첫눈에 서로 이끌렸으며 그리하여 급속하게 죽고 못사는 관계로 발전한다. 서로 벼락을 맞은 듯한 사랑에 빠지고 육체적으로 아무리 탐닉해도 부족한 기분이 된다….

섹스는 어떻게 시작되었는가?

생명은 35억 년 전 단세포 생물로부터 시작되었다. 그것은 살아남기 위해 자기분열을 했고 그리하여 똑같은 복제품을 만들어내기 시작했다. 그리하여 수백만 년 동안 동일한 형태를 유지했고 그 구조에 돌연변이가 일어나거나 경험에 의해서 새로운 어떤 것을 배울 때에 한하여 그 모습을 바꾸었다. 생명의 진화과정은 아주 완만했다.

그러다가 약 8억 년 전, 세포는 우연한 과정을 통하여 아주 놀라운 기술을 배우게 되었다. 다른 세포와 유전자를 교환하는 방법을 알게 된 것이다. 그리하여 다른 세포가 갖고 있는 생존의 장점을 새로운 아기세포에게 전달할 수 있게 되었다. 이제 세포가 돌연변이를 일으켜 더 나은 생존을 향해 나아가는 데에는 몇백만 년씩 기다릴 필요가 없게 되었다.

이것은 정말로 획기적인 발전이었다.

그 덕분에 새로운 세포는 아주 빠른 속도로 더 크고 더 좋은 상태를 향해 성장했다. 처음에는 벌레나 해파리 같은 연체동물로 시작되었다. 그리하여 6억 년 전, 뼈와 껍데기를 갖춘 동물이 탄생했다. 3억 년 전, 최초로 숨을 쉬는 물고기가 출현하여 육지로 올라왔다. 이러한 모든 발전은 모두 유전자 교환의 결과였다.

섹스는 이제 훨훨 날개를 달게 되었다. 일단 더 강력한 유전자를 가진 새로운 세포가 창출되자, 그 세포의 부모는 죽어야만 했다. 이것은 두 가지 이유 때문에 그러했다.

첫째, 새로운 세포는 부모 세포보다 더 우수했기 때문에 이제 부모는 필요 없게 되었다.

둘째, 부모 세포는 제거되어야만 했다. 그것이 새 세포와 교배하면 새 세포의 힘을 약화시키기 때문이다.

이리하여 죽음의 의미가 새롭게 정립되었다. 그것은 강력한 새 세포가 존속하여 다른 새로운 생존자와 유전자를 교환한다는 것을 의미했다. 이처럼 섹스의 원래 목적은 좀 더 강력한 유전자를 갖춘 차세대를 생산하기 위해 다른 누군가와 유전자를 교환하려는 것이었다. 그러나 인류의 역사상, 섹스와 아기와의 상관관계는 밝혀지지 않았다. 현재 세계 오지에 남아 있는 원시 부족들은 이런 상관관계를 아직도 이해하지 못하고 있다.

섹스 중추의 위치가 궁금하다?

당신의 섹스 중추는 뇌의 일부분인 시상하부에 있다. 이 부위는 또한 인간의 정서, 심장 박동수, 혈압 등을 통제한다. 그 크기는 체리(버찌) 정도이며 무게는 약 4.5그램으로 여자, 동성애자, 양성애자보다 남자의 것이 더 크다.

이곳은 특히 테스토스테론 호르몬이 성욕을 자극하는 부위이다. 남자의 시상하부가 여자의 것보다 크고 또 남자가 여자보다 10~20배 많은 테스토스테론을 분비하는 점을 감안할 때, 남자의 성욕이 그토록 강력한 것은 이해할 만한 일이다. 바로 이 때문에 남자는 장소 불문, 시간 불문하고 섹스를 할 수 있다. 여기에다 남자들은 여러 세대에 걸쳐 '자신의 씨를 뿌려야 한다'는 사회적 격려를 받아왔다. 이에 반해 여자들은 성적으로 적극적인 태도를 보여서는 안 된다는 사회적 억압을 받아

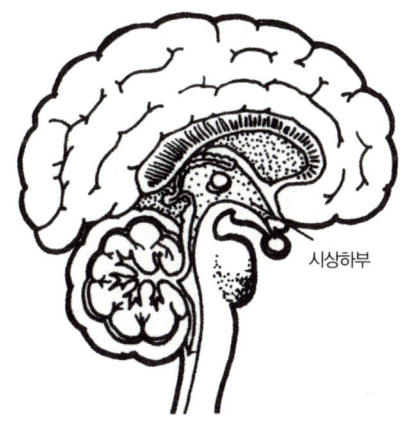

뇌의 섹스 중추-시상하부

왔다. 따라서 섹스에 대한 남녀 간의 태도 차이는 늘 논쟁의 대상이 될 수밖에 없었다.

왜 남자들은 성 충동을 주체하지 못하나?

남자의 충동적이고 열광적인 성 충동은 뚜렷한 목적의식을 갖고 있다. 그것은 인간이라는 종을 보존해야 한다는 것이다. 대부분의 포유류 수컷이 그렇듯이 남자는 종의 보존을 위해 여러 가지 사항을 진화시켜 왔다.

첫째, 그의 성 충동은 집중도가 높아야 하고 또 다른 것 때문에 주의력이 분산되어서는 안 되었다. 바로 이 때문에 그는 어떤 상황에서도 섹스를 할 수 있다. 위협적인 적들이 어른거리는 상황에서도 또는 아주 순식간에 불과한 성의 기회에서도 섹스를 치를 수 있는 것이다.

> 남자는 침략자나 적들에게 잡히는 것을 피하기 위해
> 아주 짧은 시간 내에 여러 번의 오르가슴을 느낄 수 있어야 한다.

둘째, 그는 가능하면 멀리까지 그의 씨를 퍼트려야 했다. 인간의 성 문제에 관한 한 세계적인 연구기관인 미국의 킨제이 연구소는 사회적 억압이 없었다면 거의 모든 남자가 성적으로 문란했을 것이라고 보고했다. 그리고 인간 사회의 50퍼센트는 성적 문란을 경험하고 있다고 말했다. 일부일처제가 확립된 이래, 남자의 생물학적 욕구는 건전한 부부관계의 구축에 끊임없는 위협이 되어왔고 또 현대의 남녀관계를 긴장시키는 제1요인이 되었다.

왜 여자는 정절을 지키는가?

여자의 시상하부는 남자 것보다 훨씬 작고 또 그것을 활성화시키는 테스토스테론의 양도 아주 적다. 바로 이 때문에 여자는 남자에 비해 성 충동이 아주 낮은 것이다. 그렇다면 이런 질문을 던져볼 만도 하다.

왜 자연은 여자를 색정광으로 만들어 종의 보존을 보장하지 않았는가?

그 대답은 간단하다. 임신과 양육의 기간이 굉장히 길기 때문에 그런 것이다.

가령 토끼 같은 경우, 임신 기간이 6주에 불과하고, 새로 태어난 토끼는 2주면 스스로 먹을 것을 마련하고, 달릴 수 있고 또 몸을 숨길 수 있다. 아버지 토끼가 새끼들을 지키고 먹여주어야 할 필요가 없다. 갓 태어난 코끼리나 사슴은 태어나서 곧 달릴 수 있다. 인간과 가장 가까운 종인 침팬지도 생후 6개월이면 저 혼자서 앞가림을 할 수 있다.

이에 비해 여자는 임신 9개월 동안 육체적으로 제한을 받고 또 갓 태어난 아기는 적어도 5년은 지나야 제 힘으로 앞가림을 할 수 있다. 이런 이유 때문에, 여자는 남자를 고를 때 그가 음식과 둥지를 제공하고 또 적을 물리칠 능력이 있는지를 면밀히 검토하게 되는 것이다.

<blockquote>어떤 남자들은 부모 노릇이 임신으로 끝난다고 생각한다.</blockquote>

여자의 두뇌는 아이가 자랄 때까지 주위에서 보호막이 되어줄 만한 남자를 찾아내도록 프로그램되어 있다. 바로 이것을 여자는 장기적인 남녀관계에서 제일 중요한 요소로 생각한다.

가스레인지 같은 남자, 전자 오븐 같은 여자

남자의 성 충동은 가스레인지와 같다. 그것은 순간적으로 불붙어서

수초 이내에 최대한으로 작동하고 음식이 다 요리되면 곧바로 꺼지고 만다. 이에 비해 여자의 성 충동은 전자 오븐이다. 서서히 가열되어 최고조에 도달한 다음에는 아주 천천히 식는다.

아래의 그림은 평균적 남녀가 일생 동안 겪게 되는 성 충동을 나타낸 것이다. 이 그림에는 출생, 죽음, 구애, 은퇴 등의 환경적 요인에 의하여 성 충동이 일시적으로 높아지거나 낮아지는 생애의 기간은 감안하지 않았다. 성 충동의 차이를 예시하기 위해 우리는 이 그래프를 간소화했다.

남자가 나이 들어 성 충동이 감소하면 그에 따라 테스토스테론 수치도 낮아진다. 여자의 성 충동은 서서히 증가하여 36~38에 사이에서 최고조에 도달한다. 바로 이 때문에 나이 든 여자와 어린 남자 사이의 '장난감 소년 toy boy' 증후군이 발생한다. 젊은 남자는 나이든 여자가 동

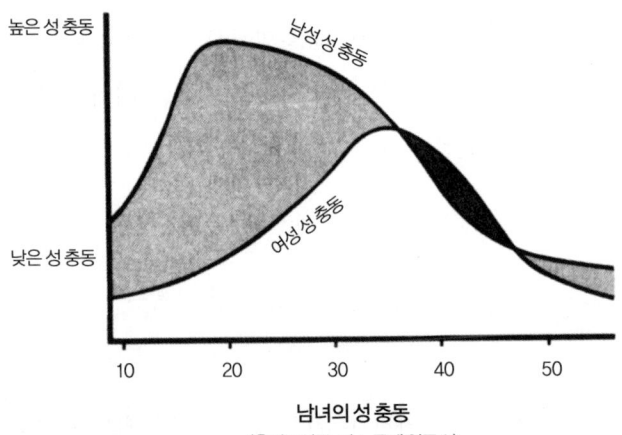

남녀의 성 충동
(출처 : 영국, 피스 국제 연구소)

경하는 육체적 수행 능력을 갖고 있다. 19세 남자의 성수행 능력이 30대 후반이나 40대 초반의 여자와 더 잘 어울리는 것이다. 또한 이 그래프에서 40대 남자의 성 충동이 20대 초반의 여자와 어울리는 것도 읽을 수 있다. 이처럼 나이든 사람과 어린 사람의 조합에는 약 20년의 나이 차이가 난다.

남자의 성 충동이 19세에 최고조에 도달하여 그 후 감소한다는 얘기는, 오로지 그의 육체적 수행 능력만을 언급한 것이다. 남자의 섹스에 대한 관심은 평생토록 아주 높다. 그리하여 남자는 70세가 되어도 30세일 때 못지않게 섹스에 관심이 있지만, 육체적 수행 능력은 그리 높지 않은 것이다. 여자는 십대 후반에 섹스에 관심이 많지만(섹스와 사랑과의 관계 때문에) 섹스에 대한 욕망은 제한되어 있다. 여자는 30대 후반에 들어서면 성에 대한 관심도 높고, 동시에 성에 대한 욕구도 고조된다.

성 충동 차이, 모든 남녀의 골칫거리

우리는 여기서 여자 전체, 그리고 남자 전체에 대한 전반적 성 충동을 다루고 있다는 사실을 감안해야 한다. 개별적 성 충동은 사람에 따라 얼마든지 다를 수 있다. 이 장에서 우리는 대부분의 사람들에게 나타나는 전형적 성 충동을 다루고 있다.

개별적 여자는 얼마든지 높은 성 충동을 가질 수 있고, 또 개별적 남자는 낮은 성 충동을 가질 수 있다. 하지만 이것은 소수의 사례일 뿐, 다수가 아니다. 전반적으로 볼 때, 대부분의 남자는 높은 성 충동을 갖고 있고, 이에 비해 대부분의 여자는 낮은 성 충동을 보인다. 킨제이 연구소의 한 연구는 남자의 37퍼센트가 매 30분마다 섹스를 생각하는 반면, 여자는 11퍼센트만이 그런 생각을 한다는 것이다. 남자의 경우 테스토스테론 호르몬이 계속 체내에 분비되기 때문에 성 충동이 높고 이로 인해 남자는 언제라도 섹스할 준비가 갖추어져 있는 것이다.

| 섹스에 관한 한 여자는 이유가 있어야 하고, 남자는 장소만 있으면 된다.

그래프에서 빗금 친 부분은 남녀가 섹스 때문에 다툼을 벌이게 되는 시기이다. 30대 후반에 이를 때까지 여자는 남자가 섹스만 밝힌다고 불평을 터뜨린다. 그리하여 남녀 양측에서 불만이 높아진다. 여자는 종종 남자가 자기를 물건처럼 '사용'한다고 비난한다. 이런 여자의 성 충동이 남자의 욕구와 일치되고 더러 초과하는 경우는 여자가 30대 후반에 이르러서야 가능하다. 이런 강력한 성 충동은 폐경기 오기 전, 마지막으로 아이를 낳을 수 있는 기회를 여자에게 제공하려는 자연의 섭리이다. 40대 초반의 남자는 이런 역할 전도에 종종 깜짝 놀란다. 그의 성 충동이 같은 나이의 여자보다 떨어지고, 또 여자의 요구 수준이 남자보다 높기 때문이다. 많은 남자들이 '여자의 요구에 의해' 섹스를 해야 하는 상황에 불평을 터뜨린다. 이제 칼자루는 여자가 쥐게 된 것이다.
이와 관련 우리는 당신에게 로지 킹의《멋진 사랑, 황홀한 섹스Good

Loving, Great Sex》와 존 그레이의 《화성 남자 금성 여자의 침실 가꾸기 Mars and Venus in The Bedroom》를 권한다. 이 두 책은 성 충동의 차이를 극복하는 탁월한 테크닉과 전략을 제시한다. 대부분의 부부는 이러한 차이를 감안하지 않고 있으며, 그리하여 상대방이 자신의 요구에 부응해 오기를 기다린다. 하지만 자연은 인간의 성을 그렇게 설계하지 않았던 것이다.

남녀는 서로 다른 성 충동을 갖고 있다. 대부분의 부부는 주, 월, 년별로 서로 다른 시기에 다른 수준의 성 충동을 느낀다. 현대의 남녀는 섹스에 대한 관심이 동일하고 또 정상적인 부부는 성적으로 완벽하게 일치한다고 생각하기 쉽다. 그러나 실제 사정은 전혀 그렇지 않다.

시인들과 낭만주의자들의 아름다운 영탄에도 불구하고, 성 충동은 두뇌에서 분비되는 호르몬의 카테일(배합) 결과이다. 테스토스테론은 우리가 성 충동이라고 부르는 느낌을 창조하는 주된 호르몬이다. 그리고 우리가 7장에서 논의한 바와 같이, 사랑은 화학적 반응과 전기적 반응의 조합 결과이다. 따라서 사랑은 인간의 정신 속에서만 존재한다고 생각하는 사람은 부분적으로만 옳은 것이다. 여자의 경우, 믿음성, 친밀함, 전반적인 편안한 느낌 등의 심리적 요인들이 서로 결합하여 특정 조건을 만들어내고, 이 조건 하에서 여자의 두뇌는 성호르몬의 분비를 배합한다. 하지만 남자는 장소와 시간을 불문하고 성호르몬을 분비할 수 있다.

성 충동과 스트레스

여자의 성 충동은 일상생활의 사건들에 의해 크게 영향을 받는다. 만약 여자가 직장에서 해고될 처지라면, 직장에서 아주 까다로운 프로젝트를 맡았다면, 주택상환금이 두 배로 불어났다면, 아이들이 아프다면, 빗속을 걸어와서 온몸이 젖었다면, 귀여워하던 개가 달아났다면 그녀는 섹스하고 싶은 생각이 없게 된다. 그녀는 빨리 침실로 들어가서 잠자고 싶어 할 것이다.

만약 똑같은 일이 남자에게 벌어졌다면, 그는 섹스를 수면제 정도로 생각할 것이다. 하루의 축적된 긴장을 풀어버리는 방법으로써 섹스를 하는 것이다. 그리하여 저녁 무렵 남자는 여자에게 비난의 말을 하게 되고, 여자는 남자를 무감각한 멍청이라고 맞받아치게 된다. 남자는 여자를 불감증이라고 매도하면서 소파에 가서 혼자 자게 된다. 이런 얘기가 아주 친숙하게 들리는가?

흥미롭게도 남자들에게 현재 부부관계의 상태를 물어보면, 그들은 그날 아침 아내가 해준 서비스, 가령 맛있는 아침 식사를 준비해준 것, 셔츠를 다려준 것, 머리를 마사지해준 것 등을 기준으로 하여 대답한다. 그러나 여자들은 최근에 벌어진 사건들을 기준으로 부부관계의 상태를 말한다. 가령 지난 몇 달 동안 남자들이 주의 깊게 자기 말을 들어준 것, 집안일을 도와준 것, 자기와 의사소통을 원만하게 한 것 등을 언급한다. 그러나 대부분의 남자는 이런 차이를 제대로 이해하지 못한다. 그가 하루 종일 신사답게 행동해도 그날 밤 아내는 그의 섹스 요구를 거절할 수 있다. 2주 전 남편이 친정어머니를 모욕한 사건이 아직도 그녀의 마음을 찌르기 때문이다.

섹스 횟수는?

1997~98년에 호주에서는 부부의 평균 섹스 빈도를 조사했다. 이 조사에 참가한 사람들은 무작위로 추출되었고 또 익명을 전제로 한 것이기 때문에 그들은 진실을 말했을 것으로 추정된다.

이 수치는 평균적인 것임을 유념하기 바란다. 65세 노인이라도 주 6회의 빈도를 보일 수 있고, 20세 청년일지라도 섹스를 아예 하시 않을 수도 있다. 하지만 그것은 일반적인 것이라기보다 예외적인 것이다. 흥미롭게도 조사에 응한 부부의 81퍼센트가 섹스 생활에 만족한다고 답변했다. 이들이 진실을 말하고 있다고 볼 때, 부부사이에 남자의 과도한 성 충동을 수용하기 위해 상당한 협상이 있었겠구나 하고 추측해 볼 수 있다. 서구 국가들의 경우 성생활에 만족한다고 답변한 부부는 대략 60퍼센트 수준이다.

나이	섹스 빈도
20대	연 144회
30대	연 112회
40대	연 78회
50대	연 63회
60대	연 61회

미국의 한 연구에 의하면 모든 백인 남자는 위와 비슷한 섹스 빈도를 보이고, 라틴 여자는 흑인이나 백인 여자(이들은 위와 비슷한 수준)보다 더 자주 섹스를 하고, 흑인 여자는 섹스를 할 때마다 오르가슴에 오르는 비율이 백인 여자에 비해 50퍼센트나 더 높았다. 아시아 남자는 가장 적은 빈도의 섹스 횟수를 보이는 것으로 조사되었는데, 이것은 그들의 낮은 테스토스테론 수치와 일치하는 것이다.

지능이 높을수록 섹스를 원하지 않는다?

《아메리칸 데모그래픽스 American Demographics》지는 1997년 1만 명의 성인을 상대로 조사를 벌였다. 그 결과 성 충동과 지능 사이에 관련이 있다고 보고했다. 지능이 높으면 높을수록 섹스를 원하지 않게 된다는 것이다. 대학원 졸업 이상의 학력자는 연 52회의 섹스를 하는 반면, 보통 대졸자는 연 61회를 하는 것으로 조사되었다. 또한 학교를 중퇴한 사람은 연 59회 섹스하는 것으로 밝혀졌다. 오전 아홉 시에서 오후 다섯 시까지 일하는 사람은 연 48회인 반면, 주 60시간 이상 일하는 사람은 연 82회를 기록했다. 이것은 테스토스테론의 수치 증가가 그들의 일 충동과 성 충동에 차이를 가져왔다고 볼 수 있다. 재즈 음악 애호가는 대중 음악을 선호하는 사람들보다 34퍼센트 더 섹스를 즐겼고, 고전 음악 애호가는 성 충동이 가장 낮았다.

> 여자는 안전한 섹스 파트너로서 고전 음악을 좋아하고
> 파트타임으로 일하는 중국인 남자를 고르는 것이 안전하다.
> 반면 열심히 일을 하는 재즈 피아니스트는 피하는 것이 좋다.

남자의 경우, 테스토스테론은 하루 5~7회 파상적인 상태로 솟구치며 사냥을 떠나기 직전인 해뜰 무렵이 가장 수치가 높다. 다른 시간대보다 무려 두 배 이상이다. 평균적으로 보아 남자의 테스토스테론 수치는 화롯불을 멍하니 쳐다보는 저녁 무렵엔 30퍼센트나 떨어진다.

어떤 남자는 우리의 강연을 듣고 나서 이런 얘기를 해주었다.

"어느 날 아침 여섯 시에 눈을 떴습니다. 그랬더니 내 아내가 빗자루 뒷부분으로 내 등을 쿡쿡 찌르는 게 아니겠어요! 도대체 왜 그러느냐고 그랬더니, 기분 전환으로 모닝 섹스를 한번 하자는 거였어요!"

섹스와 건강의 함수관계

섹스가 건강에 좋다는 증거는 아주 많다. 연간 일주일에 3회씩 섹스를 한다면 3만 5000킬로줄 kilojoule을 연소하게 되는데, 이것은 연간 130킬로미터를 달리는 것과 맞먹는다. 섹스는 테스토스테론 수치를 높이고, 그리하여 당신의 뼈와 근육을 강화하고 양질의 콜레스테롤을 제공한다. 성 연구가인 베벌리 휘플은 이렇게 말한다.

"체내의 자연적인 진통제인 엔돌핀이 섹스 중에 분비되는데, 이것은

두통, 관절염 등을 완화시키는 효과를 가져온다."

DHEA(디하이드로에피안드로스테론 dehydroepiandrosterone) 호르몬은 오르가슴 직전에 분비되는데 인지능력을 높여주고, 면역체계를 구축해주고, 종양의 성장을 억제하고, 뼈를 튼튼하게 해준다. 여자의 경우, 옥시토신(남성의 애무를 받고 싶은 욕망을 촉발시키는 호르몬)이 성교 중에 분비되고, 에스트로겐 수치 또한 높아진다. 해럴드 블룸필드는 자신의 책《다섯의 힘 The Power of Five》에서 에스트로겐이 여자의 튼튼한 뼈와 원활한 심장혈관 계통을 조성한다고 주장했다. 이러한 호르몬의 효과는 심장을 보호하여 수명을 늘리는 것이다. 이렇게 볼 때 섹스는 스트레스 해소와 장수에 이바지한다고 볼 수 있다. 만족스러운 성생활이 제공하는 혜택의 리스트는 날이 갈수록 길어지고 있다!

일부일처제와 일부다처제

일부다처제 polygamy는 남자가 한꺼번에 여러 명의 아내를 취하는 제도를 말한다. 여기까지 읽어온 독자는 인간이 속성상 일부일처제 지향이 아니라는 결론을 내렸을 것이다. 확실히 기독교 사상이 널리 전파되기 전에, 인간 사회의 80퍼센트 이상이 일부다처 사회였는데, 그 이유는 주로 종의 존속과 관련되어 있었다.

많은 남자들이 모노거미(일부일처제)가
가구를 만드는 데 사용되는 소재라고 잘못 알고 있다.

   일부일처제monogamy는 수컷이 하나의 암컷과 평생 짝을 짓는 제도를 말한다. 가령 늑대, 거위, 독수리 등이 그렇다. 일부일처제를 지향하는 암수는 일반적으로 덩치가 비슷하고 또 부모의 노릇도 50 대 50으로 공평하게 나누어 갖는다. 일부다처제의 경우, 수컷은 암컷에 비해 덩치가 더 크고 더 화려하고 더 공격적이며 부모 노릇은 최소한에 그친다. 일부다처 동물의 수컷은 암컷보다 성적으로 늦게 발달한다. 그래서 나이든 수컷과 어린 수컷 사이에 경쟁적 갈등이 벌어지지 않는다. 만약 이런 갈등이 벌어진다면 경험 없는 어린 수컷은 살아남지 못할 것이다. 인간의 수컷은 일부다처 종의 여러 가지 특징을 그대로 가지고 있다. 따라서 남자들이 일부일처제에 만족하지 못하는 것은 그리 이상한 일도 아니다.

왜 남자들은 성적으로 문란할까?

   생물학적으로 문란한 수컷의 생활양식과 결혼(일부일처제)은 어떻게 일치될 수 있는가?
   성 문란은 남자의 두뇌 회로에 프로그램 되어 있고 진화를 거듭해온 과거의 유산이다. 인류 역사상 전쟁은 남자들의 수를 크게 감소시켰고 그리하여 부족의 숫자를 되도록 빨리 늘리는 것이 화급한 문제가 되었다. 전쟁터에서 돌아오는 남자의 숫자는 처음 출발할 때보다 늘 적었다. 이것은 과부의 숫자가 많아진다는 것을 의미했다. 그래서 돌아온 남자들을 위하여 하렘(암컷 무리)을 설치하는 것이 부족의 존속 전략 차원에서 필요했다.

남자아이를 낳는 것은 멋진 사건으로 간주되었다. 왜냐하면 남자는 부락을 수호하는 데 늘 필요한 인력이었기 때문이다. 여자아이는 늘 실망을 안겨주었다. 부족에 여자가 한 명 더 늘어난 것에 불과하기 때문이다. 인간의 부락은 바로 이런 식으로 지난 수십만 년 동안 운영되어 왔다. 게다가 현대의 남자들은 옛날 옛적에 번식 행위의 효율적 수행을 위해 필요로 했던 거대한 시상하부와 다량의 테스토스테론을 아직도 갖추고 있다. 남자는 다른 영장류나 포유류의 수컷과 마찬가지로 생물적으로는 일부일처제가 적성에 맞지 않는 게 현실인 것이다.

남자들만을 상대로 하는 거대한 섹스 산업이 이에 대한 구체적 증거이다. 거의 모든 포르노, 에로 비디오, 매춘, X 등급의 인터넷 화상 등은 남자를 목표로 한 것이다. 이것은 대부분의 남자들이 일부일처제 상황에서 살고 있지만, 그들의 두뇌 회로는 일부다처제의 심리적 자극을 원한다는 걸 보여준다.

그러나 다음의 사실은 다시 한 번 강조하고 싶다. 성 문란을 지향하는 남자의 욕망을 논의하는 데 우리는 생물학적 경향을 언급하고 있을 뿐이다. 우리는 문란한 성적 행동이 좋다고 추천하는 것은 결코 아니며, 불륜의 핑계를 남자들에게 제공하고자 하는 것은 더더욱 아니다.

인간은 오늘날 과거와는 전혀 다른 세계에서 살고 있는데, 우리의 생물학적 구조가 때때로 우리의 기대치 및 요구사항과 일치하지 못하고 있음을 지적하려는 것뿐이다.

인간의 생물적 구조는 위험할 정도로 구식이다.

어떤 것이 본능적인 것 혹은 자연적인 것이라고 해서 그것이 우리에게 좋은 것이라고 볼 수는 없다. 나방의 두뇌 회로는 본능적으로 밝은 불빛에 이끌리게 되어 있다. 그래서 나방은 달빛과 별빛을 이용하여 밤중에도 날아다닐 수 있다. 불행하게도 현대의 나방은 과거와는 아주 다른 세계에서 살고 있다. 우리는 이제 나방과 모기를 잡아들이는 재퍼 zapper(마이크로파 포충망)를 갖고 있다. 현대의 나방은 자연적이고 본능적인 것을 따름으로써 저절로 재퍼 속으로 날아와 그 순간 불타버리는 것이다. 현대의 남자들은 자신의 생물적 충동을 잘 이해할 필요가 있다. 하지만 자연적인 것을 그대로 따르는 것은 곧 자기 연소의 선택이라는 것도 알아야 한다.

여자가 남자처럼 성적으로 문란한 경우는 소수에 불과하다. 따라서 여자의 동기는 남자와는 아주 다르다. 성적으로 흥분되기 위해서 둥지 수호자인 여자의 두뇌 회로는 섹스가 아닌 다양한 기준을 필요로 한다. 대부분의 여자들은 성관계를 가지기 전에 친밀한 인간관계를 원하고 또 정서적 연계의 가능성을 타진한다. 여자는 어떤 정서적 유대를 느끼기 시작하면 석 달이고 여섯 달이고 쉴 새 없이 그 남자와 섹스를 할 수 있다. 그런데 아쉽게도 남자들은 이 사실을 잘 모르는 것이다. 극소수에 불과한 색정광을 빼놓고, 대부분의 여자는 배란기 동안에 섹스 욕구를 가장 강하게 느끼는데, 그 시간은 며칠에서 몇 시간까지 지속된다.

> 여자는 자신이 사랑하는 남자와 많은 섹스를 하고 싶어 한다.
> 남자는 그냥 많은 섹스를 하고 싶어 한다.

만약 제한을 받지 않는다면 대부분의 남자는 종족의 생존을 보장하기 위해 무차별 섹스라는 바닥없는 구렁텅이에 빠져들게 될 것이다. 미국 국립보건원에서 수행한 조사에 의하면 16~19세 사이의 소년들 82퍼센트가 낯선 사람들과의 성적 광희에 빠져드는 것을 환영했다. 하지만

지금은 쳐다보지마. 하지만 공작들에게 보낸 신의 선물이 막 도착했어!

같은 나이의 소녀들은 겨우 2퍼센트만이 그 아이디어에 찬성했다. 90퍼센트의 소녀들은 그것을 너무 끔찍한 일이라고 생각했다.

수탉 효과

수탉은 아주 호색한 수컷으로서 암탉과 쉴 새 없이 교미할 수 있는데 한 번 짝짓기에 60회 이상의 교미를 한다. 그러나 수탉은 동일한 암탉과 하루에 5회 이상 교미하지는 못한다. 여섯 번째가 되면 완전히 흥미를 잃어서 도무지 '발기' 되지 않는다. 그러나 새로운 암탉을 들이대면 처음 교미하는 것처럼 원기를 회복한다. 이것이 이른바 '수탉 효과' 이다.

황소는 동일한 암소와 7회를 교접하고 나면 흥미를 잃어버리지만 새로운 암소를 들이대면 처음 교접하는 것처럼 다시 불이 붙는다. 열 번째의 새로운 암소를 대할 무렵에도 여전히 인상적인 능력을 과시한다.

숫양은 같은 암양과 5회의 교미가 한도이지만, 새로운 암양을 들이대면 엄청난 정력을 과시하면서 암양의 등에 올라탄다. 그러나 전에 이미 교접한 암양에게 향수를 뿌리거나 머리를 자루로 감추고 다시 숫양에게 들이대면, 숫양은 교접하지 못한다. 아무리 위장을 해도 숫양을 속일 수 없다. 이것은 수컷의 씨를 되도록 많이 퍼트려 종의 존속을 보상하려는 자연의 섭리이다.

> 남자들은 자신의 페니스가 하자는 대로 한다. 그들은 낯선 사람이
> 그들을 대신하여 99퍼센트 결정해주는 것을 원하지 않는다.

건강한 젊은 남자의 경우, 그 횟수는 대강 5회이다. 컨디션이 좋은 날, 그는 같은 여자와 5회까지 섹스가 가능하다. 그러나 대체로 6회부터는 불능의 상태에 빠진다. 그러나 새로운 여자를 만나면, 수탉이나 황소와 마찬가지로 금방 원기를 회복하여 발기되는 것이다.

남자의 성 충동은 너무나 강력하여 로스앤젤레스의 성 회복 연구소의 패트릭 캇스는 남자들 중 약 8퍼센트가 섹스 중독자라고 추산했다. 반면 여자는 3퍼센트 미만이었다.

섹시한 옷을 좋아하는 남자와 심리는?

남자의 두뇌는 변화를 요구한다. 대부분의 포유류 수컷처럼 남자는 가능하면 많은 여자를 만나서 짝짓기를 하도록 두뇌 회로가 프로그램되어 있다. 이 때문에 남자들은 일부일처의 관계에서도 여자가 섹시한 란제리를 입기 바라는 것이다. 다른 포유류와는 달리, 남자들은 배우자에게 다양한 섹시 의상과 란제리를 입힘으로써 자신이 다른 여자들로 구성된 하렘에 와 있다고 상상할 수 있다. 이것은 말하자면, 남자들 자신이 스스로 머리에 자루를 씌워서 다양한 변화를 추구하는 것이라고 할 수 있다.

대부분의 여자들은 란제리가 남자들에게 강력한 효과를 발휘한다는 것을 알고 있다.(물론 일부 여자는 그게 왜 그런 힘을 발휘하는지 이해하지 못한다.)

해마다 크리스마스가 되면 백화점의 란제리 코너는 아내에게 섹시한 선물을 하고 싶어서 그 주위를 어슬렁거리는 남자들로 넘쳐난다. 그러나 정월이 되면 그들의 아내는 같은 가게의 반환 카운터에 줄을 서서 기다린다. 그들은 이렇게 불평을 터트린다.

"이건 내게 안 맞아요! 그는 나를 창녀로 만들려고 해요!"

그러나 직업적 창녀는 철저히 시장조사를 하여 시장에서 요구하는 물건을 팔려는 전문적인 섹스 거래꾼이다. 미국의 한 연구조사에 의하면, 에로틱한 란제리를 즐겨 입는 여자들은 블루머(바지)형 속옷을 입는 여자들에 비해 남편의 외도율이 훨씬 낮았다. 이것은 일부일처제 환경에서도 남자들은 다양한 것을 원한다는 방증이라 하겠다.

왜 남자는 '3분간의 절정' 인가?

첫 시작에서 오르가슴에 이르기까지 건강한 남자의 평균 시간은 약 2.5분이다. 건강한 여자의 경우, 그 시간은 13분이다. 대부분의 포유류에게 교접은 재빨리 해치워야 하는 일이다. 왜냐하면 오랜 시간 교접을 하고 있으면 약탈자의 공격에 노출될 우려가 있기 때문이다. 재빠른 교접은 종의 보존을 위한 자연의 섭리인 것이다.

"당신은 시시한 애인이에요!" 그녀가 말했다.
"2분밖에 걸지 않고서 그걸 어떻게 압니까?" 그가 물었다.

나이, 건강, 분위기 등에 따라 많은 남자들이 하루에 여러 번 성교를 할 수 있고 또 발기를 오래 지속할 수 있다. 아프리카 비비 수컷은 10~20초 사이에 교접하고 짝짓기를 위해 허리를 놀리는 것은 4~8회에 불과하다. 그러나 비비의 이런 신속한 짝짓기는 야생 쥐에 비하면 아무것도 아니다. 야생 쥐는 10시간 내에 400회의 교접을 한다. 그러나 동물의 왕국에서 교접 횟수로 1위를 차지한 동물은 쇼의 생쥐 Shaw's mouse이다. 이 쥐는 1시간당 100회 이상의 교미 기록을 갖고 있다.

볼 게임

이런 말이 널리 사용된다.
"그걸 하려면 엄청난 볼을 가지고 있어야 해!" (영어의 ball은 용기勇氣, 고환 등 여러 뜻이 있음 : 옮긴이)

이것은 우리가 고환 크기와 용기를 무의식적으로 연결시킨다는 것을 잘 보여준다. 동물의 세계에서 동물의 전체 몸 부피와 관련된 고환의 크기는 테스토스테론의 수치를 결정짓는 주된 요인이다. 그러나 고환의 크기는 반드시 신체에 비례하는 것은 아니다. 가령 고릴라는 몸무게가 침팬지보다 네 배나 더 나가지만, 고환은 침팬지가 고릴라보다 네 배나 더 무겁다. 신체 부피에 대비한 참새의 고환은 독수리보다 여덟 배나 커서, 참새를 가장 호색한 새로 만들어주고 있다.

그런데 여기에 논지의 포인트가 있다. 고환의 크기는 수컷의 정절 혹은 일부일처의 수준을 결정짓는 것이다. 아프리카 보노보 침팬지는 모든 영장류 중에서 가장 큰 고환을 가지고 있고 그래서 눈에 보이는 대로 암컷과 성교를 한다. 그러나 덩치는 크지만 상대적으로 고환이 작은 고릴라는 그 자신의 하렘을 갖고 있지만, 1년에 한 번 교접할까 말까 한다. 신체 비율로 따져볼 때, 인간의 수컷은 영장류 중에서 중간(평균)에 해당한다. 이것은 남자들이 충분히 성 문란이 될 정도의 테스토스테론을 분비한다는 뜻이 된다. 또한 여자, 종교, 소속 사회 등이 부과하는 엄격한 일부일처제의 규칙을 지킬 만큼의 소량은 아니라는 뜻도 된다.

이런 모든 점을 비추어볼 때, 빌 클린턴, 존 F.케네디, 사담 후세인 같은 정치 지도자들이 평균 이상의 고환을 갖고 있으리라 예상해볼 수 있다.(물론 직접 본 것은 아니다.) 따라서 이들의 성 충동은 보통 사람보다도 강하다고 볼 수 있으며 어떤 배출구를 필요로 한다는 것도 예상할 수 있다. 일반 대중은 고환이 크고 테스토스테론 수치가 높은 개인을 권좌에 앉혀놓고서는 그들이 거세된 고양이처럼 성 충동을 억제하도록 기대하고 있는 것이다. 아무튼 높은 성 충동이 그들을 권좌로 밀어 올리는 것은 사실이지만, 아이러니컬하게도 그런 충동 때문에 권좌에서 밀려나기도 한다.

> 레이는 그의 결혼 비디오를 거꾸로 돌렸다.
> 그가 그렇게 하는 것도 자유인이 된 상태로 교회에서 걸어 나오는
> 그 자신을 보고 싶어서였다고 말했다.

남자의 외도를 해결하는 가장 확실한 방법은 단 하나밖에 없다. 그것은 거세이다. 이렇게 하면 그는 자동적으로 일부일처제를 지키게 될 뿐 아니라, 면도를 자주 할 필요도 없고 대머리가 될 우려도 없고 또 오래 살게 될 것이다. 정신병 연구기관에서 행한 남자 연구에 의하면, 거세된 남자는 평균 69세까지 살았다. 그러나 체내의 테스토스테론 분비를 그대로 유지한 남자들은 56세까지 살았다. 이와 동일한 원칙이 고양이에게도 적용된다.

우리는 미래의 남자들이 현대의 남자들보다 훨씬 덜 남성적일 것이라고 생각한다. 고환의 크기와 정액의 생산이 대를 거듭할수록 줄어들고 있기 때문이다. 증거에 의하면, 현대 남성의 조상들은 현대 남성보다 더 큰 고환을 가졌다. 또 남자는 조직 그램당 정자 수가 고릴라나 침팬지에 비해 훨씬 적은 것으로 나타났다. 현대 남성의 평균 정자 수는 1940년대 남자의 절반 수준이다. 그래서 우리는 그들의 할아버지보다는 훨씬 덜 남성적인 남자를 생산하고 있는 것이다.

고환도 지능을 갖고 있다

영국 맨체스터대학 생물학과의 로빈 베이커는 놀라운 실험을 수행하여 다음과 같은 사실을 알아냈다. 즉 남자의 두뇌는 여자의 행동으로부터 그녀의 배란기가 돌아왔다는 것을 무의식적으로 알아낸다는 것이다. 그러면 남자의 신체는 그 시점에서 임신을 시킬 수 있는 정자 수를 계산하여 정확하게 필요한 정자를 방출한다. 가령 부부가 매일 섹스를 한다 치고, 배란기에 남자가 1회 섹스당 1억 마리의 정자를 방출한다고 해보자. 그런데 그가 여자와 사흘 동안 성관계가 없다면, 그의 신체는 나흘째 되는 날의 섹스에서 3억 마리의 정자를 몰아서 방출하고, 만약 닷새 동안 여자와 성관계가 없었다면 5억 마리의 정자를 방출한다. 실혹 그가 다른 여자와 매일 성관계를 가졌다 해도 상관없이 이런 숫자의 정자를 방출한다. 그의 두뇌가 계산하는 생물학적 계산에 근거하여, 그의 신체는 임신시킬 수 있을 만큼의 정자, 혹시 있을지도 모르는 다른 정자를 물리칠 만큼의 정자를 만들어낸다.

남자와 그들의 추파

남자가 여자에게 해줄 수 있는 가장 큰 보답은 다른 여자를 몰래 훔쳐보는 짓을 그만두는 것이 아니다. 오히려 자기의 여자를 칭찬하는 것이 가장 큰 보답이다. 예를 들면 이렇게 말하는 것이다.

"물론 저 여자 다리가 멋져. 하지만 당신처럼 유머 감각이 풍부하지는 않을 거야. 아무리 봐도 저 여자는 당신과는 동급이 될 수가 없어, 여보."

다른 사람들, 특히 아내의 친구들이 있는 데서 이런 칭찬을 해주면 그 효과는 정말 엄청나게 크다. 물론 남자가 그런 말을 그런 장소에서 할 수 있을 만큼 배짱이 좋으냐는 별개의 문제겠지만.

여자들은 남자가 생물학적으로 다른 여자의 몸매와 곡선에 눈이 팔린다는 사실을 이해해야 한다. 또 그런 사실에 그리 겁먹을 필요도 없다. 여자가 그런 스트레스를 해소하는 손쉬운 방법 중의 하나는, 다른 여자를 알아보고 먼저 그 여자에 대해 논평을 하는 것이다. 한편, 남자들은 다른 여자한테 한눈파는 것은 감점 요인임을 알아야 한다.

남녀가 진짜 원하는 파트너는?

다음의 리스트는 17~60세에 이르는 1만 5000명 이상의 남녀를 조사한 결과이다. 이것은 여자들이 장기적으로 남자 파트너에게 바라는 것,

A 여자가 바라는 것	B 남자가 여자를 처음 만났을 때 하는 생각
1. 성격	1. 성격
2. 유머	2. 좋은 신체
3. 감수성	3. 유머
4. 두뇌	4. 감수성
5. 좋은 신체	5. 좋은 용모

남자들이 생각하는 여자의 소망을 중요도 순으로 열거한 것이다.

물론 이것은 미국의 조사 결과이지만, 남자들이 '여자들의 남자관'을 그런대로 이해하고 있음을 보여준다. 남자는 '좋은 신체'에 높은 순번을 주었지만, 여자의 리스트에서는 그리 높은 순번을 차지하지 못했다. 그리고 남자의 15퍼센트는 거대한 페니스가 여자에게 중요하다고 생각했으나, 여자의 2퍼센트만이 그게 중요하다고 생각했다. 일부 남자들은 페니스 크기가 대단히 중요하다고 확신했으며 그래서 전 세계 섹스숍이나 잡지에서 페니스 확장 장비가 널리 팔리고 또 광고된다고 말했다.

자, 이제 남자가 징기적인 여자 파트너에게 바라는 것과 여자들이 생각하는 남자의 소망을 열서해보자.

표에서 보듯이, 여자들은 남자들의 장기적 파트너 관을 잘 모르고 있다. 이것은 왜 그런가 하면 여자들은 자신들이 보거나 들은 남자의 행동 특징(가령 여자의 몸매를 슬금슬금 훔쳐보는 남자들)에 바탕을 두고서 이런 추측을 하기 때문에 그렇다.

리스트A는 여자가 남자에게서 바라는 장단기 기준 리스트이다. 그러

C 남자가 바라는 것	D 여자가 남자를 처음 만났을 때 하는 생각
1. 성격	1. 좋은 용모
2. 좋은 용모	2. 좋은 신체
3. 두뇌	3. 가슴
4. 유머	4. 엉덩이
5. 좋은 신체	5. 성격

나 남자의 경우에는 사정이 다르다. 리스트D는 남자가 여자를 처음 만났을 때 보는 사항이고, 리스트C는 장기적인 파트너를 찾을 때의 기준이다.

왜 남자는 '단 한 가지'에 집착할까?

남자는 섹스를 원하고, 여자는 사랑을 원한다. 이것은 지난 수천 년 동안 그러했던 사실이지만, 이게 왜 그런지, 그런 사실에 어떻게 대응해야 할지에 대해서는 아무런 논의도 이루어지지 않았다. 이것은 남녀 간에 벌어지는 언쟁과 불평불만의 주요 원인이었다. 여자들에게 남자한테서 무엇을 바라느냐고 물어보라. 그러면 가슴이 떡 벌어지고 허리가 잘록하고 팔다리가 튼튼한 남자(야생 동물을 포획하는 데 필요한 장비)를 원한다고 말할 것이다. 게다가 남자가 자상하고, 점잖고, 여자의 필요 사항을 예민하게 눈치 채고, 대화를 잘하는 사람(이런 것들은 모두 여성적인 속성이다)이었으면 좋겠다고 말할 것이다. 그러나 불행하게도 남성적 신체에 여성적 미덕을 겸비한 사람은 게이이거나 여성적 남성뿐이다.

남자는 문제를 해결하고 먹이를 추적하고 적과 싸우는 일을 하도록 두뇌 회로가 프로그램되어 있기 때문에, 여자의 비위를 맞추는 일에 능숙하지 못하다. 따라서 남자는 그 기술을 습득하기 위해 훈련을 받아야 한다. 사정은 그렇지만 대부분의 남자는 하루 일과가 끝나면 멍하니 화롯불을 쳐다보면서 종족을 퍼트리기 위한 허리 놀리기에만 관심을 두는 것이다.

한편 여자는 섹스의 충동을 느끼기 위해서는 먼저 사랑받고, 존중받고, 귀여움을 받는다는 느낌이 있어야 한다. 바로 여기에 대부분의 사람들이 깨닫지 못하는 어려움이 있다. 남자는 자신의 감정을 추스르기에 앞서서 우선 섹스부터 하려고 든다. 불행하게도 여자는 남자에게 부드러운 감정을 전달받지 못하면 섹스 충동을 별로 느끼지 못한다. 남자는 사냥을 하도록 두뇌 회로가 프로그램되어 있다. 그의 신체는 산이 에도록 춥거나, 찌는 더위에도 아랑곳하지 않고 사냥을 하도록 만들어져 있다. 그의 피부는 둔감해서 부상, 화상, 동상 등에 잘 걸리지 않는다. 역사적으로 볼 때 남자의 세계는 싸움과 죽음으로 채워진 세계였다. 다른 사람의 필요, 공감, 느낌 등에 민감하게 반응할 여지가 없었다. 공감을 표시하고 또 의사소통하면서 시간을 보낸다는 것은 집중도를 떨어트리는 행위였고 그리하여 적의 공격에 노출될 우려가 있었다. 여자들은 현대 남성이 이런 생물학적 장치로 구조화되어 있다는 사실을 이해하고 그것을 잘 다루기 위한 전략을 개발해야 한다.

여자들은 그들의 어머니로부터 남자가 원하는 것은 단 한 가지, 섹스밖에 없다고 가르침을 받았다. 그러나 이것은 100퍼센트 정확한 판단이라고 볼 수 없다. 남자도 사랑을 원한다. 그런데 그것은 섹스를 통해서만 얻을 수 있는 것이다.

섹스에 관한 한 남녀의 우선 사항은 너무나 동떨어져 있기 때문에 서로 상대방을 비난하는 것은 무의미한 일이다. 그 누구도 서로를 비난해서는 안 된다. 남녀는 단지 그렇게 생겨먹은 것이다. 게다가 서로 정반대된다는 사실은 하나의 매력이 된다. 성적 욕구가 똑같은 경우는 게이 남자 사이 혹은 레즈비언 사이뿐이다. 바로 이 때문에 동성애의 남자와 여자는 이성애자들과는 달리 사랑과 섹스의 문제로 싸움을 벌이지 않는다.

섹스도 연습이 필요하다

남자의 마음을 얻는 길은 위장胃腸을 통해서라고 말한 사람은 너무 높게 목표를 잡은 것이다. 남자는 멋진 섹스를 하고 난 뒤에 부드럽고 여성적인 측면을 드러낸다. 멋진 섹스 후에 남자는 새들의 노랫소리가 비로소 들리고, 나무의 색깔에 깊은 인상을 받고, 꽃들의 향기를 맡으며, 노랫말에 감동을 받는다. 섹스를 하기 전의 남자라면 새들의 노랫소리가 시끄럽다는 생각만 했을 것이다. 아무튼 여자들은 남자의 섹스 후 분위기를 너무나 매력적이라고 생각하고 또 그것을 사랑한다. 그래서 남자는 여자들의 이런 점을 잘 알아두어야 한다. 만약 남자가 그런 분위기를 평소에 연습해둔다면, 비록 섹스를 하기 전이라도 여자를 흥분시킬 수 있다.

한편, 여자는 남자에게 멋진 섹스를 제공하는 것이 대단히 중요하다는 사실을 이해해야 한다. 그래야 남자의 섹스 후 분위기를 제대로 이해할 수 있으며 또 남자에게 그런 사실을 말해줄 수 있다.

남녀관계가 새롭게 시작되는 초창기에, 섹스는 늘 멋지고 또 사랑이 흘러넘친다. 그녀는 남자에게 많은 섹스를 제공하고, 남자는 그녀에게 많은 사랑을 준다. 그리하여 사랑과 섹스는 상승작용을 일으킨다. 그러나 그렇게 몇 년이 흘러가면 남자는 먹이 추적에 바쁘고 여자는 둥지 수호에 바빠진다. 그리하여 섹스와 사랑은 갑자기 중단된 것처럼 보인다. 남녀는 원만하든 불만족스럽든 성생활에 공동책임이 있다.

그러나 일이 잘 안 풀릴 때 남녀는 상대방을 비난하기가 쉽다. 남자는 여자가 자신의 전자 오븐을 가열하기 전에 예열 시간이 많이 걸리며 관심, 칭찬, 애정을 필요로 한다는 것을 이해해야 한다. 한편, 여자는 남자들이 멋진 섹스 후에야 비로소 그런 것(관심, 칭찬, 애정)을 표시한다는 것을 이해해야 한다. 남자는 섹스 후에 자신의 느낌을 미리 표시해야 한다. 여자는 또한 남자의 그런 노력을 도와주어야 한다.

여기서 가장 중요한 것은 섹스이다. 섹스가 훌륭하면 전반적인 남녀관계는 아주 좋아지기 때문이다.

여자를 매번 만족시키는 방법

애무하다, 칭찬하다, 만져주다, 멋지다고 하다, 마사지하다, 문제를 해결해주다, 공감하다, 산책하다, 칭송하다, 지원하다, 먹여주다, 위안하다, 간질이다, 농담하다, 비위를 맞추다, 자극하다, 문지르다, 위로하다, 포옹하다, 살찐 것을 무시하다, 껴안다, 흥분시키다, 안정시키다, 보호하다, 전화하다, 기대하다, 키스하다, 뺨을 비비다, 용서하다, 액세서리를 사주다, 즐겁게 하다, 매혹되다, 짐을 들어주다, 부탁을 들어주다, 매혹시키다, 배려하다, 신임하다, 수호하다, 옷을 사주다, 멋지다고 칭찬하다, 신성하다고 하다, 인정하다, 아주 귀여워 해주다, 힘껏 껴안다, 목을 매다, 꿈꾸게 해주다, 고마움을 느끼게 하다, 꼬집어주다, 탐닉하다, 우상화하다, 경배하다.

남자를 매번 만족시키는 방법 : 알몸으로 등장하다.

남자는 섹스에서 무엇을 원할까?

그 대답은 간단하다. 남자는 오르가슴을 통하여 축적된 긴장을 해소하려고 한다. 섹스 후 남자의 몸은 약간 가벼워진다.(어떤 사람에 의하면 골이 텅 비기 때문이라고 한다.) 왜냐하면 그는 신체의 일부를 잃어버리고 회복을 원하기 때문이다. 바로 이 때문에 남자는 섹스 후 곧바로 잠이 들어버린다. 여자는 남자가 이처럼 곯아떨어지는 것에 대해 분개한다. 너무 이기적이고 여자의 마음은 안중에도 없는 듯한 태도인 것이다.

남자는 또한 정서적으로 표현할 수 없는 것을 육체적으로 표현하기 위해 섹스를 이용한다. 새로운 직장을 찾아야 한다거나, 초과 인출된 금액을 은행에 갚아야 한다거나, 어떤 논쟁거리를 해결해야 하는 등의 문제가 있을 때, 남자는 섹스를 통하여 자신의 팽팽한 정서를 이완하려고 한다. 여자는 대부분 이러한 사실을 이해하지 못한다. 그래서 남자가 해결하기 어려운 문제를 갖고 있다는 핵심은 놓쳐버린 채, '이용' 당했다는 사실에만 분개하는 것이다.

남자의 여러 가지 문제 사항들 중, 멋진 섹스에 의해서도 안 풀리는 그런 문제는 거의 없다. 테스트 결과에 의하면 섹스의 욕구가 내부에 응축되어 있는 남자는 듣기, 생각하기, 운전하기, 중장비 작동하기 등에 어려움을 느낀다. 그는 또 3분이 15분같이 길게 느껴지는 시간 왜곡 현상으로 괴로움을 겪게 된다. 만약 여자가 남자로부터 현명한 조언을 얻어야 할 것이 있다면, 섹스 후 그의 두뇌가 맑아졌을 때 의논을 하는 게 좋다.

여자는 섹스에서 무엇을 원할까?

남자가 섹스를 통해 성취감을 얻으려는 것은 곧 긴장의 해소를 필요로 하기 때문이다. 그러나 여자는 이와는 정반대의 필요를 가지고 있다. 그녀는 많은 곳에다 신경을 쓰고 또 말을 많이 하기 때문에 오랜 시간에 걸쳐 긴장이 축적되기를 원한다. 남자가 (긴장을) 비우기를 원한다면, 여자는 채우기를 원한다. 남자가 이런 차이점을 잘 이해한다면 그는 다정다감한 애인이 될 수 있다. 대부분의 여자들은 섹스 전에 30분의 전희 시간을 필요로 한다. 남자는 30초면 충분하다. 그래서 여자를 그녀의 집까지 데려다주는 시간을 전희라고 생각할지도 모른다.

> 아담이 제일 먼저이다.
> 그러나 남자들은 대부분 자기가 제일 먼저라고 생각한다.

섹스 후에 여자는 호르몬 분비가 왕성하여 이 세상을 모두 포용할 것 같은 자세가 된다. 그녀는 남을 만지고 싶고, 껴안고 싶고, 말하고 싶어진다. 그러나 남자는 사정이 다르다. 그는 곧바로 잠에 떨어지지 않으면, 침대에서 벌떡 일어나 전구를 갈아 끼우거나 커피를 끓이는 등 '뭔가를 하지 않으면' 안 된다. 이것은 왜 그런가 하면, 남자는 늘 자기 자신을 통제하기를 원하기 때문이다. 그런데 오르가슴 동안에 그는 잠시 통제력을 상실한다. 그래서 침대에서 벌떡 일어나 뭔가를 함으로써 그런 통제력을 회복하는 것이다.

왜 남자는 섹스 중에 말을 하지 않을까?

남자는 한 번에 하나씩밖에 하지 못한다. 남자는 발기가 되면 말하거나 듣거나 운전하는 것이 어렵다고 느낀다. 바로 이 때문에 남자는 섹스 중에 아무 말도 하지 않는다. 때때로 여자는 남자의 진행 상황을 살피기 위해 그의 숨소리에 귀 기울여야 할 필요가 있다. 남자는 여자가 이런저런 서비스를 해주겠다는 말을 '음란하게' 지껄이는 것을 좋아한다. 그러나 그것은 섹스 이전의 얘기일 뿐 섹스 중에는 통하지 않는다. 여자가 섹스 중에 말을 걸어오면 남자는 방향감각(혹은 발기 상태)을 상실한다. 섹스 중에 남자는 우뇌를 사용하는데, 두뇌 스캐닝에 의하면, 자신의 일에 너무 열중하여 거의 귀머거리 상태가 된다.

> 섹스 중에 말을 하기 위해 남자는 좌뇌를 동원해야 한다.
> 반면 여자는 섹스와 말을 다중 트랙으로 처리할 수 있다.

여자에게 말은 전희의 중요한 한 부분이다. 왜냐하면 말은 그녀에게 대단히 중요하기 때문이다. 만약 섹스 중에 남자가 말을 하지 않는다면, 여자는 그가 흥미를 잃어버린 게 아닐까 하고 생각한다. 남자는 여자의 이러한 필요에 부응하기 위해 전희 중에 사랑의 말을 많이 속삭이는 연습을 해야 한다. 한편 여자는 섹스 중에 말을 해서는 안 된다. 남자의 흥미를 계속 유지시키기 위해서, "아" "오" 같은 단음절의 소리를 계속 내지르면 충분하다. 이렇게 하면 남자에게 만족스럽다는 신호를 주게 되고 그러면 남자는 신이 나서 더욱 열을 낸다. 만약 섹스 중에 여자가 말을 한다면, 남자는 대답을 해야 될 터이고 그렇게 되면 섹스의 황홀한 순간은 실종되고 만다.

여자의 두뇌는 남자의 두뇌처럼 성 충동의 화학작용에 민감하게 반응하도록 회로 처리되어 있지 않다. 섹스 도중, 여자는 바깥에서 나는 소리라든가 환경의 변화를 예민하게 포착한다. 그러나 남자는 완전히 그 행위에 집중하여 주의가 산만해지지 않는다. 이것은 여자의 둥지 수호 본능이 생물학적으로 작동하기 때문이다. 누군가가 살금살금 다가와 새끼를 훔쳐가지 못하도록 한시라도 방심하지 않고 소리에 귀 기울이는 섯이다.

많은 남자들이 경험으로 느끼는 바이지만, 탁 트인 곳이나 얇은 칸막이 방, 자물쇠가 잠기지 않는 방 등에서 여자에게 섹스를 요구하는 것은 그녀에게 싸움을 거는 거나 다름없다. 이것은 또한 여자의 내재된 공포를 이해하는 데 빛을 던진다. 여자는 그런 공포(노출된 곳에서의 섹스 공포)를 바탕으로 하여, 정작 그런 섹스(노출된 섹스)를 가장 은밀하고 자극적인 공상으로 삼는다.

우리가 잘못 알고 있는 오르가슴

"그녀는 자기가 필요할 때만 나를 이용해. 그런 다음에는 나를 잊어버려. 난 섹스의 노리개가 되는 것이 싫어!"

이렇게 말하는 남자는 결코 존재하지 않는다. 남자의 성취 기준은 오르가슴이기 때문에 남자는 여자도 반드시 오르가슴에 도달해야 한다고 잘못 생각하고 있다.

"오르가슴 없이 어떻게 개운한 느낌을 가질 수 있을까?"

남자는 궁금해한다.

그는 자기 자신에게 그런 상황이 벌어지는 것을 상상하지 못한다. 그래서 여자의 오르가슴 유무가 자신(남자)의 성적 능력과 직결된다고 생각한다. 이런 남자의 기대치는 여자의 성적 향락에 엄청난 부담으로 작용하고 또 여자들이 오르가슴에 도달할 가능성을 감소시킨다. 여자는 친밀감, 따뜻함, 멋진 섹스를 위한 긴장의 축적을 필요로 한다. 그리고 여자는 오르가슴을 하나의 목적이 아니라 보너스 정도로 생각한다. 남자는 반드시 오르가슴이 있어야 하지만 여자는 그렇지 않다. 남자는 여자를 자신의 성적 거울이라고 생각하면서 지난 수천 년 동안 쉴 새 없이 피스톤 운동을 하면서 그게 여자가 원하는 것이라고 생각해왔다.

다음 페이지에 나오는 도표를 보면서 여자의 성 충동이 1년 동안에 어떻게 등락을 거듭하는지 살펴보라. 성 충동이 꼭짓점에 도달한 시점은 그녀가 오르가슴을 가장 원하는 시점, 즉 배란기 무렵이다. 성 충동이 밑바닥에 도달한 시점에서 그녀는 포옹과 애무 등을 절실히 필요로 한다.

> 남자는 가짜 오르가슴을 연기하지 않는다.
> 일부러 얼굴을 찡그리면서 환희를 가장하는 남자는 없다.

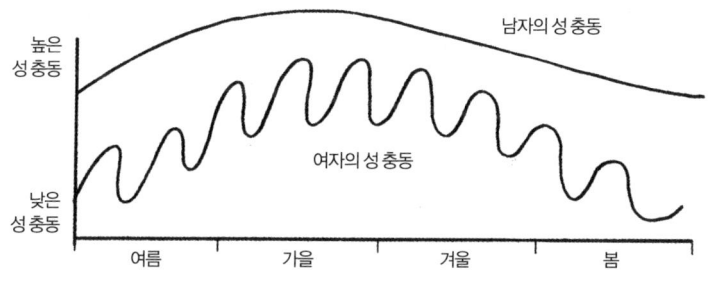

남녀의 성 충동
(출처 : 영국, 피츠 국제 연구소)

대부분의 남자들이 즐겨하는 공상으로는 생판 모르는 육감적인 여자가 그에게 다가와 아주 매력적이라고 말해주는 장면을 꼽을 수 있다. 그는 그녀의 모든 욕구를 충족시킨다. 남자가 자신의 성 능력을 측정하는 기준은 그녀의 만족도와 직접적으로 관련된다. 그래서 남자는 여자의 반응을 끊임없이 살피면서 자신이 잘하고 있는지를 알아내려 하는 것이다.

대부분의 남자는 섹스 중에 여자의 내밀한 느낌이나 감정을 파악하지 못한다. 그래서 그에게는 그녀의 오르가슴이 아주 중요하다. 그것은 여자에게 훌륭한 섹스를 해주었다는 증거가 된다. 그래서 남자는 소기의 결과를 성취했다는 느낌을 갖게 된다. 대부분의 남자들은 의무적인 오르가슴이 남자들에게만 적용되는 기준이라는 것을 이해하지 못한다. 여자는 반드시 오르가슴을 느껴야만 되는 것이 아니다. 여자에게 있어서 오르가슴은 보너스 같은 것이지 결코 필수가 아니다.

남녀를 흥분하게 만드는 것

다음은 남녀를 흥분하게 만드는 것의 리스트이다. 이것을 보면 남녀가 서로의 성적 욕구에 대해서 얼마나 모르고 있는지를 잘 알 수 있다. 이 선호사항의 리스트는 남녀의 심성을 직접적으로 반영한다. 남자는 시각적이면서 동시에 섹스 지향적이다. 여자는 청각적이고 촉각적이면서 동시에 애무와 로맨스 지향적이다.

남자의 생물학적 임무는 되도록 많이 건강한 여성을 찾아내 임신시키는 것이다. 여자의 생물학적 임무는 아이를 임신하고 아이를 제대로 키울 때까지 옆에 있어줄 배우자를 찾는 것이다. 현대의 남녀는 이제 생존을 위한 번식이 더 이상 중대한 문제가 아닌 시대에 살고 있지만, 그래도 이런 원시적 힘이 그들을 밀어가고 있는 것이다. 바로 이 때문에 장기적인 약속이 여자들을 흥분시키는 힘이 되는 것이다. 또한 로맨스에는 자식을 부양하겠다는 남자의 은밀한 약속이 당연히 포함되어야 하는 것이다. 바로 이 때문에 여자는 일부일처제를 원하는데, 우리는 이 점에 대하여 다음 장에서 좀 더 자세히 논의하게 될 것이다.

여자가 시각적 자극을 원하는 남자를 비난하는 것은, 남자가 수다스

여자를 흥분시키는 것	남자를 흥분시키는 것
1. 로맨스	1. 포르노
2. 장기적인 약속(결혼)	2. 여성의 알몸
3. 의사소통	3. 성적 다양성
4. 친밀함	4. 란제리
5. 비非성적인 애무	5. 그녀의 동침 허락

럽고 디너파티를 좋아하는 여자를 비난하는 것과 같다. 따라서 남녀 간에 중용을 취하는 것이 중요하다.

왜 남자의 욕망은 홀대를 받게 되었을까?

 여자들은 남자들을 흥분시키는 것들을 보고서 지저분하고, 혐오스럽고, 조잡하고, 변태적인 것이라고 말한다. 전반적으로 보아 여자들은 남자의 흥분 리스트에 있는 항목으로는 흥분되지 않는다. 그리고 남자들도 여자 리스트에 있는 항목에 별다른 반응을 보이지 않는다.
 사람들은 영화, 시적, 광고물 등에서 여자의 성적 흥분은 아름다운 것으로 다루는 반면, 남자의 욕망은 포르노적인 것 혹은 조잡한 것으로 다룬다. 그러나 생물학적 견지에 볼 때, 남녀 모두 성적 흥분을 느끼기 위해서는 이들 요소를 필요로 한다. 사람들이 남자의 욕망을 비난하기 때문에, 남자들은 《플레이보이》지를 감추게 되고 또 자신의 은밀한 성적 공상을 부인하게 된다. 따라서 많은 남자들의 성적 필요가 해소되지 못하고 그래서 죄의식 혹은 적대감을 느끼게 된다.
 남녀가 그들의 욕망이 진화해온 과정과 역사를 이해한다면, 남자의 그런 죄의식과 적대감을 잘 이해하고 담담하게 받아들일 수 있을 것이다. 그 누구도 자신이 불편하게 느끼는 일을 억지로 해야 할 필요는 없다.
 그렇지만 상대방의 필요에 대하여 공개적으로 의논한다면 좀 더 사랑스러운 남녀관계를 구축할 수 있다. 한편 남자는 여자에게 스타킹만 신은 알몸으로 샹들리에서 그네를 타게 하는 것보다는 낭만적인 저녁 식사나 야외 피크닉이 훨씬 더 추진하기가 쉽다는 것을 이해해야 한다.

우리 시대 최고의 최음제는?

민간에 널리 알려져 있는 수백 가지 최음제 중에서 그 효능이 과학적으로 인정된 것은 단 하나도 없다. 이런 최음제는 이른바 위약효과placebo effect(그렇다고 생각하면 그렇게 되는 것)를 근거로 기능을 발휘하는 것이다. 심지어 일부 최음제는 성욕을 억제하거나 무산시키기도 한다. 특히 신장에 자극을 주어 가려움이나 발진을 일으키는 경우가 그러하다. 효능이 밝혀진 최음제는 위의 남녀 흥분 리스트에 나오는 것뿐이다.

남자와 포르노

남자는 포르노를 좋아하지만 여자는 좋아하지 않는다. 포르노는 몸매, 정욕, 섹스의 분명한 그림을 보여줌으로써 남자의 생불적 욕구에 호소한다. 하지만 많은 여자들은 포르노가 둔감한 남자들에 의한 여자의 억압이라고 생각한다. 포르노와 성범죄 사이의 연결 관계를 입증하는 증거는 없다. 그러나 포르노는 남녀 모두에게 정신적으로 아주 해로운 것이다. 남자가 마치 당나귀처럼 여자 뒤에 매달려서 몇 시간이고 계속하여 바보 같은 피스톤 운동을 하고 있는 광경을 보여주고 있기 때문이다. 이것은 남자들의 성적 기대치에 아주 나쁜 영향을 준다.

> 에로틱한 것과 변태적인 것의 차이는 무엇인가?
> 에로틱인 것은 깃털 하나만 사용하는 것이고,
> 변태적인 것은 닭털 전부를 사용하는 것이다.

포르노는 여자도 남자 못지않은 시각적, 신체적 흥분을 가지고 있는 것처럼 암시하고 있다. 또 여자의 성 충동도 남자 못지않게 강력한 것처럼 제시한다. 이것은 여자에게 아주 해로운 영향을 준다. 여자를 성적 노리개 취급하고 여자가 섹스에 대하여 비현실적인 욕망을 갖고 있다고 암시하는 것은 여자의 자존심에 커다란 상처를 남긴다.

18~23세 사이의 남녀를 조사한 결과에 의하면, 50퍼센트의 남자들이 자신의 성생활이 영화, 텔레비전, 잡지에 묘사된 것처럼 훌륭하지 않다고 말한 반면, 62퍼센트의 여자들은 언론 매체에서 묘사된 것처럼 훌륭한, 아니, 그보다 더 나은 성생활을 영위한다고 대답했다. 이런 자료를 보면 남자들은 여자에 비해 성 능력 기대치가 높은 듯하다.

여자 색정광은 과연 있을까?

만약 외계인이 지구에 도착하여 남성용, 여성용 잡지, 단행본, 영화 등을 섭렵한다면, 인간의 여자는 멀티 오르가슴을 느끼고 섹스는 아무리 해도 부족한, 다시 말하면 아주 섹스를 밝히는 존재로구나 하고 결론을 내릴 것이다. 또 외계인들이 우리가 주기적으로 생산하는 포르노를 보거나 읽는다면, 여자들이 채워지지 않는 성적 욕구를 갖고 있고 또 장소와 상황을 불문하고 남자들과 섹스를 한다고 확신하게 될 것이다. 바로 이것이 현대 여성에게 억지로 강요되고 있는 여성의 이미지이다. 언론 매체들이 그렇게 몰아가고 있는 것이다.

사실 여자 색정광 이미지는 최근에 급조된 것으로, 대부분 남자의 상상이 만들어낸 것에 불과하고, 실제로 여자 색정광의 수는 1퍼센트 미만일 뿐이다. 그래서 현대 여성들은, 알몸이 되고 싶을 때를 은근히 드러내는 여자를 좋아한다는 남자의 말을 잘 이해하지 못한다. 이런 왜곡된 여성 이미지는 유독 현대의 남녀에게만 영향을 끼치고 있다. 적어도 그들의 부모와 조부모들은 여자도 남자 못지않은 성욕을 가지고 있다는 생각을 전혀 해보지 않았기 때문이다.

그러나 많은 여자들이 이런 언론 매체의 이미지에 부응하지 못하기 때문에 자신이 비정상이 아닐까 혹은 불감증이 아닐까 하고 고민한다. 많은 남자들도 언론 매체에 의해서 여자들도 높은 성 충동을 갖고 있다고 믿게 되었다. 그래서 여자들이 먼저 적극적으로 나오지 않으면 화를 내거나 좌절감을 느낀다.

잡지들의 헤드라인을 한번 보라.
"닷새 만에 다중 오르가슴을 느끼는 방법!"
"화끈한 유럽인 애인과 침실에 드는 방법"
"탄트라적인 섹스, 몇 시간이고 계속할 수 있어."
"나는 3년 동안 300명의 남자를 상대했다!"
"밤새 그의 발기 상태를 유지하는 방법"
이런 헤드라인이 횡행하고 있으니 남녀 모두 요즘 여자는 섹스에만 신경 쓰는 걸로 믿게 되는 것이다.

> 여성 해방운동은 성욕에 대한 현대 여성의 태도를 해방시켰다.
> 그러나 여성의 기본적 성 충동을 증가시키지는 않았다.

여자의 성 충동은 지난 수천 년 동안 한결같이 그대로였다. 이제 바뀐 것이 있다면 그것에 대해서 공개적으로 토론할 수 있다는 것뿐이다. 현대 여성의 성 충동은 그녀의 어머니 혹은 할머니와 별반 다르지 않다. 그러나 구세대 여성들은 그것을 억압했고 또 토론조차 하지 않으려 했다. 경구 피임약이 나오기 전의 시대에는 성적 좌절이 겉으로 드러난 것보다 훨씬 많았을 것이다. 하지만 오늘날 언론 매체들이 부추기고 있는 것처럼 그리 높지는 않았을 것이다.

불을 켜고 아니면 끄고?

우리가 이미 아는 바와 같이, 남자는 섹스에 관한 한 시각적이다. 그들은 몸매, 커브, 누드, 포르노 등을 보기를 원한다. 킨제이 보고서에 의하면, 76퍼센트의 남자가 불을 켜놓고 섹스하기를 원하는 반면 여자는 겨우 36퍼센트만이 그러기를 원했다. 전반적으로 보아, 여자들은 낭만적인 풍경을 배경으로 하여 멋진 포즈를 취한 남녀 누드가 아니면, 누드에 대해서 별로 관심이 없다. 남자는 여자의 알몸을 보면 아주 강하게 자극을 받고 또 흥분한다. 반면 여자는 남자의 알몸을 보면 보통 웃음을 터트린다.

여자들은 말과 느낌을 사랑한다. 그들은 불을 은은하게 켜놓고 혹은 불을 아예 끄고서 눈을 감은 채로 섹스하는 것을 좋아한다. 여자의 탁월한 감각 기관을 감안하면 이렇게 하는 것이 여자에게는 완벽한 조치이다. 부드럽게 쓰다듬으면서, 감각적으로 만져주고, 또 달콤한 말을 속삭여주는 것, 이런 것들이 대부분의 여자를 흥분시킨다. 누드에 대한 여자의 태도가 남자와 똑같다는 것을 확인시키기 위해 여성용 잡지에 남자 누드모델이 등장하기도 했다. 하지만 남자 누드모델 사진은 나오는 즉시 사라져버렸다. 그것을 열심히 들여다보는 것은 여자가 아니라 게이임이 밝혀졌다.

> 대부분의 여자는 불을 끄고 섹스하기를 더 좋아한다.
> 그들은 남자가 즐기고 있는 모습을 차마 눈뜨고 보지 못한다.

> 남자들은 불 켜놓고 섹스하기를 좋아한다.
> 그래야 여자의 요구 사항을 제대로 맞춰줄 수 있다고 생각한다.

여자들에게 포르노를 판매하려는 시도는 모두 실패로 끝났다. 1990년대 후반에 세미 누드의 남자가 등장하는 달력의 매출이 반짝 늘어나면서 여자 누드모델의 캘린더 매출을 앞질렀으나, 그것은 어디까지나 예외 사항에 불과하다. 남자 누드모델이 나오는 달력을 사들이는 그룹은 자기가 좋아하는 영화배우나 록스타의 사진을 원하는 십대 소녀들, 자기 친구들에게 재미삼아 그런 달력을 건네주려고 하는 여인들, 게이들, 이렇게 세 부류였다.

결혼, 사랑 그리고 로맨스

Why Men don't Listen &
Why Women Can't Read Maps

백마 탄 왕자를 기다리다가…

Why Men don't Listen &
Why Women Can't Read Maps

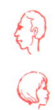

결혼, 사랑 그리고 로맨스

남녀가 짝을 이루어 함께 사는 것은 오랫동안 인류의 생활 관습이었다. 남자가 마음에 드는 여자를 붙잡아두는 방식은 주로 이런 조치를 통해서였다. 그러나 경제적 여력이 있으면 아내 이외의 다른 여자를 거느리기도 하였다. 또 기회가 되는 대로 다른 여자들과 무차별적으로 성관계를 가졌다.

현대의 결혼은 유대-기독교의 이데올로기가 만들어낸 발명품이었다. 이 결혼이라는 제도는 뚜렷한 목적을 갖고 있었다. 즉 신자 확대가 그것이었다. 두 명의 남녀 성인으로 하여금 신에게 복종하는 일련의 규칙을 지키게 함으로써, 그들 사이에서 태어난 아이들은 자동적으로 부모의 종교를 따르게 되는 것이다.

> 결혼은 좋은 측면이 있다. 정절, 인내, 관용, 자기억제 등을 가르치는데, 이러한 덕목은 독신으로 있을 때에는 달성할 수 없는 것이다.

그러나 인간의 활동에 부수되는 정교한 의식과 공개적인 선언은 사실 우리의 생물학적 구조에 위배되는 것이며, 사람들에게 본성적으로 부자연스러운 행동을 강요하는 것이다. 새들은 '결혼'을 하는데 정교한 의식 따위는 필요로 하지 않는다. 그것은 그들의 자연스러운 생물적 상태인 것이다. 숫양과 같은 일부다처의 동물에게 단 하나의 암양과 결혼하라고 강요하는 것은 아주 우스운 일이다. 이렇게 말한다고 해서 결혼이 현대 사회에 설 자리가 없다고 말하는 것은 아니다. 우리 공저자도 결혼을 했고 부부로 잘살고 있다. 하지만 결혼의 역사와 생물학과의 관계를 이해하는 것은 중요하다.

그렇다면 결혼이 인간에게 주는 이점은 무엇인가? 기본적인 진화의 관점에서 본다면, 이점은 하나도 없다고 할 수 있다. 남자는 수탉과 같아서 자신의 유전자를 가능하면 자주 그리고 멀리 퍼트리고 싶어 한다. 그럼에도 불구하고 남자들은 대부분 결혼을 하고, 이혼한 남자는 재혼을 하거나 아니면 준 결혼 생활을 유지한다. 이것은 성적으로 문란한 남자들을 억압하는 사회의 힘이 만만치 않음을 보여준다.

> 섹스는 여자가 결혼의 대가로 지불하는 것이다.
> 결혼은 남자가 섹스의 대가로 지불하는 것이다.

"결혼은 당신에게 어떤 혜택을 줍니까?"라는 질문을 받으면, 대부분의 남자들은 편안하고 안전한 보금자리를 마련해주고, 음식을 요리해주고 옷을 다려주어서 좋다는 얘기를 한다. 그들은 기본적으로 어머니와 하인의 중간쯤에 속하는 여자를 필요로 한다. 정신분석학자 프로이트는 이런 남자들은 자기 아내와 어머니-아들 관계를 유지하게 된다고 말한다. 남자의 22퍼센트만이 아내를 자신의 가장 친한 친구라고 생각했다. 남자들의 친한 친구는 주로 다른 남자인데, 그들은 서로 사고방식이 비슷하기 때문이다. "당신의 가장 친한 친구는 누구인가?"라는 질문에 86퍼센트의 여자들이 또 다른 여자를 지목한다. 바꾸어 말하면 비슷한 두뇌 회로를 가진 여자를 가장 친한 친구라고 생각하는 것이다.

남자는 결혼식장의 통로를 걸어오면서, 드디어 필요할 때마다 섹스가 무제한으로 공급될 것('밤마다 천국')이라고 생각한다. 그러나 결혼 전에는 결코 얘기하지 않는 남자들의 이러한 기대는 결코 여자들이 바라는 바가 아니다. 하지만 연구조사에 의하면 결혼한 남자는 독신남에 비해 더 많이 섹스를 한다. 25~50세 사이의 남자들이 평균 주 3회의 섹스를 하는 반면, 독신남들은 50퍼센트 정도가 그 정도의 횟수를 유지한다. 독신남들의 평균은 주 1회에도 미치지 못했다. 1997년 호주에서 행해진 조사에 의하면, 독신남들의 21퍼센트가 조사연도(1997)에 섹스를 하지 못했으며, 결혼한 남자들의 3퍼센트 정도도 섹스를 하지 않는 것으로 나타났다. 우리가 이미 언급한 바와 같이, 섹스는 전반적으로 건강에 아주 좋다. 총각이나 홀아비는 결혼한 남자에 비해 일찍 죽을 가능성이 훨씬 높다.

왜 여자는 일부일처제를 필요로 할까?

법적인 견지에서 보자면 서구 사회의 결혼제도는 이빨 빠진 호랑이가 되었지만, 결혼은 대부분의 여자가 원하는 것이고 또 모든 사람의 91퍼센트가 여전히 결혼을 하고 있다. 여자에게 결혼은 어떤 남자가 그녀를 '특별한' 존재로 인정하고 또 그녀와 함께 일부일처의 관계를 유지하려 한다는 사실을 온 세상에다 선포하는 것이다. 이러한 '사회적' 느낌은 여자 두뇌의 화학 반응에 극적인 효과를 미친다. 여자의 오르가슴 비율이 부부 사이에서는 일반 남녀에 비해 네다섯 배 높고, 또 일부일처의 관계일 때는 두세 배 높다는 사실이, 이것을 입증한다.

나이든 사람들은 요즘 젊은이들이 결혼을 낡은 제도라고 생각한다고 느낀다. 1990년 18~23세 사이의 남녀 대학생 2344명(남녀 비율 동수)을 조사해본 결과, 노인들의 그런 느낌은 사실이 아닌 것으로 드러났다. 장래의 결혼 문제를 물어본 결과, 여자 84퍼센트, 남자 70퍼센트가 장래 어느 때 결혼하겠다는 의사를 밝혔다. 겨우 남자 5퍼센트, 여자 2퍼센트만이 결혼을 낡은 제도라고 생각했다.

남녀 92퍼센트는 섹스보다 우정이 더 중요하다고 생각했다. 평생 한 사람하고만 결혼 상태를 유지하는 것에 대해서, 여자 86퍼센트가 좋다고 생각했고 남자는 75퍼센트였다. 기존의 부부들 중 31퍼센트만이 자신들의 관계가 부모 세대보다 더 낫다고 말했다. 정전은 여자들의 약속 리스트에서 우선 순번을 차지했다. 30세 이하의 여자 44퍼센트가 남자가 바람 피우면 이혼하겠다고 대답했다. 그러나 30대 여자들 사이에서는 그 비율이 32퍼센트로 낮아졌다. 40대의 여자들은 28퍼센트만이 이혼하겠다고 말했으며, 60대의 여자는 그 비율이 11퍼센트였다. 이러한 수치는 여자가 젊으면 젊을수록 남자의 외도를 묵인하지 않는다는 뜻이 되고, 남자의 정절이 여자의 가치관에서 높은 위치를 차지하고 있음을 보여준다.

이러한 차이를 대부분의 남자들은 결코 이해하지 못한다. 대부분의 남자는 한때의 바람 피우기가 부부관계에 영향을 미치지 않는다고 믿는다. 왜냐하면 남자들은 두뇌 속에서 섹스와 사랑을 별개의 것으로 생각하기 때문이다. 그러나 여자는 섹스와 사랑은 서로 떼어놓을 수 없다고 본다. 나른 여자와의 성적 관계는 최악의 배신행위이고 그래서 충분히 이혼의 사유가 된다고 본다.

왜 남자는 결혼 약속을 기피할까?

결혼한 남자 혹은 동거관계에 있는 남자는 독신남이 자기보다 더 많은 재미와 더 많은 섹스를 즐기고 있다고 생각한다. 그는 독신남들의 야성적인 파티, 모험에 넘치면서도 약속의 부담이 없는 짝짓기, 알몸의 슈퍼모델이 가득 들어찬 자쿠지(여러 군데에 분출구가 있는 기포식 목욕탕 : 옮긴이) 등을 상상한다. 그는 멋진 기회가 자기를 비켜간다고 생각하고 그래서 그것을 못내 아쉬워한다. 그가 독신남이었을 때 그런 기회는 좀처럼 없었다는 사실도 생각나지 않는다. 그는 혼자서 콩 통조림을 저녁을 때우던 일, 파티에서 친구들이 보는 앞에서 여자에게 모욕적인 언사를 들었던 일, 한참 동안 섹스를 하지 못한 일 등은 까맣게 잊어버리고 있는 것이다. 그는 장기적 약속(결혼)은 곧 기회의 박탈이라는 막연한 걱정만 계속하는 것이다.

| 남자는 완벽한 배우자를 얻기 위해 기다리지만 결국 나이만 먹을 뿐이다.

사랑은 두뇌의 어디에 위치해 있을까?

미국 뉴저지 주 러트거스대학의 인류학자 헬렌 피셔는 두뇌 스캐닝을 통해 사랑이 두뇌의 어디에 위치해 있는지 파악하는 개척자적 실험을 수행했다. 그녀의 연구는 아직도 초기 단계에 불과하지만, 그래도 그녀는 두뇌 속에서 세 가지 정서(욕정, 열중, 애착)의 위치를 발견했다. 각 정서는 특유의 두뇌 화학을 갖고 있었다. 그리고 그 감정의 소유자가 어떤 사람에게 이끌렸을 때 두뇌의 해당 부분이 반짝반짝 빛났다. 생물학적 관점에서 볼 때, 사랑을 이루는 이 세 가지 요소가 번식의 확보라는 핵심적 기능에 봉사한다. 일단 수태가 이루어지면, 이 시스템은 중단되고 사랑의 과정은 정지한다.

첫 번째 단계인 욕정은 신체적, 비언어적 이끌림이다. 헬렌 피셔는 이렇게 말한다. "이끌림은 어떤 사람의 얼굴이 자꾸만 생각나서 그 생각을 지울 수 없는 단계를 말합니다. 이 사람의 두뇌는 애인의 좋은 점만 집중하게 되고 나쁜 버릇은 무시합니다."

열중의 목적은 잠재적 배우자와의 친밀 관계를 형성하기 위한 두뇌의 시도이다. 이 감정은 너무나도 강력하여 믿지 못할 정도의 황홀감에 젖게 한다. 만약 자신의 그런 열중을 상대방이 거부한다면 그 사람은 엄청난 절망감에 빠지면서 강박 증세를 보이게 된다. 아주 극단적인 경우에는 살인도 벌어진다.

열중의 단계에서는 강력한 두뇌 화학물질들이 분비되어 고양된 느낌을 불러일으킨다. 도파민은 편안한 느낌을 주고, 페닐에틸라민은 흥분의 수준을 높여주고, 세로토닌은 정서적 안정감을 가져오고, 노라드레날린은 무엇이든 다 할 수 있는 전능감을 준다. 섹스 중독자는 열중 단계의 호르몬 배합에 중독된 자로서 계속적인 환각 상태에 빠지기를 원한다.

그러나 열중은 평균 3~12개월 동안 지속되는 일시적 감정이다. 그런데 대부분의 사람들은 이런 감정을 사랑이라고 착각한다. 이것은 남녀를 상당 기간 한군데 같이 있게 하여 번식을 시키려는 자연의 계교라고 할 수 있다. 이 단계에 들어간 연인들은 자신들의 성 충동이 완벽하게 일치된다고 오해하기 쉽다. 사실 이 기간의 연인들은 마치 토끼처럼 성적활동이 왕성하다. 하지만 그들의 성 충동 차이는 열중 단계가 지나가거나 혹은 애착단계가 시작되어야만 나타나는 것이다.

> 열중은 남녀를 상당 기간 한군데 같이 있게 하여
> 번식을 시키려는 자연의 계교라고 할 수 있다.

열중 단계가 지나가고 객관적 현실이 그 본모습을 드러내면, 한쪽 배우자가 상대방을 거부하게 되거나 아니면 제3단계인 애착이 시작된다. 이 애착은 협조적인 유대관계를 구축하게 해주는데 이것 때문에 부부는 오랫동안 같이 살면서 아이들을 키울 수 있게 된다.

더 많은 연구가 수행되면 두뇌 스캐닝의 기술이 급속히 발달된다면, 헬렌 피셔는 남녀의 두뇌 속 어느 부분에 사랑과 정서가 위치하는지 알아내게 될 것이다. 욕정, 열중, 애착, 이 3단계만 제대로 이해하고 있어도 열중 단계를 쉽사리 넘길 수 있을 것이고 또 거기서 나타나는 부작용에 잘 대비하게 될 것이다.

사랑, 왜 남자는 빠져들고 여자는 도망치려 할까?

사랑은 헷갈리는 것이라고 하는데, 이는 특히 남자에게 해당되는 말이다. 남자는 테스토스테론이 왕성하게 분비되면서 눈망울에까지 욕망이 넘쳐나고("그의 눈빛에서는 정액이 튀어나온다") 그리하여 쉽사리 사랑에 빠지는 욕정 단계로 이행한다. 열중 단계에서 남자들은 테스토스테론의 영향을 너무나 강하게 받아 어느 것이 올라가는 길인지, 내려가는 길인지, 아니면 옆길인지 분간조차 하지 못한다. 그러나 엄연한 현실이 그 본모습을 드러내면 남녀관계는 아주 살풍경해진다. 지난밤 그토록 매혹적이던 여인이 그 다음 날 아침, 해가 뜰 때에는 그리 매력적인 여자가 아닌 것이다. 게다가 머리마저 똑똑하지 않다. 그러나 여자의 두뇌에서는 정서와 이성 중추가 서로 잘 연결되어 있기 때문에, 그리고 여자는 테스토스테론의 영향을 별로 받지 않기 때문에, 어떤 남자가 배우자로서 적절한지 아닌지 훨씬 잘 분간한다. 바로 이 때문에 대부분의 관계는 여자에 의해서 끝장이 나버리고, 남자는 무슨 일이 벌어졌는지 잘 알지 못한 채 버림받고 헷갈려하는 것이다. 여자들은 남자를 차버릴 때에도 헤어지는 순간만큼은 상냥하다. 남자에게 작별을 통지하는 편지 속에서도 웃는 얼굴을 그려 넣거나 아니면 앞으로도 당신을 사랑하겠다는 말을 적어 넣는 것이다.

왜 남자는 제때 "사랑해" 하고 말하지 못할까?

"당신을 사랑해" 하고 말하는 것은 여자에게는 식은 죽 먹기이다. 여자의 두뇌 회로는 느낌, 정서, 의사소통, 어휘 등으로 가득 찬 세계를 만들어내기 때문에 실제로 여자의 머릿속에는 사랑이 가득하다. 여자는 따뜻하고 존경받는다는 느낌이 들면 자신이 애착 단계에 있다는 걸 알고 또 그것이 사랑이라고 감지한다. 그러나 남자는 사랑이 무엇인지 정확하게 모르고 또 욕정과 열중을 사랑으로 혼동하기 쉽다. 그저 생각나는 것은 여자의 몸에 손을 대고 싶다는 것뿐이다. 그러면서 이런 심정이 사랑이 아닐까 하고 생각한다. 그의 두뇌는 테스토스테론에 의해서 눈 먼 상태가 되고 게다가 페니스는 끊임없이 발기하여 무언가를 똑바로 생각해낼 수기 없다. 남녀관계가 시작된 지 몇 년이 지나서야 비로소 남자는 자신이 사랑에 빠졌다는 것을 안다. 그러니까 과거를 회고하면서 간신히 깨닫는 것이다. 여자는 사랑이 존재하지 않는 순간을 명확하게 인식하면 그래서 대부분의 남녀관계는 여자가 먼저 끝장을 내 버린다.

많은 남자들이 장기적인 약속(결혼)을 두려워한다. 그들은 '사랑'이라는 단어가 그들을 평생 구속할 것을 두려워하고 또 자쿠지에서 알몸의 슈퍼모델을 만날 기회를 박탈당하는 것이 아닌가 근심한다. 그러나 남자가 이렇게 망설이는 최종의 선을 일단 넘어서면 그 다음엔 온 사방을 돌아다니면서 만나는 사람마다 "난 사랑에 빠졌어요!" 하고 사랑 타령을 한다. 그러나 대부분의 남자는 그가 '사랑'이라는 단어를 말하고 난 뒤 여자의 오르가슴 비율이 높아진다는 것을 눈치 채지 못한다.

남자는 어떻게 사랑과 섹스를 구분할 수 있을까?

행복한 결혼생활을 하고 있는 여자가 바람을 피우는 경우는 드물다. 그러나 행복한 결혼생활 중에서도 바람을 피우는 남자는 흔하다. 외도의 90퍼센트가 남자에 의해서 주도되자만 80퍼센트 이상의 외도행각이 여자에 의해서 중단된다. 이것은 왜 그런가 하면, 남편의 외도가 정신적인 것이 아닌 육체적인 것이라는 사실을 안 아내가 그 관계의 청산을 요구하기 때문이다. 남자의 두뇌는 사랑과 섹스를 엄격히 구분한다. 게다가 남자의 두뇌는 철저하게 구획화되어 있기 때문에 한 번에 하나씩만 생각하게 되어 있다. 그래서 그는 외간 여자와의 육체적 관계에도 만족해한다. 그것만으로도 충분히 남자의 주의력을 사로잡을 수 있는 것이다.

남자의 두뇌 어디에 사랑이 위치해 있는지는 아직도 불분명하다. 그러나 연구조사에 의하면, 여자의 두뇌는 사랑 중추와 섹스 중추(시상하부) 사이에 연결망이 형성되어 있다. 그래서 여자의 섹스 중추가 작동되려면 먼저 사랑 중추가 가동되어야 한다. 그러나 남자는 이런 연결망이 없기 때문에, 섹스와 사랑을 따로따로 처리할 수 있다. 남자에게 있어서 섹스는 섹스이고, 사랑은 사랑일 뿐이다. 그리고 때때로 그 둘이 합쳐지기도 한다.

바람을 피우다가 걸린 남자에게 여자가 처음 물어보는 질문은 이런 것이다.

"당신, 저 여자를 사랑했나요?"

그러면 남자는 대부분 이렇게 대답한다.

"아니, 그저 육체적인 관계일 뿐이야. 그 이상 아무런 의미도 없어."

이렇게 말하는 남자는 대부분 사실을 말하고 있는 것이다. 왜냐하면 남자는 섹스와 사랑을 철저히 구분할 수 있기 때문이다. 여자의 두뇌는 그런 대답을 용납할 수 없게끔 프로그램되어 있다. 이 때문에 많은 여자들이 외도가 아무것도 아니라는 남자의 말을 잘 이해하지 못한다. 그녀에게 섹스는 곧 사랑이기 때문이다. 여자가 마음속에서 괘씸하게 생각하는 것은 다른 여자와 성관계를 가졌다는 것이 아니라, 남자에 대해 갖고 있던 그녀의 정서적 연계와 믿음을 여지없이 박살냈다는 그 사실이다.

반대로 여자가 바람을 피우고서 아무런 의미도 없는 것이었다고 말한다면 그건 거짓말일 가능성이 높다. 여자가 섹스의 최종선을 넘어가기 위해서는 새로 나타난 그 남자와 정서적 유대를 느껴야만 하기 때문이다.

> 여자는 사랑과 섹스가 긴밀하게 연결되어 있다고 생각한다.
> 사랑이 곧 섹스인 것이다.

여자는 "사랑을 한다", 남자는 "섹스를 한다"

오래된 격언에 의하면 동일한 성행위를 놓고서도 여자는 사랑을 한다고 말하고 남자는 섹스를 한다고 말한다. 이런 차이는 전 세계 연인들 사이에서 논쟁의 불꽃을 피워올린다. 남자는 섹스를 그저 '섹스'라고 부르지만, 여자는 자신이 볼 때 그게 사실이 아니므로 그 단어에 부정적으로 반응하게 된다. 여자는 섹스 대신 '사랑을 하다make love'라는 말을 쓴다. 사랑받고 사랑하는 느낌이 있어야 비로소 섹스에 돌입할 수 있다는 뜻이다. 대부분의 여자에게 '섹스'의 행위 그 자체는 사랑이 없는 무미건조한 행위라고 인식된다. 어떤 여자는 짐승 같은 동작이라고 생각하기도 한다. 여자는 두뇌 회로에 섹스 그것만으로는 완전한 섹스가 아니라고 생각하도록 프로그램되어 있다.

> 당신은 이 여자와 함께 잠을 잤나요? 판사가 물었다.
> "아닙니다, 판사님…단 한순간도 눈을 붙이지 못했어요!"

남자가 '섹스'라고 말할 때 그것은 육체적인 성관계를 말한다. 하지만 그렇다고 해서 그가 섹스한 여자를 사랑하지 않는다는 뜻은 아니다. 남자는 여자에게 사랑의 표시로 'make love' 하려고 할 때에도 여전히 그 행위를 '섹스'라고 부를 것이다. 이것은 여자에게 부정적인 효과를 줄 수도 있다. 하지만 '사랑을 하다'라는 표현을 사용하면서 많은 남자들이 여자에게 사기를 치고 있다는 느낌을 갖게 된다. 그가 원하는 것은 사랑이 아니라 그저 섹스이기 때문이다. 남녀가 서로의 관점을 잘 이해하고 상대방의 정의를 비판하지 않기로 한다면, 이러한 개념상의 장애는 더 이상 남녀관계에서 걸림돌이 되지 않을 것이다.

사랑의 콩깍지는 어떻게 만들어질까?

미국 킨제이 연구소의 연구에 의하면, 섹스를 하는 동안, 여자에 대한 남자의 지각은 그녀에 대한 친밀한 느낌의 깊이와 관련이 있다. 무슨 얘기인가 하면, 남자가 여자를 정말 사랑하고 있으면 그녀를 육체적으로도 매력적이라고 생각한다는 것이다. 제3자가 보았을 때 그녀가 미실린 맨 Michelin Man(미실린 타이어 광고에 나오는 뚱뚱한 사람 : 옮긴이)처럼 뚱뚱해도 당사자에게는 여전히 매력적으로 느껴진다는 것이다. 만약 남자가 여자를 마음속으로 사랑하지 않는다면 그녀의 매력을 과소평가한다. 설혹 그녀가 글래머라고 해도 상관이 없다. 남자가 어떤 여자에게 매혹되면 그녀의 넓적다리 두께는 전혀 상관이 없다는 얘기이다. 아니, 통통한 다리도 한없이 아름답게만 보이는 것이다.

여자의 신체적 매력은 첫 만남에서는 높은 점수를 딸 수 있지만, 오래 계속되는 남녀관계에서는 여자의 따뜻하고 부드러운 품성이 훨씬 더 매력적이 된다. 이것은 우리가 제9장에서 살펴보았던 '남녀가 서로 바라는 것'의 조사에서도 확인된 바와 같다.

한편 남자는 여자에게서 단기적인 만족을 취하려는 경향이 있다. 독신만이 즐겨 다니는 바에서 행해진 흥미로운 조사가 이를 뒷받침한다. 조사자들에 의하면, 밤이 깊을수록 지금 당장 눈앞에 있는 여자가 독신남들에게는 더욱 매력적인 여자로 보인다. 저녁 7시에 10점 만점에 5점으로 평가되었던 여자는 밤 10시30분에는 7점이 되고, 자정에는 8.5점이 된다. 바꾸어 말하면 체내 알코올 수치에 따라 매력의 점수가 높아지는 것이다. 그러나 여자의 경우에는 다르다. 저녁 7시에 5점이었던 남자는 자정이 되어도 여전히 5점이다.

> 여자의 경우, 저녁 일곱 시에 5점이었던 남자는
> 자정이 되어도 여전히 5점이다. 그녀가 아무리 술에 취해도 불변이다.

알코올은 남자의 매력을 높여주지 않는다. 어떤 경우에는 남자의 평점을 깎아내리기도 한다. 여자는 술을 얼마나 마셨든, 밤 몇 시든 상관없이 남자의 용모보다는 성품을 더 감안하여 그의 파트너 자격을 평가한다. 이에 비해 남자는 자신의 유전자 전파 역할을 충실히 수행하게 해줄 가능성에 따라 여자의 매력 여부를 평가한다.

남녀는 서로의 어떤 점에 반할까?

1962년, 과학자들의 획기적인 연구로 사람들은 유사한 가치관, 흥미, 태도, 관점 등을 가진 상대방에게 끌린다는 걸 발견했다. 사람들은 이런 상대방과 즉시 '아산륙'이 되는 것이다. 그 후에 계속된 연구는 이런 조건들을 갖추었을 때 남녀는 장기적인 관계로 발전한다고 밝혔다.

그러나 너무 유사점이 많으면 서로 따분해지게 된다. 성격을 상호보완할 수 있는 약간 다른 스타일의 배우자를 원하는 것이다. 하지만 생활 스타일에 장애가 될 정도의 다른 성격을 바라는 것은 아니다. 구체적 예를 들면, 조용한 남자는 외향적인 여자에게 마음이 끌리고, 근심 걱정이 많은 여자는 느긋하고 여유만만한 남자에게 매혹된다.

신체적인 양극은 서로 매혹된다

이성의 신체적 매력을 조사한 연구서들을 한번 살펴보라. 그러면 사람들이 자신과 정반대되는 신체적 특징을 상대방에게서 바란다는 것을 알게 될 것이다. 남자는 자신이 단단하고 평평하기 때문에 부드럽게 굴곡진 여자를 바란다. 남자는 넓은 히프, 가느다란 허리, 긴 다리, 풍만한 가슴의 여자를 원한다. 이런 속성은 남자들에게 결핍되어 있는 것이다. 남자는 또 가느다란 턱, 조그마한 코, 쏙 들어간 배를 가진 여자를 좋아한다. 자신(남자)이 그 반대되는 신체적 특징을 갖고 있기 때문이다.

여자들도 남자에게서 정반대의 것을 찾는다. 널찍한 어깨, 좁은 히프, 두터운 팔과 다리, 튼튼한 턱, 풍만한 코 등을 원한다. 그러나 몇 가지 흥미로운 예외사항도 있다. 예를 들면, 몇몇 조사는 다음과 같은 사항을 발견했다.

술을 마시지 않는 남자는 유방이 작은 여자를 좋아한다, 유방이 큰 여자는 코가 작은 남자를 좋아한다, 코가 큰 남자는 유방이 작은 여자에게 이끌린다, 외향적인 남자는 가슴이 큰 여자를 좋아한다 등등이다.

히프와 허리의 비율이 중요하다

지난 몇 세기 동안 남자들의 기호를 살펴보면 16세기의 풍만한 모델에서부터 20세기의 아스파라거스 줄기 같은 바싹 마른 슈퍼모델에 이르기까지 다양했음을 알 수 있다. 그러나 한 가지 불변 사항이 있는데, 그것은 여자의 히프와 허리의 비율이다. 이 비율은 늘 남자의 시선을 사로잡았다. 허리가 히프 치수의 70퍼센트가 되는 여인이 그렇지 않은 여인에 비해 출산율이 높고 또 건강한 것으로 알려져 왔다. 케임브리지 대학의 데벤드라 싱은 여러 나라의 남자들을 조사한 결과, 남자들이 아득한 과거의 어느 때에 무의식적으로 이 수치를 알게 되었고, 그리하여 그것이 두뇌회로 속에 입력되어 있다는 것을 발견했다.

여기에 여자를 위한 좋은 소식이 있다. 만약 여자의 허리 치수가 히프의 67~80퍼센트가 된다면, 설혹 그 여성이 5~10킬로그램 과체중이라고 하더라도 남자의 시선을 끌 수 있다. 이처럼 허리의 곡선은 핵심적 기준인 것이다.

> 전 세계의 여자는 엉덩이가 작은 남자를 좋아한다.
> 하지만 그 이유를 알고 있는 여자는 별로 없다.

여자들은 아직도 어깨가 떡 벌어지고 허리가 가늘고 팔이 튼튼한 Y자형의 남자를 좋아한다. 이런 체형은 원래 성공적인 먹이 추적자의 필수 조건이었다. 전 세계의 여자는 엉덩이가 작은 남자를 좋아한다. 하지만 그 이유를 알고 있는 여자는 별로 없다. 인간은 영장류 중에서 엉덩이가 톡 튀어나온 유일한 동물인데 그 목적은 대략 두 가지이다.

첫째, 우리가 똑바로 서는 데 도움을 준다. 둘째, 남자가 섹스 도중 힘차게 전진 피스톤 운동을 할 수 있게 해주는데, 이것은 임신의 가능성을 높인다.

남자와 로맨스

남자가 로맨스를 싫어하는 것은 아니다. 단지 로맨스가 여자에게는 대단히 중요하다는 것을 인식하지 못할 뿐이다. 사람들이 사들이는 책은 그들의 관심사를 보여주는 좋은 지표이다. 여자들은 매년 로맨스 소설을 사들이기 위해 수백만 달러를 사용한다. 여성용 잡지는 사랑, 로맨스, 다른 사람들의 사생활, 운동 방법, 식사 방법, 더 멋진 로맨스를 위한 멋진 옷입기 등을 집중적으로 다룬다.

호주의 한 조사에 의하면 로맨스 소설을 열심히 읽는 여자는 그렇지 않은 여자보다 섹스 횟수가 두 배나 많다. 반대로 남자들은 다양한 공간 관련 대상의 기술적 노하우를 가르쳐주는 책들과 잡지의 구입에 수백만 달러를 사용한다. 구체적으로는 낚시, 사냥, 축구 등 먹이 추적 활동과 관련되는 기술적 장비 및 컴퓨터 관련 책자이다.

따라서 대부분의 남자는 로맨스에 관해서는 어떻게 행동해야 하는지 잘 모른다. 현대의 남자들은 이런 역할 모델을 해본 적이 없었기 때문이다. 그의 아버지들도 모르기는 마찬가지이다. 과거에 이런 것은 전혀 문젯거리가 되지 않았던 것이다.

우리의 세미나에 참석했던 한 여자는 최근에 이런 말을 했다. 그녀가 남편에게 좀 더 많은 애정 표시를 해주었으면 좋겠다고 요구하자, 그는 아내의 차를 세척해주고 또 닦아주었다.

이것은 남자들이 '어떤 일을 해주는 것'을 애정표현으로 생각하는 단적인 사례이다. 그 남편은 아내의 생일 선물로 자동차 잭(펑크가 났을 때 차체를 들어 올리는 도구)을 사다주었고, 결혼 10주년 기념으로는 레슬링 경기의 링사이드 관람권을 사다주었다고 한다.

여자는 낭만주의자임을 잊지 말라. 그녀는 와인, 꽃, 초콜릿을 좋아한다. 그녀에게 당신도 그런 것을 좋아한다고 알리도록 하라. 그리고 그런 것들에 대해서 자주 언급하라.

유럽의 남자들은 로맨스를 중시한다는 다소 과장된 평판이 나 있는 반면, 전 세계 방방곡곡의 남자들은 로맨스가 무엇인지 잘 알지 못한다고 알려져 있다. 과거 세대의 남자들은 먹고사는 일에 바빠서 이런 세련된 문제를 걱정할 시간이 없었다. 게다가 남자의 두뇌는 기술적인 회로를 갖고 있을 뿐 미학적인 회로가 제대로 갖추어져 있지 않다. 그렇다고 남자가 미학적인 것을 전혀 시도하지 않는다는 뜻은 아니다. 단지 차문 열어주기, 꽃 보내기, 춤추기, 여자 대신 요리해주기, 화장실 두루마리 휴지 대신 갈아주기 등의 의미를 잘 이해하지 못한다는 것이다. 여자는 로맨스와 사랑을 은근히 기대하면서 남녀관계에 들어선다. 섹스는 그 부수적 결과에 불과하다. 남자는 섹스를 매개로 하여 남녀관계에 돌입하고 그 다음에야 비로소 진정한 관계의 가능성을 살피게 된다.

로맨스를 확보하는 여섯 가지 비결

사랑과 로맨스는 여자들의 주특기나 다름없다. 그러나 남자들은 로맨스에 대해서 아주 깜깜 무식하고 그래서 어느 장소, 어느 시간을 불문하고 사랑부터 하려 든다. 남자의 낭만적 능력(혹은 그 능력의 부재)은 여자에게 섹스의 욕구를 불러일으키는 중요한 역할을 한다. 여기 남자들을 위해 여섯 가지의 로맨스 비결을 소개한다. 이것은 5000년 전에도 통했고 또 오늘날에도 여전히 위력을 발휘하는 가장 확실한 비결이다.

> 남자가 섹스할 준비가 되어 있는 것을 어떻게 아는가?
> 그는 숨을 쉬고 있다.

환경을 조성하라

여자가 외부 환경과 외부 자극에 민감하다는 점을 감안할 때, 남자는 당연히 환경에 신경 써야 한다. 여자는 에스트로겐 호르몬 때문에 불빛에 민감하다. 흐린 불빛의 실내는 눈동자를 팽창하게 만들고 그리하여 남녀는 서로 매력적으로 보이게 된다. 피부의 흠집이나 주름살 같은 것도 잘 안 보이게 된다. 여자는 또 청각이 뛰어나기 때문에 알맞은 음악을 틀어놓는 것도 중요하다.

어린아이나 사람들의 침입이 쉬운 탁 트인 곳보다는 깨끗하고 아늑한 동굴 같은 곳을 선택해야 한다. 여자들은 은밀한 곳에서의 섹스를 치르기를 원하는데 이것은 반대로 탁 트인 곳에서의 섹스를 자주 공상하는 여자들의 버릇을 설명해준다. 반면 남자의 은밀한 공상은 낯선 사람과 섹스를 하는 것이다.

여자에게 적절한 음식을 제공하라

남자는 먹이 추적자로서 진화해 왔기 때문에, 여자에게 음식을 제공하면 원초적인 여성적 감각을 불러일으킨다는 것을 알고 있다. 바로 이 때문에 설혹 여자가 배고프지 않더라도 그녀를 저녁 식사에 초대하는 것은 중요한 행사가 된다. 이렇게 함으로써 남자는 그녀의 안녕과 존속에 관심이 많다는 것을 확실히 보여준다. 여자를 위해서 대신 음식을 요리해주는 것은 더욱더 깊은 의미를 이끌어낸다. 그것은 남녀의 내부에 깃들여 있는 원초적 느낌을 불러일으키기 때문이다.

불을 피우라

따뜻함과 보호감을 주기 위해 나무를 가져다가 불을 피우는 것은 지난 수십만 년 동안 남자가 해온 일이었다. 이것은 특히 여자의 낭만적 분위기에 어울리는 행위였다. 설혹 여자가 쉽사리 켤 수 있는 가스 불일지라도, 낭만적 분위기를 조성하려면 남자가 켜는 것이 좋다. 중요한 것은 불이 아니라, 여자의 필요에 부응하는 행위를 남자가 적극적으로 해준다는 것이다. 이렇게 하면 많은 혜택이 돌아온다.

꽃을 가져와라

대부분의 남자들은 신선한 꽃의 위력을 잘 모른다. 남자들은 이렇게 생각한다. "곧 시들어버리고 며칠 지나면 내다버려야 할 것에 왜 많은 돈을 들여야 하지?" 남자들의 논리적 마음에 비추어볼 때 꽃보다는 화분을 선물하는 것이 더 합리적이다. 꾸준히 가꾸어주면 화분 속의 식물은 살아날지도 모르니까. 잘만 하면 이익도 낼 수 있으니까! 그러나 여자는 그런 식으로 생각하지 않는다. 그녀는 막무가내 신선한 꽃다발을 원하는 것이다. 며칠 후 꽃은 시들어 내버려야 한다. 그러면 남자는 또다시 꽃을 사다 바칠 기회를 잡게 되는 것이다. 그리하여 다시 한 번 여자의 낭만적 분위기를 이끌어낼 수 있다.

춤을 추라

이것은 남자들이 춤추기 싫어한다는 뜻이 아니다. 많은 남자의 우뇌에는 리듬을 느끼는 위치가 없는 것이다. 에어로빅 교실에 가서 박자를 맞추기 위해 애쓰는 남자를 한번 살펴보라. 남자가 로큰롤이나 왈츠 기본 교습반에 등록하면 그는 모든 여자의 표적이 된다. 춤은 수평적 욕망의 수직적 행위('서서 하는 섹스')라고 묘사되는데, 사실 그것이 춤의 역사이기도 하다. 춤은 남녀 간의 밀접한 신체 접촉을 가능하게 했고 그리하여 구애 단계로 넘어가게 해주었다. 신체접촉이 중요한 것은 다른 동물들에게도 마찬가지이다.

초콜릿과 샴페인을 사라

그 이유를 아는 사람은 드물지만, 초콜릿과 샴페인은 오랫동안 로맨스의 상징이었다. 샴페인은 다른 알코올음료에서는 발견되지 않는 화학물질을 함유하고 있는데 이것이 테스토스테론의 수치를 높여준다. 초콜릿에 함유된 페닐에틸라민은 여자 두뇌의 사랑 중추를 자극한다. 샌디에이고의 신경과학 연구소의 대니엘 피오멜라는 최근에 N-아실레타노라민이라는 세 가지의 새로운 화학물질을 발견했다. 이것들은 여자 두뇌의 칸나비스(인도대마) 수용체와 결합하여 여자에게 마리화나를 흡입했을 때와 비슷한 황홀감을 준다. 이 화학물질은 갈색 초콜릿과 코코아에 많이 들어 있고, 하얀 초콜릿과 커피에는 들어 있지 않다.

왜 남자는 결혼 후 변함까?

"결혼하기 전에 그는 사람들이 보는 앞에서 내 손을 잡고, 내 등을 쓰다듬으면서 끊임없이 내게 말을 걸었어요. 하지만 지금은 손잡는 법도 없고 말을 하려고 하지도 않아요. 그저 섹스하고 싶을 때에만 나를 만져요."
이러한 불평이 친숙하게 들리는가?

> 결혼 후 남자는 아내에 대해서 알고 싶은 것을 다 알아버린다.
> 그리하여 말을 많이 하는 것이 무의미하다고 생각한다.

구애 기간 동안, 남자는 평생의 그 어느 때보다도 여자친구를 더 많이 만신다. 이렇게 하는 것은 '그녀에게 손대고 싶어' 죽겠기 때문이

다. 하지만 섹스의 허락은 아직 받아내지 못했으므로, 그 대신 여자의 온몸을 더듬는 것이다. 그러나 섹스의 허락을 받아내면 그의 두뇌는 '옛날'로 되돌아가는 것이 무의미하다고 판단한다. 그래서 그는 '좋은 부분'에만 집중한다. 그는 구애 기간 동안 여자친구에 관한 정보를 얻기 위해 말을 많이 한다. 그러면서 자신의 정보도 여자에게 많이 알려준다.

그러나 결혼 후, 남자는 아내에 대해서 알고 싶은 것을 다 알아버린다. 그리하여 말을 많이 하는것이 무의미하다고 생각한다. 그러나 여자의 두뇌는 대화에 의한 의사소통을 하도록 프로그램되어 있고, 촉감에 반응하는 강도가 남자보다 열 배 강하다. 만약 남자가 이런 사실을 안다면, 그는 훈련을 통해 이런 부분에도 강해지도록 노력할 것이다. 그러면 그의 부부생활은 전반적으로 만족도가 높아질 것이다.

왜 남자는 더듬고 여자는 더듬지 않을까?

옥시토신 호르몬은 '껴안기 호르몬'으로 알려져 있다. 사람의 피부를 부드럽게 쓰다듬어주거나 껴안아주면 이 호르몬이 분비된다. 이것은 촉각과 유대감을 높여준다. 또 아기와 남자들을 바라보는 여자의 태도를 결정짓는 중요한 요인이다. 여자가 수유를 시작하면, 이 호르몬이 '감퇴' 반사신경을 자극하여 유방에서 젖이 나오게 한다.

여자가 남자를 만지려고 할 때, 그녀는 자신이 만져지기를 바라는 방식으로 남자를 만진다. 그래서 그녀는 남자의 머리를 긁어주고, 그의 얼굴을 애무하고, 그의 등을 쓰다듬어주고, 부드럽게 그의 머리카락을 빗어 넘겨주는 것이다. 이러한 만지기는 대부분의 남자에게 좋은 느낌을 주는 게 아니라 오히려 성가시다는 느낌을 준다.

남자의 피부는 여자에 비해 아주 둔감하다. 사냥 중에 고통과 부상을 당해도 이겨내도록 하려는 자연의 배려이다. 남자들은 단 한군데만 애무받기를 좋아한다. 이것이 남녀 간에 커다란 문제가 되기도 한다. 남자가 여자를 감각적으로 만지려고 할 때, 그는 자신이 애무받기를 바라는 부위만 애무한다. 즉 여자의 가슴과 사타구니만 만지려드는 것이다. 이것은 여자들이 딱 질색으로 여기는 행위이다. 그래서 남녀 양측에 분노를 야기한다. 이런 점을 감안할 때, 남녀가 상대방의 개인적 필요와 피부 민감성을 감안해 자극적인 만지기를 할 때, 그들의 관계는 더욱 풍요로워질 것이다.

봄철에는 사랑이 없다

자연의 생물시계는 새끼의 생존을 보장하기 위해 가능하면 1년 중 가장 따뜻한 시기에 암컷이 생산을 하도록 배려한다. 가령, 어떤 종이 출산하기까지 3개월이 걸린다면, 자연은 수컷을 봄철에 호색하게 만들어 새끼가 여름에 태어나도록 한다. 인간의 경우, 임신 기간이 9개월이므로 남자의 테스토스테론 수치는 그보다 9개월 전인 여름에 가장 높다. "봄에 남자의 느낌은 사랑으로 전환한다"라는 오래된 격언은 3개월의 짧은 임신기간을 가진 종에게나 해당하는 말이다.

| '봄철의 사랑'이라는 말은 새끼를 빨리 낳는 동물에게나 해당하는 말이다.

연구조사에 의하면, 지구의 남반구에서는 남자의 테스토스테론 수치가 3월에 가장 높고, 북반구에서는 9월에 가장 높다. 남자들은 이 시기 (3, 9월)에 지도를 읽는 능력이 뛰어난 것으로 알려졌다. 왜냐하면 공간지능이 테스토스테론의 도움을 받아 활발하기 때문이다. (제9장, 도표를 보면 이것을 자세히 알 수 있다.)

섹시한 느낌을 불러일으키려면

정신은 화학적 반응의 배합이기 때문에, 생각하는 습관을 잘 들이면 섹시한 느낌을 자연적으로 얻을 수 있다. 이 테크닉은 많은 성 치료사들이 가르치고 있다. 구체적인 방법은, 배우자의 좋은 측면만 집중적으로 생각하고 또 배우자와 함께했던 즐거운 성적 경험을 자주 회상하는 것이다. 이렇게 생각을 해나가면, 두뇌는 해당 화학물질을 분비하면서 반응하고, 그 결과 성 충동을 발동시켜 섹시한 느낌을 갖게 한다. 이러한 반응은 열중 단계에서 확실히 나타난다. 또는 애인의 좋은 점만 보이는 구애 기간에도 나타나는데, 사실 이 기간에 남자의 성 충동은 무한정인 것처럼 보인다. 반면, 남녀는 배우자의 나쁜 점만 집중적으로 생각함으로써 성 충동에서 벗어날 수도 있다. 이런 생각을 하면 성 충동에 필요한 화학물질의 분비를 두뇌가 억제하는 것이다.

사랑의 감정을 잃지 않으려면

여기에 좋은 뉴스가 있다. 생각만으로도 섹스 상태에 돌입할 수 있는 것처럼, 전에 있었던 구애 기간의 상황을 생각 속에 재창조함으로써 열중 단계를 이끌어낼 수 있다. 바로 이 때문에 촛불 켜놓은 저녁 식사, 낭만적인 해변 산책, 함께 보낸 주말시간 등이 아주 잘 작용하여, 부부에게 호르몬의 '히트'를 제공하는 것이다. 그리하여 '자연스러운 황홀감'과 '자연스러운 사랑의 느낌'을 회복한다. 열중 기간의 황홀감이 영원히 지속되기를 바라는 남녀는 슬프게도 실망을 하게 될 것이다. 그러나 효과적인 계획만 세운다면, 언제라도 필요에 따라 그 느낌을 다시 창조할 수 있다.

어울리는 파트너를 발견하는 방법

남녀의 사랑은 몇 시간, 며칠, 혹은 몇 주 동안 지속되는 욕정으로 시작된다. 그 다음에 3~12개월 지속되는 열중의 단계가 오고 마지막으로 애착의 단계가 온다. 1, 2년 뒤 맹목적인 호르몬의 배합이 차분히 가라앉은 다음, 남녀는 차가운 눈으로 배우자를 쳐다보게 되고 전에는 그토록 매력적이던 사소한 습관들이 성가시게 여겨진다. 전에는 남편이 냉장고 속의 음식을 제대로 못 찾는 것이 귀엽게 보였지만, 지금은 비명을 지를 정도로 지겹다. 남자는 전에 여자가 해주는 사소한 얘기에 귀 기울였지만 지금은 너무나 지겨워한다. 당신은 혼자 이런 질문을 한다.

"평생 이런 식으로 살아갈 수 있을까? 도대체 우리 사이의 공통점이란 뭘까?"

아마도 당신은 공통점을 별로 찾지 못할 것이고 또 할 말도 별로 없을 것이다. 자연의 목적은 남녀에게 강력한 호르몬의 배합을 주어 함께 번식하도록 하는 것이지, 남녀에게 생각의 기회를 주려는 것은 아니다. 어울리는 파트너를 찾는다는 것은 곧 장기적으로 유효한 공통점을 얼마나 가지고 있는지 알아보는 일이다. 그것도 자연이 정해준 맹목적인 호르몬의 배합시기가 닥쳐오기 전에 그렇게 해야 한다.

열중 기간이 지나가면(그것은 언젠가는 지나가게 되어 있다) 당신은 우정과 공통 관심사에 바탕을 둔 지속적인 관계를 유지할 수 있는가? 당신이 장기적인 파트너에게서 바라는 특징과 관심사의 리스트를 작성하라. 그리하여 찾고 있는 것이 무엇인지 정확하게 이해하라.

남자도 이상적인 여성상의 리스트를 가지고 있다. 그러나 그는 파티에 가면 자신의 두뇌가 테스토스테론에 의해 불붙는 것을 느낀다. 그러면 남자의 두뇌는 호르몬적 동기(긴 다리, 날씬한 배, 풍만한 엉덩이, 커다란 유방 등 단기적 번식과 관련된 특징)에 바탕을 둔 '이상적' 여자를 추구하게 된다. 여자는 감각적이고 자상한 남자, Y자형의 상체와 멋진 인품을 가진 남자를 찾는다. 이런 것들은 모두 아이 양육, 먹이 추적, 가정보호 등과 관련이 있다.

또한 단기적인 생물적 필요도 있는데, 이것은 현대적 남녀관계의 성공 여부와는 아무런 관련도 없다. 이상적인 파트너에게 요구하는 장기적인 특징의 리스트를 가지고 있다면, 다음번에 새로운 사람을 만날 때 객관적으로 그 사람을 살필 수 있다. 또 당신의 생각과 충동을 조종하려는 자연의 개입도 물리칠 수 있을 것이다.

자연은 당신이 빨리 번식하기를 바라고 그래서 당신을 그 행위 속으로 밀어넣기 위해 강력한 화학물질을 사용한다. 당신이 이러한 사실을 인식하고, 이상적인 장기 배우자의 특징을 단단히 숙지하고 있다면, 이런 자연의 개입을 물리칠 수 있을 것이다. 그리하여 이상적인 파트너를 만나, 그 후 오랫동안 행복하게 살 수 있을 것이다.

새로운 미래를 향하여

Why Men don't Listen &
Why Women Can't Read Maps

우리는 우리의 물고기 선조가 무슨 이유로 물 밖으로 나오게 되었는지 영원히 그 이유를 알지 못할 것이다. - 데이비드 아텐보로

Why Men don't Listen &
Why Women Can't Read Maps

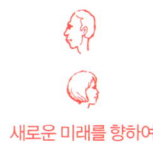

새로운 미래를 향하여

튜니지아 해변에서 웃통을 다 드러내고 걸어가도 돌에 맞아죽을 염려가 없는 남자는 얼마나 멋지냐고 사람들은 말한다. 남자는 물건을 마음대로 놔두고도 어디다 두었는지 기억하지 못해도 상관없고, 건축공사장의 인부들 앞에서 바나나를 먹어도 무방하다. 물론 여자들도 이점을 갖고 있다. 여자는 자기 마음에 들 때까지 얼마든지 옷을 골라도 아무도 뭐라고 하지 않고, 몸을 들썩거리지 않고서도 다리를 꼴 수가 있고, 사람들이 보는 데서 남자의 뺨을 때려도 잘한다는 소리를 듣는다. 그래서 사람들은 여자가 얼마나 멋지냐고 말한다.

| 전혀 당황하지 않고 엉뚱한 짓을
| 제멋대로 할 수 있는 남자는 정말 멋진 존재이다.

남자와 여자는 다르다. 누가 더 우월하다거나 누가 더 열등하다는 얘기는 결코 아니다. 단지 남녀는 다르다는 것이다. 그러나 정치적 균형이라는 막강한 개념이 등장하면서 남녀 차이라는 개념은 멀찍이 밀려나고 있다. 이것은 남녀가 동일하다는 어처구니없는 믿음에 바탕을 두고서 남녀를 동등하게 대우해야 한다는 사회적, 정치적 견해이다. 그러나 남녀는 결코 동일하지 않다.

남녀가 진정으로 바라는 것은 무엇일까?

현대의 남성을 살펴보면, 그는 지난 수백 년 동안 별로 변한 것이 없다. 오늘날 87퍼센트의 남자가 인생에서 일이 가장 중요하다고 말하고, 99퍼센트의 남자가 멋진 성생활을 원한다. 그러나 현대의 여성은 다르다. 그들은 어머니나 할머니와는 사뭇 다른 우선 사항을 가지고 있다.

많은 여자들이 남자들의 특권, 즉 돈, 명예, 권력을 갖기 위해 전문직 커리어를 선택한다. 조사에 의하면 일하는 여자들은 남자들이 주로 갖고 있는 부작용을 그대로 겪는다. 즉 심장마비, 위궤양, 스트레스성 조기사망 등으로 고통받는다. 전문직 여성은 역사상 그 어느 때 보다 술, 담배를 많이 한다. 영국 전문직 여성은 3명에 1명꼴로 담배를 피운다.

여자 3명 중 1명이 스트레스 때문에 연가 9일의 휴가를 갖는다.

일하는 여자의 44퍼센트가 일이 가장 큰 스트레스의 원천이라고 말한다. 영국 개인건강 보험회사인 부파BUPA와 건강 잡지인 《톱 샌트Top Sante》가 5000명의 여자들을 상대로 한 조사에 의하면, 66퍼센트의 여자가 과로 때문에 건강을 해친다고 말했다.

대부분의 여자는 돈만 아니라면 전업주부 혹은 '유한 마담'이 되고 싶다고 말했다. 여자들 중 19퍼센트만이 일하는 여자의 커리어에 관심이 있다고 말했다. 호주에서 행해진 유사한 조사에서, 18~65세 사이의 여자들 가운데 5퍼센트만이 커리어(직장)를 최우선 사항으로 꼽았고, 나머지 여자들은 전 연령대에 걸쳐 어머니 역할을 최우선 사항으로 제시했다. 31~39세 그룹의 여장 중 60퍼센트가 어머니 역할을 첫 번째 선택사항으로 꼽은 반면, 커리어를 선택한 여자는 겨우 2퍼센트였다. 18~30세 사이의 여자 가운데 31퍼센트가 어머니 역할을, 그리고 18퍼센트가 커리어를 최우선 사항으로 꼽았다.

전 연령대에 걸쳐 모든 여성의 80퍼센트가 전통적 가정에서 아이들을 양육하는 것을 최우선 선택사항으로 꼽았다. 이러한 수치는 언론의 과장된 보도나 페미니스트 운동이 여자들에게 별로 영향을 미치지 못했다는 것을 보여준다. 현대 여성의 가치관과 우선 사항은 근본적으로 지난 수백 년 동안의 그것과 별반 다르지 않다. 하지만 한 가지 결정적 차이가 있다. 현대 여성의 93퍼센트가 재정적 독립이 아주 중요하다고 말했고, 또 51퍼센트가 더 많은 정치적 권리를 요구했다. 바꾸어 말하면 남자에 기대어 살기 싫다는 것이다.

개인 생활을 살펴볼 때, 섹스가 가장 중요하다고 말한 여자는 전체의 1퍼센트에 지나지 않았고, 반면 믿음(신뢰성)은 45퍼센트, 존경은 22퍼센트의 수치를 나타냈다. 전체 여자의 20퍼센트만이 자신의 성생활이 환상적이라고 말했고, 63퍼센트는 자신의 파트너가 그리 멋진 섹스파트너는 아니라고 말했다. 이러한 수치의 결론은 아직도 대부분의 여자가 어머니 노릇에서 가장 큰 만족을 얻는다는 것이다. 대부분의 일하는 여자들은 돈 때문에 일을 하고 있으며, 이들 커리어 우먼은 부부의 이중 수입이 생계에 필수적인 도시 지역에 산다. 많은 여자들은 아이들의 음식을 마련하고, 옷을 입혀주고, 교육을 시키는 것이 생물적 양육 이상의 고상한 의미를 갖는다고 믿었다. 여자들은 남자보다 부모 노릇에 적극적이었다. 그러나 불행하게도 대부분의 남자는 할아버지가 되어서야 비로소 양육의 즐거움을 깨우쳤다.

직업 선택의 자유

전반적으로 볼 때, 남자들의 직업 선택 양상은 별로 달라지지 않았다. 그들은 아직도 공간 관련 커리어를 제1의 선택 안으로 여기고 있다. 전통적으로 여자의 일이었던 분야에 진출하는 남자들도 늘어나고 있으나, 이들 남자에 대한 연구 조사에 의하면, 이들은 다소간 여성적 두뇌 회로의 소유자인 것으로 드러났다. 가령 미용이나 창작예술 같은 분야에서는 그것이 현저하고, 카운슬링이나 교직 같은 분야에서는 덜 두드러졌다.

그러나 여자의 경우에는 약간의 변화가 있었다. 미국의 일하는 여자의 84퍼센트는 정보와 서비스 분야에 진출해 있다. 서구의 경우, 모든 신규 사업의 절반 내지 3분의 2에 이르는 부분을 여자가 소유하고 있고, 또 여자는 행정, 관리, 중역직의 40퍼센트 이상을 차지하고 있다.

만약 당신이 전통적인 남존여비 위계제에서 일하는 여자라면 선택은 둘 중 하나이다. 그 직장을 그만두거나 당신 자신을 남성화하는 것이다.

전통적인 남존여비 위계제에서 여자들은 상위직에 올라가기 위해 힘들에 노력해야 한다. 그러나 우리가 살펴본 바와 같이, 대부분의 여자들은 이런 자리를 그렇게 원하지 않는다. 대부분의 나라에서 전체 정치가의 5퍼센트 미만이 여자이지만, 그래도 그들은 언론 보도의 50퍼센트 이상을 차지한다. 만약 당신이 전통적인 남존여비 위계제에서 일하는 여자라면 선택은 둘 중 하나이다. 그 직장을 그만두고 여자가 공평한 대우를 받는 직장으로 옮기거나 아니면 남자처럼 행동하는 것이다. 남성성은 출세의 문을 열어준다. 여러 연구 자료에 의하면, 여성적 스타일의 옷을 입는 여자보다는 남성적 스타일의 의상을 착용한 여자가 상위 관리직에 진출할 가능성이 더 높다. 심지어 그 회사의 최고 경영진이 여자일 때에도 이 사정은 변함이 없다. 인원을 채용하기 위해 인터뷰를 하는 남자들도 향수를 뿌리지 않는 지원자를 더 좋아한다.

비즈니스 세계에 부는 여성의 바람

남성적 특징과 가치가 사람들을 치고 상위직으로 밀어 올리는 힘이 된다. 그러나 일단 상위직에 도달하여 그 자리를 그대로 유지하려면 여성적 가치를 발휘해야 한다. 이러한 현상은 점점 더 빠르게 퍼져나가고 있다.

전통적으로 대부분의 기업은 남성적 위계제가 장악했고, "나를 따르거나 아니면 죽어라!"를 신조로 삼는 남성 지도자가 지배해왔다. 그러나 이러한 기업은 점점 사라져가고 있다. 머리보다 근육을 더 중시하던 학창시절에 두목의 자리에 재빠르게 올라갔던 학교의 깡패가 이제 완전히 무시되는 것과 비슷한 현상이다. 여성이 상위직까지 올라가기 위해서는 남성적 우선 사항을 이해하는 것이 필요했다. 그러나 기업이 좀 더 원활하고, 조화롭고, 성공적으로 운영되기 위해서는 여성적 가치체계가 훨씬 더 어울린다는 인식이 확산되고 있다.

최고 경영진 수준에서, 남성적 가치를 강조하다 보면 내부의 갈등을 야기한다. 합의가 제대로 도출되지 않으면 개인은 각자 '개인플레이'를 하게 된다. 자기가 최고임을 내보여야 하는 무자비한 싸움의 장에서는 창의력과 직관적 판단 등은 설 자리를 잃게 된다. 이렇게 되면 새로운 전략이나 측면 지원에 의해 신규성장과 발전을 도모하는 일은 어려워진다.

반면, 여성적 가치는 팀워크, 협동, 상호의존 등을 강조하는데 이것은 기업의 전략적 능력과 인적 자원의 적절한 관리에 더욱 알맞은 방식이다. 물론 이렇게 말한다고 해서, 남자는 여성화해야 하고, 여자는 남성화하라는 얘기는 아니다. 그러나 남녀는 정상으로 올라가는 서로 다른 시점에서 젠더 차이가 필수적이라는 사실을 이해해야 한다.

정치적 균형의 문제

우리는 정치적 균형이 아주 중요한 정치적 우선 과제인 6개국에서 온 1만 명의 세미나 참석자들은 조사했다. 그 결과 남자의 98퍼센트와 여자의 94퍼센트가 정치적 균형은 억압적 개념이라고 느낀다는 것을 발견했다. 그 개념이 거리낌 없이 말하고자 하는 그들의 자유를 질식시킨다는 것이다.

젠더와 관련된 정치적 균형은 당초 성차별적 태도, 성차별의 언어, 남녀 불공평 등을 철폐하고 여자에게 동등한 기회를 주자는 것이었다. 말하자면 여자들이 주도적인 남자들에 의해 억압을 받는다고 본 것이다. 하지만 정치적 균형이 과반수의 압도적 지지를 받는 것은 아니다. 그렇다면 이 개념이 과연 제대로 기능을 발휘할까? 과학자들은 그렇지 않을 것 같다고 말한다. 남녀가 오늘날의 상태로 진화해오는 데에는 100만 년이 걸렸다. 그러니 남녀가 정치적 균형의 환경에 완벽하게 적응하는 존재로 진화하려면 또다시 100만 년이 지나야 할 것이다. 인류가 오늘날 직면하고 있는 가장 큰 문제는 인간 행동의 이상과 개념이 유전적 현실보다 100만 년이나 앞서 있다는 사실이다.

우리의 생물적 구조는 별로 바뀌지 않았다

남자아이는 물건을 가지고 놀고 싶어 하고 여자아이는 사람들과 어울리기를 좋아한다. 남자아이는 통제하고, 지배하고, 정상에 도달하기를 바라지만, 여자아이는 도덕, 관계, 사람 등에 더 관심이 많다. 여자는 대기업과 정치 분야에서 아직도 소수 세력이지만, 이것은 남성의 억압 때문에 그런 것이 아니다. 여자들은 단지 이런 분야에 취미가 없는 것이다.

> 남녀평등 취업을 지지하는 고용자의 선의에도 불구하고,
> 남자는 기계와 공간 관련 직업을 더 좋아하고
> 여자는 인간의 상호작용을 중시하는 직업을 추구한다.

이스라엘 키부츠(집단농장)는 여러 해 동안 남녀의 상투적 성 차이를 없애려고 노력했다. 어린아이의 의상, 구두, 머리 스타일, 생활 스타일 등을 유니섹스적 중성 모델에 입각하여 준비했다. 남자아이들에게는 인형 놀이, 바느질, 뜨개질, 요리, 청소 등을 하도록 했고, 여자아이들에게는 축구, 나무 올라가기, 다트 놀이하기 등을 권장했다.

키부츠의 이상은 성차를 철폐하여 각각의 구성원이 동일한 기회와 책임을 부여받는 중성적 사회를 건립하는 것이었다. "남자아이는 울지 않는다" "여자아이들은 지저분한 곳에서 놀지 않는다" 같은 성차별적 언어와 표현은 일상 언어에서 완전히 배제했다. 키부츠는 남녀 간의 완

벽한 호환성을 증면하겠다고 주장했다. 그런데 그 결과는?

키부츠를 실시한 지 90년이 지난 후, 여러 연구조사 결과는 키부츠의 남자아이들은 여전히 공격적이고 불손한 행동을 보이고, 권력 단체를 구성하고, 자기들끼리 싸우고, 불문율의 서열제를 실시하고, '거래'를 했다고 보고했다. 반면 여자아이들은 서로 협동하고, 갈등을 피하고, 우애 있게 행동했고, 서로 친구처럼 지냈다. 자신들이 좋아하는 과정과 학과목을 자유롭게 고르라고 하자, 그들은 성 구분적인 과정을 선택했다. 남자아이들은 물리학, 엔지니어링, 스포츠를 선택했고, 여자아이들은 교사, 카운슬러, 간호사, 인사 관리자가 되고 싶어 했다. 그들의 생물학적 구조가 두뇌 회로에 적합한 활동과 직업을 선택하도록 한 것이다.

이 키부츠 사회에서 중성적으로 양육된 아이들을 연구한 결과, 어머니-아이의 유대관계가 제거되었다고 해도 어린아이의 성적 차이나 성적 기호는 감소되지 않았음이 밝혀졌다. 오히려 그것은 소외감과 혼란을 느끼는 아이들의 세대를 만들어냈고, 그들은 정체성이 혼란스러운 성인으로 자라날 가능성이 많았다.

이제 결론을 말하자면

남녀관계는 엄청난 성적 차이에도 불구하고 잘 굴러갈 수 있다. 이렇게 관계가 원만할 수 있는 것은 대부분 여사들의 공로이다. 왜냐하면 그들은 인간관계와 가정을 꾸려나가는 데 필요한 기량을 갖고 있기 때문이다. 여자는 언어와 행동 뒤의 동기와 의미를 꿰뚫는 지각 능력이 뛰어나다. 그래서 결과를 재빨리 예측하고 조치를 일찍 취해 문제를 회피한다. 따라서 모든 국가의 지도자가 여자라면 이러한 요소 하나만으로도 이 세상을 훨씬 안전한 곳으로 만들 수 있으리라.

남자들은 사냥을 하고 먹이를 추적하고 집에 돌아와 멍하니 화롯불을 쳐다보고 그 다음에는 번식을 하도록 두뇌가 형성되어 있다. 그게 전부이다. 그래서 남자는 여자들과 마찬가지로 현대 세계에서 살아남기 위해 새로운 방법을 배워야 한다.

남녀가 생물적으로 다르다는 사실을 거부하고 서로 자기의 고집을 내세운다면, 남녀관계는 아주 위태로워진다. 우리가 남녀관계에서 목도하는 대부분의 스트레스는, 남녀가 동일하다고 생각하고 그들이 동일한 우선 사항, 충동, 욕망을 갖고 있다는 그릇된 믿음에서 나오는 것이다.

인류 역사상 처음으로 우리는 남녀를 동일한 방식으로 양육, 교육하고, 그들이 동일하다고 가르치고, 남녀가 상호 교환적으로 상대방의 일을 할 수 있다고 가르친다. 그러나 어른이 되어 결혼을 한 남녀는 어느 날 아침, 잠에서 깨어나 모든 방식 형태, 양식 등에서 남녀는 다르다는 것을 발견한다. 사정이 이렇다 보니 젊은 사람들의 관계와 결혼이 오늘날처럼 재앙의 상태로 떨어지게 되었다. 성적 합일성을 가르치는 개념은 상당한 위험을 그 안에 내재하고 있다. 왜냐하면 그것은 두뇌 회로가 생판 다른 남녀에게서 동일한 행동을 요구하기 때문이다. 때때로 왜 자연은 남녀 간에 이토록 분명한 비호환성을 만들어 놓았는지 이해하기가 어렵다. 하지만 우리의 생물적 구조가 현재의 돌아가는 상황과 너무나 다르기 때문에, 그처럼 이해 불가능으로 보이는 것이다.

그러나 좋은 소식이 있다. 이러한 성적 차이의 근원을 이해하면, 더불어 사는 것이 쉬워질 뿐만 아니라 그 차이를 관리, 평가하고 나아가 소중하게 여기게 된다.

남자는 권력, 성취, 섹스를 원한다. 여자는 관계, 안정, 사랑을 원한다. 이런 뚜렷한 차이를 난처하게 생각한다는 것은 비를 내리는 하늘을 향해 왜 비를 내리느냐고 따지는 것과 같다. 만약 당신이 지금 비가 온다는 사실을 인정한다면, 당신은 우산이나 우비를 준비할 것이다. 그렇게 되면 비가 온다는 사실은 더 이상 큰 문제가 되지 않는다. 마찬가지로 남녀 차이를 인정하고 남녀관계의 갈등을 미리 예상하면, 당신은 그 문제의 대책을 생각해두었다가 문제를 해결할 수 있다.

매일, 두뇌 스캐닝 자료는 우리에게 두뇌의 작동 상황에 대한 새롭고 흥미로운 통찰을 제공하고 또 우리가 당연하게 생각했던 많은 것을 설명해준다. 거식증의 소녀가 거울을 보면 그녀는 돼지처럼 살찐 자기 자신을 본다. 그녀는 거울에서 자신에 관한 왜곡된 현실을 보는 것이다. 런던에 있는 그레이트 오먼드 스트리트 병원의 브라이언 래스크는 1998년 십대 거식증 환자들의 두뇌를 스캐닝했다. 그리하여 이들 환자의 시각을 통제하는 두뇌 부분에 피가 제대로 돌지 않음을 발견했다. 이것은 일이 제대로 돌아가지 않을 때, 두뇌 속에 어떤 일이 벌어지고 있는지 밝혀내는 수십 가지 연구의 하나일 뿐이다.

전 세계 과학자들이 내놓는 일관된 객관적 증거는, 자궁 속의 생화학 물질이 두뇌의 구조를 결정하고 또 우리의 선호사항을 지시한다는 것을 보여준다. 또한 두뇌 스캐닝 장비는 이제 자명한 사실을 객관적으로 증명하고 있다. 하지만 수백만 달러어치의 두뇌 스캐닝 장비가 없더라도, 남자는 남의 말을 잘 듣지 않고, 여자는 지도를 잘 읽지 못한다는 사실을 우리는 알고 있다.

이 책에서 우리는 당신이 이미 잠재의식적 수준에서는 알고 있지만 의식적으로는 이해하지 못한 정보들을 많이 제시했다.

21세기에 들어선 이 시점에서 우리들의 학교에서 남녀관계에 대해 정확히 이해하도록 가르치지 않는다는 것은 정말 놀라운 일이다. 우리는 그 대신, 미로를 달리는 쥐를 연구하든 바나나의 보상을 약속받은 원숭이가 재주넘기를 하는 것을 연구하고 있다. 과학은 천천히 진행되는 고통스러운 학문이기 때문에 그 결과가 교육 제도에 반영되려면 여러 해가 걸리는 것이다.

그러므로 이제 이러한 사실에 대해 공부하는 것은 독자들의 몫이다. 이렇게 공부를 해야만 당신은 행복하고 보람찬 남녀관계를 영위할 수 있다. 그리고 모든 남자와 여자는 그런 관계를 누려야 할 자격이 충분히 있다.

역자 후기

남녀관계에 대한 흥미로운 시각

남녀관계는 참으로 파악하기 어려운 문제이다. 우리는 이 문제에 대하여 실제로는 잘 모르면서도 굉장히 많이 아는 것처럼 행동한다. 그러다가 정작 마음에 드는 파트너를 만나면 그때는 상대방(여자 혹은 남자)에 대하여 아는 것이 별로 없음을 발견하고 당황하게 된다.

남녀관계에는 무수한 양상이 있지만 우리는 우리의 시력이 허용하는 범위 내에서만 본다. 가령 우리의 눈에 바다가 둥글게 보이면 모든 바다는 둥글다고 생각하고, 산이 뾰족하게 보이면 모든 산은 뾰족하다고 생각하는 식이다. 그러나 실제의 바다와 산은 둥글지도 뾰족하지도 않듯이, 남녀관계도 우리가 생각하는 것과 다른 경우가 많다.

요즈음은 남녀 동권의 시대이다. 그리하여 모든 남녀가 똑같다고 가르친다. 중학교 과정에서 남학생에게 '가정'을, 여학생에게 '기술'을 가르치는 시대이다. 이런 시대에, 어떻게 보면 다소 위험스럽게 보이는 다음과 같은 주장을 이 책은 펼치고 있다.

남자와 여자는 다르다. 누가 더 우등하고 열등하다는 얘기는 아니다. 단지 다르다는 것뿐이다. 남자는 말을 잘 듣지 않고, 여자는 지도를 제대로 읽지 못한다. 남자는 말이 없고 여자는 말이 많다. 남자는 먹이 추적자이고 여자는 둥지 수호자이다. 남자는 공간 지능이 뛰어나고, 여자는 언어 지능이 뛰어나다. 남자는 섹스를 원하고 여자는 사랑을 원한다. 남자는 사물에 관심이 많고 여자는 사람에게 관심이 많다. 남자는 포르노를 원하고 여자는 로맨스를 원한다….

이 책은 '사회생물학'이라는 렌즈를 통하여 남녀의 같음보다는 남녀의 다름에 집중하면서, 이것이 진정한 남녀관계의 이해로 나아가는 길이라고 주장한다. 이것을 어떻게 받아들일 것인가 하는 문제는 이 책을 모두 읽은 후 독자들이 직접 판단할 문제라고 생각한다. 단지 이 책에서 제시된 구체적 사례들이 상당히 현실적이고 또 비근하여 굉장한 설득력을 갖고 있다는 점을 언급하고 싶다.

이 책을 번역하고 나서 역자는 중국의 한 선승이 교시했다는 다음과 같은 깨달음 론을 생각했다.

깨달음은 물 위에 비친 달과 같다. 달은 물에 젖지도 않고 물도 달 때문에 깨어지지 않는다. 달빛은 넓고 깊지만, 달은 한 뼘 물웅덩이에도 비친다. 그리하여 달의 전부와 하늘의 전부가 풀잎에 맺힌 작은 이슬방울에도 비칠 수가 있다.

'사회생물학'은 학문의 커다란 바다에서 본다면 작은 물방울에 지나지 않는다. 그러나 이 작은 물방울에도 때로는 진실의 본모습이 비춰질 수 있다고 이 책은 믿는 듯하다. 이 책의 저자들이 여러 가지 불리한 상황에서도 자신들의 주장을 끝까지 밀고 나간 것은 아마도 이런 신념 때문이 아닐까 한다.

참고문헌

Antes, J.R., Mcbridge, R.B., and Collins, J.D. "The effect of a new city route on the cognitive maps of its residents". Environment and Bebaviour, 20, 75-91. (1988)

Baker, Robin. Sperm Wars : Infidelity, Sexual Conflict and other Bedroom Battles, Fourth Estate, Allen & Unwin. 1997.

Barash, D., Sociobiology, London : Fontana, 1981.

Beatty, W.W., and ruster, A.I., "Gender differences in geographical knowledge", Sex Roles, 16, 565-590, 1987.

Beatty, W.W., "The Fargo Map Test : A standardised method for assessing remote memory for visuospatial information", Journal of Clinical Psycbology, 4, 61-67. 1988.

Becker, J.B., Marc Breedlove, S., and Crews D. Bebavioural Endocrinology, The MIT Press/Bradford Books. 1992.

Benbow, C.P. and Stanley, J.C., 'Sex Differences in Mathematical Reasoning Ability : more facts', Science, 222 1983, 1029-31

Biddulph, Steve & Biddulph, Sharon, More Secrets of happy Children, HarperCollins, 1994

Biddulph, Steve, Raising Boys, Finch Publishing, Australia. 1997

Blum, D., Sex on the Brain, Viking, Penguin.

Botting, Kate & Douglas, Sex Appeal, Boxtree Ltd, Creat Britain, 1995

Brasch, R., How Did It Begin? HarperCollins, Australia, 1965

Brasch, R., How Did Sex Begin? HarperCollins, Australia, 1990

Brown, M.A. and Broadway, M.J., "The cognitive maps of adolescents : Confusion about inter-town distances", Professional Geographer, 33, 315-325. 1981

Buss, David, The Evolution of Desire, Basic Books.

Cabot, Dr Sandra, Don't Let Your Hormones Rule Your Life, Women's Health Advisory Service, Sydney. 1991

Chang, K, T, and Antes, J.R., "Sex and cultural differences in map reading", The American Cartographer, 14, 29-42. 1987

Coates, Jennifer, Women, Men and Language, Longman. 1986

Collis, Jack, Yes Can. HarperCollins, Australia. 1993

Crick, F., The Astonishing Hypothesis. Tuchstone Books. 1995

Darwin, C., The Voyage of Charles Darwin, Ariel, London, 1978

Dawkins, R., The Selfish Gene, Oxford University Press. 1976

Dawkins, R., The Blind Watchmaker, London, Penguin. 1988

Deacon, T., Lane, A., The Symbolic Species : The Co-Evolution of Language and the DeAngelis, Barbara, Secrets about MEN Woman should Know, Thorsons Publishing Group, UK

Devries, G.J., De Bruin, J.P.C., Uylings, H.B.M., and Corner, M.A., The relationship between structure and Function, Progress in Brain Research, Vol 61, Elsevier. 1984

Diamond, J., The Rise and Fall of the Third Chimpanzee, Vintage, London. 1992

Dixon, N., Our Worst Enemy. London, Futura. 1988

DeJong, F.H. & Van De Poll, N.E., 'Relationship Between Sexual Bebaviour in Male and Female Rats : Effects of Gonadal Hormones' Progress in Brain Research, 61, De Vries, GJ. et al, (eds)., Elsevier, Amsterdam 1984, 283-302

Domer, G., 'Prenatal Stress and Possible Aetiogenetic Factors of Homosexuality in Human Males' Edokrinologie, 75, 365-68, 1980

Dubovsky, S.L., Norton W.W., Mind-Body Deceptions. W.W. Norton & Co. 1997

Edelson, Edward, Francis Crick and james Watson : And the Building Blocks of Life, Oxford University Press,1988

Ehrhardt, A.A. and Meyer-Bahlburg, H.F.L., 'Effects of Prenatal Sex Hormones on Gender-Related Behaviour' Science, 211(1981), 1312, 14

Ellis, L., Man and Woman, 8th Edition rev. William Heinemann (Medica Books), London. 1934

Ellis, Lee Research Methods on the Social Sciences, Minot State University. 1994

Farah, Martha J., "Is Visual Imagery Really Visual? Overlooked Evidence From Neuropsychology", Psychological Review 95, 307-17, 1988

Farrell, Dr Elizabeth and Westmore, Ann, The HRT Handbook, Anne O' Donovan Pty Ltd, Australia. 1993

Fast, Julius & Bernstein, Meredith, Sexual Chemistry Wat it is How to use it. M. Evans and Compay. Inc New York. 1983

Fisher, Helen, Anatomy of Love. Touchstone Books. 1995

Freud, Sigmund, Three Contributions to the Theory of Sex, Basic Writings, Random House, New York. 1905

Gardner H., Weidenfeld and Nicholson, Extraordinary Minds. Basic Books.

Garner, Alan, Conversationally Speaking, Second Lowell House, USA. 1997

Glass, Lillian, He Says, She Says, Bantam books. 1992

Gochros, Harver & Fischer Joel, Treat Yourself to a Better Sex Life, Prentice Hall Press, New York. 1987

Goffman, Erving, Gender Advertisements. Harper and Row. 1976

Goleman, D. Bloomssbury, Emotional Intelligence : Why It can Matter More than IQ. Bantam 1997

Gray, John, What Your Mother Couldn't Tell and Your Father Didn't Know. Hodder & Stoughton. 1994

Gray, John Mars and Venus in the Bedroom, Hodder & Stoughton 1995

Gray, John Men Are From Mars, Women Are From Venus, HarperCollins Publishers, USA 1992

Gray, John, Men Women & Relationships. Hodder & Stoughton, Austalia. 1995

Greenfield, S., Freeman, W.H., Journey to the Centers of the Mind. Basic Books. 1998

Greenfield, S., Weidenfeld and Nicholson, The Human Brain : A Guided Tour. Basic Books. 1997

Greenfield, Susan, "The Human Mind Explained; An Owner's Guide to the Mysteries of the Mind" Henry Holt and Company. 1996

Grice, Julia, What Makes a Woman Sexy, Judy Piatkus Publishers, Lodon. 1998

Hampson, E. and Kimura, F., 'Reciprocal effects of bormonal fluctuations on human motor and perceptospatial skills' Research Bulletin 656, Department of Psychology, University of Western Ontario, London, Canada. June. 1987

Handy, Charles, "The empty raincoat-making sense of the future",

Hutchinson, London, 1984

Harlow, H. F. and Zimmeman, R.R., "The Development of Affectional Responses in Infant Monkeys' American Philosophical Society 102, 501-509. 1958

Hendrix, Harville, Ph.D., Getting The Love You Want-A guide for Couples, Schwartz & Wilkinson Publishers Pty Ltd, Mehlboume. 1988

Henley, N.M., 'Power, Sex and Nonverbal Communication', Prentice Hall, New Jersey. 1977

Hite, S., "The Hite Report : Women and Love', Alfred A Knopf, New York. 1987

Hobson, J.A., Little, Brown, The Chemistry of Conscious States : How the Brain Changes Its Mind.

Hoyenga, K.B. and Hoyenga, K., Sex Differences, Little Brown & Company, Boston. 1980

Humphries, Nicholas, Contrast Illuisions in Perspective, Nature 232 91-93. 1970

Humphries, Nicholas, A History of the Mind, Simon & Schuster. 1992

Hutchinson, J.B(ed), Biological Determinants of Sexual Behaviour, John Wiley & Sons, New York. 1978

Lloyd, B. and Archer, J., Sex and Gender, Penguin Books. London. 1982

Huxley, Aldous, The Doors of Perception and Heaven and Hell. HarperCollins, 1990

Kagan, J., 'Sex Differences in the Human Infant', Sex and Behaviour : Status and Prospectus, McGill, T.E. et al (eds.), Plenum Press, New York 1978, 305-16

Kahn, Elayne & Rudnitsky, David. Love Codes, Understanding Men's Secret Body Language, Judy Piatkus Publishers, London. 1989

Kimura, D., Sex differences in the brain, Scientific American, 267, 118-125. 1992

Kimura, D., Estrogen replacement therapy may protect against intellectual decline in postmenopausal women, Hormones and Behaviour, 29, 312-321. 1995

Kimura, D., Sex sexual orientation and sex hormones influence human cognitive function, Current Opinion in Neurobiology, 6, 259-263. 1996

Kimura, D., 'Are Men's and Women's Brains Really Different?' Canadian Psychology, 28(2) 1987, 133-47

Kimura, D., 'Male Brain, Female Brain : The Hidden Difference' Psychology Today(November 1985), 51-58

Kimura, D., 'How Different are the Male and Female Brains?', Orbit, 17(3) October 1986, 13-14

Kimura, Doreen, 'Neuromotor Mechanisms in Human Communication', Oxford University Press. 1993

Kimura, D. and Hampson, E., Cognitive Pattern in men and women is influenced by fluctuations in sex hormones. Current Directions in Psychological Science, 3, 57-61. 1994

King, Dr Rosie, Good Loving, Great Sex, Random House Australia. 1997

Kumler and Butterfield, Gender Difference In Map Reading, University of Colorado. 1998

Lakoff, Robin, Language and Woman's Place, Harper and Row. 1976

Lewis, David, The Secret Language of Success, Carroll & Graf Publishers.

Lewis, Michael, "Culture and Gender Roles : There in No Unisex in the Nursery", Psychology Today 5 : 54-57. 1972

Lewis, Michael and Linda Cherry, "Social Behaviour and Language Acquisition, In Interaction, Conversation, and the Development of

Language" New York 1997

Lorenz, Konrad, King Solomon's Ring. University Press, Cambridge. 1964

Lorenz, K., On Aggression, Methuen, London. 1966

MacCoby E. and Jacklin C., "The Psychology of Sex Differences." Stanford University Press. 1987

Marcel, AJ. Conscious and Preconscious Perception : Experiments on Visual Masking and Word Recognition, Cognitive Psychology 15, 197-237, 1983

Martin P., The Sickening Mind, HarperCollins.

Maynard Smith, J., Did Darvin Get It Right? Penguin, London. 1993

McKinlay, Deborah, Love Lies, HarperCollins, London. 1994

Millard, Anne, Early Man, Pan Books, London, 1981

Moir, Anne & Jessel, David, BrainSex, Mandarin Paperback, London. 1989

Montagu, Ashley, Touching : The Human Significance of the Skin, Harper and Row, 1986

Morris, Desmond, Animal watching, Arrow Books. 1990

Morris, Desmond, Bady Watching, Mackays of Chatham PLC, London 1991

Morris, Desmond, Bodywatching, Jonathan Cape Ltd, UK.

Morris, Desmond, The Pocket Guide To Manwatching, Triad/Granada. 1982

Morris, Desmond, Intimate Behaviour, Triad/Granada. 1979

Morris, Desmond, The Naked Ape, Triad/Granada. 1979

Moyer, K.E., 'Sex Differences in Aggression', Sex Differences in Behaviour, Friedman, R.C. et al(eds.), John Wiley & Sons, Nex York, 335-72. 1974

O' Connor, Dagmar How to make love to the same person for the rest of your life and still love it, Bantam Books, Great Britain, 1987

Ornstein, R., The Right Mind : Making Sense of the Hemispheres. Roundhouse.

Pease, Allan, Everything Men Know About Women, Camel Publishing Company, Sydney. 1986
Pease, Allan, Rude And Politically Incorrect Joke, Pease Training International. 1998
Pease, Allan, Talk Language, Rease Training International. 1989
Pease, Allan, Body Language, Camel Publishing Company. 1979
Pease, Allan & Babara, Memory Language, Pease Learning Systems, Sydney. 1993
Pease, Raymond & Dr Ruth, Tap dance your way to Social Ridicule, Pease Training International, London, 1998
Peck, Scott M., Road Less Travelled, Arrow Books Limited, London. 1983
Pertot, Dr Sandra, A Commonsense Guide to Sex. HarperCollins, Sydney. 1994.
Peters, Brooks. Terrific Sex in Fearful Times, Sun Books, Crows Nest, 1989
Petras, Ross and Kanthryn, The 776 Stupidest Things Ever Sid, 1994 Michael O' mara Books Quillam, Susan, Sexual Body Talk, Headline Book Publishing, 1992
Rabin, Claire., Equal Partners, Good Friends-Empowering couples through therapy. Routledge, London. 1987
Reinish, J.M., Rosenblum, L.A. and Sanders. S.A. Masculinity/Femininity. Oxford University Press. 1987
Reinisch, Paul, Couplehood, Bantam, USA, 1994
Rosenblum, L.A., 'Sex Differences in Mother-Infant Attachment in Monkeys' Sex Differences in Behaviour, Friedman, R. et al. (eds.), John Wiley & Sons, New York 1974, 123-41
Shapiro, R., Origins, London, Pelican. 1988
Shaywitz, Sally and Bennett, Nature, 373, 607-609. 1995

Suter, William and Beatrice, Guilt Without Sex, Pease Training International, London. 1998

Tannen, Deborah, 'Talking from 9 to 5', Avon Books, 1995

Tannen, Deborah, "You Just Don's Understand : Women and Men in Conversation", William Morrow, 1990

Tannen, Deborah, That's Not What I Meant, Ballantine. 1986

Thorne, Barrie, Cheris Kramarae, & Nancy Henley (eds.), Language, Gender and Society, Newbury House. 1983

Wesheimer, Ruth, Dr Ruth's Guide to Sex, Schwartz Publishing Melbourne. 1983

Whiteside, Robert, Face Language 11, Frederick Fell Publishers, 1988

Whiteside, Robert, Face Language, Pocket Books, New York. 1974

Wilson, E. O., Sociobiology, Cambridge, Massachusetts, Belknap Press of Harvard University press. 1980

Wilson, G.D. and Nias, D., Loves Mysteries : The Psychology of Sexual Attraction, Open Books, London. 1976

Winston, Macauley, Marnie, Manspeak, Newport House, USA. 1996

Witleson, S.F., The brain connection : The corpus collosum is larger in left handers, Science, 229(1985), 665-68

Wolf, Naomi, The Beauty Myth, Anchor, 1992

Wright, R., The Moral Animal, Pantheon, New York. 1994

Young, J.Z., An Introduction to the Study of Man, Oxford University Press. 1979

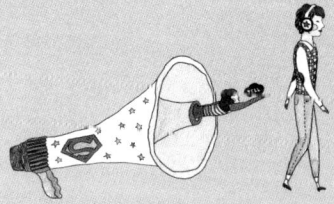

Why Men don't Listen &
Why Women Can't Read Maps